面向"十二五"高等院校应用型人才培养规划教材

基础会计习题集

Basic Accounting Workbook

江　薇　主　编
孙忠良　侯　赢　贾晓娟　副主编
李景华　主　审

中国铁道出版社
CHINA RAILWAY PUBLISHING HOUSE

图书在版编目（CIP）数据

基础会计习题集/江薇主编．—北京：中国铁道出版社，2012.9

面向“十二五”高等院校应用型人才培养规划教材

ISBN 978-7-113-14573-6

Ⅰ.①基…　Ⅱ.①江…　Ⅲ.①会计学—高等学校—习题集　Ⅳ.①F230-44

中国版本图书馆 CIP 数据核字（2012）第 191956 号

书　　名： 面向“十二五”高等院校应用型人才培养规划教材
基础会计习题集

作　　者： 江　薇　主编

策　　划： 张丽娜　　**读者热线：** 400-668-0820
责任编辑： 张丽娜
编辑助理： 李　丹
封面设计： 刘　颖
责任校对： 张玉华
责任印制： 李　佳

出版发行： 中国铁道出版社（100054，北京市西城区右安门西街 8 号）
网　　址： http：//www.51eds.com
印　　刷： 北京市昌平开拓印刷厂
版　　次： 2012 年 9 月第 1 版　　2012 年 9 月第 1 次印刷
开　　本： 787 mm×1 092 mm　1/16　印张：14　字数：341 千
印　　数： 1～4 000 册
书　　号： ISBN 978-7-113-14573-6
定　　价： 28.00 元

为了帮助各位同学更好地学习会计的基础知识、基本理论和实务操作技术，掌握会计专业基础课程的学习方法，抓住基础会计课程的重点及难点内容，提高各位同学的分析问题、解决问题的能力以及应试能力，从而准确地把握基础会计课程的全部内容，我们根据最新教材《基础会计》（江薇主编）及课程考试大纲内容和要求，结合 2006 年 2 月 15 日财政部颁发的会计准则、会计准则应用指南以及《企业会计准则讲解》（2008 年）等会计规范，组织编写了《基础会计习题集》，作为主教材《基础会计》的配套辅导书，希望本书的出版能对各位同学走进会计学领域有所帮助。

本书在内容的安排上，突出了理论联系实际和知识应用的训练，通过基本概念、基本理论的准确把握和基本技能的反复练习，以培养学生分析问题、解决问题的能力。本书共分十二章，第一章总论；第二章会计要素、会计科目与会计等式；第三章账户与复式记账法；第四章借贷记账法的运用；第五章账户的分类；第六章成本计算；第七章会计凭证；第八章会计账簿；第九章财产清查；第十章财务会计报告；第十一章会计工作的组织；第十二章会计核算组织程序。

本书由江薇担任主编并负责全书的体系安排；孙忠良、侯赢、贾晓娟担任副主编；李景华担任主审。本教材编写人员分工为：江薇编写第一章、第二章、第三章、第四章、第十章；孙忠良编写第五章、第六章、第十一章；侯赢编写第七章、第八章、第九章；贾晓娟编写第十二章；江薇、孙忠良编写模拟试题；贾晓娟编写客观试题综合习题。

本书在编写过程中参阅了国内外大量专家、学者的优秀文献和著作，在此一并表示衷心的感谢。本书在编写过程中不可避免地存在一些不足之处，敬请各位同仁和读者批评指正。

编　者

目录 Contents

基础会计习题集
Basic Accounting Workbook

第一章　总　　论

一、单项选择题

1. 会计的基本职能一般包括(　　)。

A. 会计控制与会计决策　　B. 会计预测与会计控制

C. 会计核算与会计监督　　D. 会计计划与会计决策

2. 下列不属于会计核算三项工作的是(　　)。

A. 记账　　B. 算账　　C. 报账　　D. 查账

3. 会计管理工作与其他经济管理工作的主要区别是(　　)。

A. 会计是以货币为主要计量单位的经济管理活动

B. 会计通过预测和决策来管理经济活动

C. 会计以原始凭证来证明经济活动

D. 会计以运用数学为计算工具

4. 传统的会计主要是(　　)。

A. 记账算账报账　　B. 记账预测分析

C. 记账算账查账　　D. 记账报账查账

5. 会计对经济活动进行综合反映,主要是利用(　　)。

A. 实物量度　　B. 劳动量度

C. 货币量度　　D. 工时量度

6. 在下列会计方法中,会计的基本方法是指(　　)。

A. 会计核算方法　　B. 会计分析方法

C. 会计预测方法　　D. 会计决策方法

7. 会计循环的顺序是(　　)。

A. 填制和审核会计凭证→编制财务会计报告→登记会计账簿

B. 编制财务会计报告→登记会计账簿→填制和审核会计凭证

C. 填制和审核会计凭证→登记会计账簿→编制财务会计报告

D. 登记会计账簿→填制和审核会计凭证→编制财务会计报告

8. 会计的一般对象是(　　)。

A. 企业再生产过程中的经济活动

B. 企业、行政事业单位的经济活动

C. 企业再生产过程中的全部经济活动

D. 企业再生产过程中能用货币表现的经济活动

9. 下列关于会计职能的描述不正确的是(　　)。

A. 会计监督职能是指会计人员在进行会计核算的同时,对特定主体经济业务的合法性、合理性进行审查

B. 会计核算是会计最基本的职能,也称控制职能

C. 会计核算是会计监督的基础,而会计监督又是会计核算质量的保证

D. 会计具有预测经济前景、参与经济决策、评价经营业绩等功能

10. 企业固定资产可以按照其价值和使用情况,确定采用某一方法计提折旧,它所依据的会计核算前提是(　　)。

A. 会计主体　　B. 持续经营

C. 会计分期　　D. 货币计量

11. 持续经营从(　　)上对会计核算进行了有效界定。

A. 空间　　B. 时间

C. 空间和时间　　D. 内容

12. 会计主体是指会计所服务的(　　)。

A. 特定单位　　B. 投资者

C. 债权人　　D. 债务人

13. 权责发生制原则反映本期收入和费用比较合理、真实,所以适用于(　　)。

A. 企业单位　　B. 行政单位

C. 事业单位　　D. 政府机关

14. 谨慎性原则要求企业在进行会计核算时,不得多计资产和收益、少计负债和费用,并不得(　　)。

A. 计提坏账准备　　B. 计提减值准备

C. 计提秘密准备　　D. 计提跌价准备

15. 在权责发生制下,下列货款中应列作本期收入的是(　　)。

A. 本月销售产品,货款尚未收到

B. 本月预收下月货款,存入银行

C. 本月收到上月应收账款,存入银行

D. 本月收到上月多付给供货方的预付货款,存入银行

16. 下列各项中,体现谨慎性信息质量要求的是(　　)。

A. 无形资产摊销　　B. 对应收账款计提坏账准备

C. 对存货采用历史成本计价　　D. 销售收入与费用配比

17. 下列属于收益性支出的是(　　)。

A. 购入设备一台,支付 5 000 元

B. 购入商标权一项,价值 38 000 元

C. 购入办公用品一批,支付 3 000 元

D. 购入三年期国库券 1 000 张,支付 400 000 元

18. 明确会计工作空间范围的基本前提是(　　)。

A. 会计主体　　B. 持续经营

C. 会计分期　　D. 货币计量

19. 融资租入固定资产视为承租企业的资产，体现了会计的(　　)。

A. 配比原则　　B. 权责发生制原则

C. 谨慎性原则　　D. 实质重于形式原则

20. 采用加速折旧法计提固定资产折旧所依据的会计核算原则是(　　)。

A. 有用性原则　　B. 配比原则

C. 谨慎性原则　　D. 及时性原则

21. 权责发生制所强调的是(　　)。

A. 财务状况的真实性　　B. 会计信息的有用性

C. 提供信息的及时性　　D. 经营成果计算的正确性

22. 下列各项中，符合会计核算真实性原则要求的是(　　)。

A. 会计核算应由专人负责　　B. 及时进行会计核算

C. 合理进行会计核算　　D. 以交易或事项为依据进行核算

23. 产生收付实现制和权责发生制的基本前提是(　　)。

A. 会计主体　　B. 持续经营

C. 会计分期　　D. 货币计量

24. 下列项目中，不属于会计核算具体内容的是(　　)。

A. 制订企业计划　　B. 收入的计算

C. 资本的增减　　D. 财务成果的计算

25. 所设置的会计科目应符合单位自身特点，满足单位实际需要，这一点符合(　　)原则。

A. 实用性　　B. 合法性

C. 谨慎性　　D. 相关性

二、多项选择题

1. 下列属于会计核算具体内容的有(　　)。

A. 款项和有价证券的收付　　B. 财物的收发、增减和使用

C. 债权、债务的发生和结算　　D. 收入、支出、费用、成本的计算

E. 登记会计报表

2. 资金运动的内容包括(　　)。

A. 资金的投入　　B. 资金的循环

C. 资金的退出　　D. 资金的周转

E. 资金的溢余

3. 在会计核算方法体系中，就其工作程序和工作过程来说，主要包括(　　)。

A. 填制和审核凭证　　B. 登记账簿

C. 成本计算　　D. 编制会计报表

E. 财产清查

4. 下列项目中，属于会计核算专门方法的有(　　)。

A. 财产清查　　B. 成本计算

C. 填制和审核凭证　　D. 登记账簿

E. 设置会计科目和账户

5. 会计核算职能的特点是（　　）。

A. 具有客观性　　B. 以货币为主要计量单位

C. 具有连续性、系统性、全面性　　D. 体现在记账、算账、报表三个阶段上

E. 包括事前核算、事中核算、事后核算

6. 将设备的日常维修费用误计入固定资产成本，其结果会导致（　　）。

A. 少计资产　　B. 多计资产

C. 多计费用　　D. 少计费用

E. 多计负债

7. 会计的具体任务包括（　　）。

A. 反映和监督法规、准则、制度的执行情况，维护财经纪律

B. 提供经济信息，加强经营管理

C. 计算产品成本，加强经营管理

D. 预测经济前景，评价财务成果

E. 反映和监督经营活动财务收支

8. 以下有关会计基本职能的关系，正确的说法有（　　）。

A. 核算职能是监督职能的基础

B. 监督职能是核算职能的保证

C. 没有核算职能提供可靠的信息，监督职能就没有客观依据

D. 没有监督职能进行控制，就不可能提供真实可靠的会计信息

E. 两大职能是紧密结合、辩证统一的

9. 下列项目中，可以作为一个会计主体进行核算的有（　　）。

A. 销售部门　　B. 分公司

C. 母公司　　D. 企业集团

E. 子公司

10. 按照权责发生制原则的要求，下列经济业务中应计入本期收入或费用的有（　　）。

A. 预收货款，存入银行　　B. 预收财产保险费

C. 摊销固定资产修理费　　D. 预提短期借款利息

E. 发出产品，款已预收

11. 下列说法正确的有（　　）。

A. 在境外设立的中国企业向国内报送的财务报告，应当折算为人民币

B. 业务收支以外币为主的单位可以选择某种外币为记账本位币

C. 会计核算过程中采用货币为主要计量单位

D. 我国企业的会计核算只能以人民币为记账本位币

E. 以货币为计量单位是假设币值稳定为基础计量的

12. 会计期间可以分为（　　）。

A. 月度　　B. 季度

C. 半年度　　D. 年度

E. 旬

13. 下列说法正确的有( )。

A. 会计人员只能核算和监督所在主体的经济业务，不能核算和监督其他主体的经济业务

B. 会计主体可以是企业中的一个特定部分，也可以是几个企业组成的企业集团

C. 会计主体一定是法律主体

D. 会计主体假设界定了从事会计工作和提供会计信息的空间范围

E. 会计人员可以为不同的会计主体服务

14. 下列关于会计核算的基本前提描述正确的是( )。

A. 会计核算的四项基本前提，具有相互依存、相互补充的关系

B. 没有会计主体，就不会有持续经营

C. 没有持续经营，就不会有会计分期

D. 没有货币计量，就不会有现代会计

E. 资产的取得应以历史成本为主

15. 按照收付实现制原则，下列各项中应计入本期收入的有( )。

A. 预收货款　　B. 收到前欠销货款

C. 现销收入　　D. 赊销收入

E. 预付货款

16. 下列与会计信息质量要求有关的原则有( )。

A. 谨慎性原则　　B. 相关性原则

C. 配比原则　　D. 历史成本原则

E. 明晰性原则

17. 在会计核算的基本原则中，体现会计信息质量要求的有( )。

A. 可比性原则　　B. 相关性原则

C. 及时性原则　　D. 明晰性原则

E. 谨慎性原则

18. 对于收入和费用归属期的确认，在会计处理上有( )。

A. 权责发生制　　B. 永续盘存制

C. 实地盘存制　　D. 收付实现制

E. 技术推算盘点法

三、判断题

1. 在我国境内设立的企业，会计核算可以不以人民币作为记账本位币。 ( )

2. 我国企业会计采用的计量单位只有一种，即货币计量。 ( )

3. 由于有了持续经营这个会计核算的基本前提，才产生了当期与其他期间的区别，从而出现了权责发生制与收付实现制的区别。 ( )

4. 在中华人民共和国境内的外商投资企业、外国企业和其他外国组织的会计记录，可以使用一种外国文字。 ( )

5. 会计分期的意义在于：界定了会计信息的时间段落，为分期结算账目和编制财务会计报告等奠定了理论与实务的基础。 ( )

6. 会计是以货币为主要计量单位，计算和反映一个单位经济活动的一种经济管理工作。 ( )

7. 凡是特定主体能够以货币表现的经济活动，都是会计核算和监督的内容，即会计对象，会计对象就是能用货币表现的各种经济活动。（ ）

8. 会计对象是指会计所核算和监督的内容。（ ）

四、名词解释题

1. 会计核算职能
2. 会计分期
3. 货币计量
4. 实质重于形式原则
5. 公允价值
6. 会计方法
7. 会计核算方法

五、简答题

1. 简述会计的目标有哪些。
2. 简述会计假设和会计信息质量要求的原则有哪些。
3. 简述会计要素的确认条件。
4. 简述会计要素计量的属性有哪些。
5. 简述权责发生制原则和收付实现制原则。

六、业务计算题

1. 根据下列经济业务内容按权责发生制和收付实现制原则，分别计算企业本月（20×1 年 7 月）的收入和费用，填入表 1.1 内。

(1)销售产品 14 000 元，货款已收存银行。

(2)又销售产品一批 20 000 元，货已发出，款未收到。

(3)收到购货单位预付给企业的货款 16 000 元，下月交货。

(4)收到上月应收的销货款 5 000 元。

(5)预付 7～12 月租金 12 000 元。

(6)本月预提银行短期借款利息 1 500 元。

表 1.1　企业本月收入和费用　　单位：元

业务号	权责发生制		收付实现制	
	收入	费用	收入	费用
1				
2				
3				
4				
5				
6				
合　计				

2. 目的：练习权责发生制与收付实现制会计基础下企业损益额的确定。

资料：利和股份公司 20×1 年 6 月发生下列业务：

(1)销售商品 520 000 元,其中 400 000 元当即收款,存入银行;另 120 000 元尚未收到。

(2)收到上个月提供劳务的款项 100 000 元,存入银行。

(3)用银行存款支付本月的水电费 7 200 元。

(4)用现金 30 000 元预付下半年的房租。

(5)用银行存款 6 000 元支付本季度银行借款利息(其中本月 2 000 元)。

(6)本月提供劳务获得收入 48 000 元,款项未收到。

(7)按照合同规定预收订货款 200 000 元,存入银行。

(8)本月负担年初已付款的保险费 1 000 元。

(9)上个月已收预收款的产品本月发货,价款 280 000 元。

(10)本月负担的修理费 5 000 元(款项在下个月支付)。

要求:分别按收付实现制和权责发生制会计基础计算公司本月的收入、费用和利润,并对两种原则下确定的经营成果进行简要说明。

第二章　会计要素、会计科目与会计等式

一、单项选择题

1. 下列不属于企业资产的是(　　)。

A. 实收资本　　B. 融资租入的固定资产

C. 机器设备　　D. 专利权

2. 下列不属于流动资产的是(　　)。

A. 预收账款　　B. 预付账款

C. 应收账款　　D. 应收票据

3. 企业在日常活动中形成的、会导致所有者权益增加的、与所有者投入资本无关的经济利益的总流入称为(　　)。

A. 利润　　B. 资产

C. 利得　　D. 收入

4. 最基本的会计等式是(　　)。

A. 收入－费用＝利润

B. 资产＝负债＋所有者权益

C. 期初余额＋本期增加额－本期减少额＝期末余额

D. 资产＝负债＋所有者权益＋(收入－费用)

5. 下列各项中，符合会计要素收入定义的是(　　)。

A. 出售材料收入

B. 出售无形资产净收益

C. 出售固定资产净收益

D. 向购货方收取的增值税销项税额

6. 经济业务发生仅涉及某一要素的两个项目时，则必然引起该要素中的这两个项目发生(　　)。

A. 同增变动　　B. 同减变动

C. 一增一减变动　　D. 不变动

7. 下列说法不正确的是(　　)。

A. 所有者权益是指企业所有者在企业资产中享有的经济利益

B. 所有者权益的金额等于资产减去负债后的余额

C. 所有者权益也称净资产

D. 所有者权益包括实收资本(或股本)、资本公积、盈余公积金和留存收益等

8. 会计对象是指会计核算和监督的(　　)。

A. 内容　　B. 形式
C. 方法　　D. 特征

9. 企业所拥有的资产从财产权利归属来看,一部分属于投资者,一部分属于(　　)。

A. 债权人　　B. 企业法人
C. 企业职工　　D. 债务人

10. 企业要进行经营,必须要有一定的(　　)。

A. 资本公积　　B. 盈余公积金
C. 实收资本　　D. 各种债务

11. 企业的净利润扣除提取的盈余公积金、公益金和分配给予投资者的利润后的余额为企业的(　　)。

A. 所有者权益　　B. 资本公积
C. 盈余公积金　　D. 未分配利润

12. 资产、负债和所有者权益是(　　)。

A. 表示企业财务状况的会计要素　　B. 表示企业经营状况的会计要素
C. 表示企业经营成果的会计要素　　D. 表示企业财务成果的会计要素

13. 下列各项中,属于流动资产的是(　　)。

A. 短期投资　　B. 运输设备
C. 专利权　　D. 租入固定资产改良支出

14. 材料销售取得的收入应在(　　)中核算。

A. 主营业务收入　　B. 其他业务收入
C. 营业外收入　　D. 投资收益

15. 下列费用不可以计入产品成本的是(　　)。

A. 直接材料费　　B. 管理费用
C. 直接人工费　　D. 制造费用

16. 所有者权益是企业投资人对企业(　　)的所有权。

A. 总资产　　B. 净资产
C. 实收资本　　D. 投资人投资

17. 某工业企业发生的下列收入中,属于其他业务收入的是(　　)。

A. 销售半成品取得的收入　　B. 提供工业性劳务取得的收入
C. 销售材料取得的收入　　D. 处理固定资产净收益

18. 引起资产内部两个项目此增彼减而资产总额不变的经济业务是(　　)。

A. 用银行存款偿还借款　　B. 收到投资者货币投资
C. 收到外单位前欠货款　　D. 用银行存款支付投资者利润

19. 企业从银行取得借款直接偿还应付购货款,所属经济业务类型是(　　)。

A. 资产项目之间此增彼减　　B. 权益项目之间此增彼减
C. 资产项目和权益项目同增　　D. 资产项目和权益项目同减

20. 下列经济业务会引起所有者权益总额变动的是(　　)。

A. 提取盈余公积金　　B. 宣告分配给投资者的利润
C. 资本公积转增资本　　D. 用存款购入材料

21. 下列经济业务不影响会计等式两边总额发生变化的是(　　)。
A. 收到应收账款存入银行　　B. 从银行取得借款存入银行
C. 收到投资者的设备投资　　D. 以银行存款偿还应付账款

22. 引起资产和所有者权益同时增加的经济业务是(　　)。
A. 收到外单位捐赠的设备一台　　B. 从税后利润中提取盈余公积金
C. 表示企业经营成果的会计要素　　D. 从银行取得短期借款一项

23. “资产＝负债＋所有者权益”不是(　　)。
A. 设置账户的理论依据
B. 复式记账的理论依据
C. 编制资产负债表的理论依据
D. 总分类账户与明细分类账户平行登记的理论依据

24. 企业在一定时期内通过从事生产经营活动而在财务上取得的结果称为(　　)。
A. 财务状况　　B. 盈利能力
C. 经营业绩　　D. 财务成果

25. 以下应作为债权处理的项目是(　　)。
A. 应付账款　　B. 应交税费
C. 预收账款　　D. 预付账款

26. 费用中能予以对象化的部分构成(　　)。
A. 成本　　B. 负债
C. 期间费用　　D. 资产

27. 下列项目中属于货币资金的是(　　)。
A. 可转换债券　　B. 商业承兑汇票
C. 银行汇票存款　　D. 银行承兑汇票

28. 下列不属于收入的是(　　)。
A. 销售商品收入　　B. 提供劳务收入
C. 让渡固定资产使用权收入　　D. 转移固定资产所有权净收入

29. 下列属于债权的是(　　)。
A. 应付账款　　B. 应付职工薪酬
C. 应收票据　　D. 预收账款

30. 直接计入当期损益的费用称为(　　)。
A. 销售费用　　B. 期间费用
C. 管理费用　　D. 财务费用

31. 下列经济业务引起资产与负债同时减少的是(　　)。
A. 收到投资者投入的设备一台，价值 8 万元
B. 购入材料一批，价值 5 万元，货款未付
C. 以银行存款归还前欠货款 6 万元
D. 生产甲产品领用材料费 5 400 元

32. 某企业资产总额为 200 万元，负债总额为 40 万元，在将 20 万元负债转为投入资本后，所有者权益为(　　)万元。

A. 140　　B. 180

C. 160　　D. 200

33. 下列事项中能够引起资产总额增加的有(　　)。

A. 以银行存款偿还债务　　B. 接受投资者投入的固定资产

C. 从银行提取现金　　D. 将资本公积转增资本

34. 下列错误中，在会计核算中影响试算平衡关系的是(　　)。

A. 漏记某项经济业务，使本期借贷双方的发生额发生等额减少

B. 重记某项经济业务，使本期借贷双方的发生额发生等额虚增

C. 某项经济业务借方金额登记正确，而贷方金额登记错误

D. 借方会计科目使用错误

35. 期间费用不包括(　　)。

A. 制造费用　　B. 管理费用

C. 财务费用　　D. 销售费用

36. 下列项目中不属于流动资产的是(　　)。

A. 货币资金　　B. 应收账款

C. 预付账款　　D. 累计折旧

37. 下列各项中，会引起资产和负债同时增加的是(　　)。

A. 将现金存入银行　　B. 赊购原材料

C. 以银行存款归还银行借款　　D. 向银行借款偿还应付账款

38. 资产、负债及所有者权益之间的数量关系称为(　　)。

A. 借贷关系　　B. 会计等式

C. 记账规则　　D. 试算平衡

39. 下列经济业务中，会引起一项负债减少，而另一项负债增加的是(　　)。

A. 用银行存款购买材料　　B. 以银行存款归还银行借款

C. 向银行借款偿还应付账款　　D. 将银行借款存入银行

40. 下列各项中，属于流动负债的是(　　)。

A. 长期借款　　B. 预付账款

C. 预收账款　　D. 其他应收款

41. 反映会计基本要素之间数量关系的会计等式是(　　)。

A. 利润＝收入－费用

B. 资产＝负债＋所有者权益

C. 资产＝负债＋所有者权益＋利润(收入－费用)

D. 利润＝收入－成本

42. 资产总额减负债总额后的余额称为(　　)。

A. 收入　　B. 利润

C. 费用　　D. 净资产

二、多项选择题

1. 下列项目中，属于所有者权益直接来源的有（　　）。

A. 所有者投入的资本　　B. 不应计入当期损益的利得或者损失

C. 留存收益　　D. 收入

E. 取得的资产

2. 下列属于反映企业经营成果的动态要素的有（　　）。

A. 收入　　B. 费用

C. 利润　　D. 负债

E. 资产

3. 下列属于反映企业财务状况的静态要素的有（　　）。

A. 资产　　B. 负债

C. 利润　　D. 所有者权益

E. 收入

4. 资产与权益的恒等关系是（　　）。

A. 复式记账法的理论依据　　B. 总账与明细账平行登记的理论依据

C. 试算平衡的理论依据　　D. 编制资产负债表的理论依据

E. 单式记账的理论依据

5. 下列项目中，属于费用要素特点的有（　　）。

A. 企业在日常活动中发生的经济利益的总流入

B. 会导致所有者权益减少

C. 与向所有者分配利润无关

D. 会导致所有者权益增加

E. 与向所有者分配利润有关

6. 下列会计等式正确的有（　　）。

A. 资产＝负债＋所有者权益

B. 资产＝负债＋所有者权益＋(收入－费用)

C. 资产＝负债＋所有者权益＋利润

D. 资产＋负债＝所有者权益＋利润

E. 资产＋费用＝负债＋所有者权益＋收入

7. 下列项目中，属于所有者权益的有（　　）。

A. 接受投资者投资　　B. 股票溢价

C. 接受捐赠的资产　　D. 盈余公积金

E. 未分配利润

8. 下列费用中，属于期间费用的是（　　）。

A. 产品生产费用　　B. 销售费用

C. 管理费用　　D. 财务费用

E. 制造费用

9. 企业的净资产包括（　　）。

A. 投入资本　　B. 资本公积

C. 盈余公积金　　D. 本年利润
E. 未分配利润

10. 会计要素的划分在会计核算中具有重要作用,具体体现在(　　)。
A. 对会计对象进行科学分类　　B. 复式记账的理论基础
C. 设置会计科目的基本依据　　D. 登记账簿的直接依据
E. 构成会计报表的基本框架

11. 一般企业税后利润进行分配的渠道是(　　)。
A. 提取盈余公积金　　B. 提取公益金
C. 提取奖励基金　　D. 向职工分配利润
E. 向投资者分配利润

12. 取得收入导致会计要素变动的情况有(　　)。
A. 资产和收入同时增加　　B. 资产增加,负债减少
C. 收入增加,负债减少　　D. 资产增加,负债增加
E. 资产和负债同时减少

13. 不能全部计入当期损益,应当在以后年度内分期摊销的各项费用,称为(　　)。
A. 待摊费用　　B. 长期待摊费用
C. 跨期摊提费用　　D. 无形资产
E. 累计折旧

14. 下列经济业务中,能够引起资产和负债同时增加的是(　　)。
A. 向银行借入款项　　B. 销售产品尚未收到货款
C. 购买材料尚未付款　　D. 预收销货款
E. 预付购货款

15. 下列经济业务中,不会引起会计等式左右两边同时发生增减变动的是(　　)。
A. 从银行提取现金　　B. 从银行取得借款,直接偿还应付账款
C. 预付购买材料款　　D. 向已预付货款的单位发出产品
E. 接受社会捐赠的机器设备

16. "资产=负债+所有者权益"的会计等式,是(　　)。
A. 设置会计科目的理论依据　　B. 设置账户的理论依据
C. 复式记账的理论依据　　D. 编制会计报表的理论依据
E. 财产清查的理论依据

17. 下列各项中属于费用的有(　　)。
A. 财务费用　　B. 应付账款
C. 管理费用　　D. 资产减值损失
E. 销售费用

18. 下列经济业务中,引起资产和负债同时减少的有(　　)。
A. 用银行存款偿还前欠货款　　B. 以银行存款购买办公用品
C. 以现金发放职工工资　　D. 以银行存款支付应交的所得税
E. 将从银行借入的款项存入银行

19. 企业从银行取得临时借款存入银行,该项业务引起会计要素变化的有(　　)。

A. 资产增加　　B. 资产减少
C. 负债增加　　D. 负债减少
E. 费用增加

20. 下列引起资产和权益同时变动的交易或事项是(　　)。
A. 收到补充注册资本金　　B. 接受现金捐赠
C. 提取法定盈余公积金　　D. 收到应收股利存入银行
E. 将资本公积转增资本

21. 关于会计要素的表述,下列正确的有(　　)。
A. 资产、负债、利润是反映财务状况的要素
B. 收入、费用、利润是反映财务状况的要素
C. 资产、负债、所有者权益是反映财务状况的要素
D. 收入、费用、所有者权益是反映经营成果的要素
E. 收入、费用、利润是反映经营成果的要素

22. 下列经济业务中,引起资产项目此增彼减的有(　　)。
A. 从银行提取现金　　B. 以银行存款购买材料
C. 收回应收账款存入银行　　D. 以银行存款购买设备
E. 以银行存款偿还前欠货款

23. 下列各项中,应确认为收入的有(　　)。
A. 由银行取得的借款　　B. 销售产品的货款
C. 客户预付的购货款　　D. 出租固定资产的租金
E. 投资者投入的货币资金

24. 确认产品收入时,与“主营业务收入”账户相对应的账户有(　　)。
A.“银行存款”　　B.“应收账款”
C.“预收账款”　　D.“库存商品”
E.“主营业务成本”

25. 一项所有者权益减少的同时,可能会引起(　　)。
A. 一项资产增加　　B. 一项负债增加
C. 一项负债减少　　D. 一项资产减少
E. 另一项所有者权益减少

三、判断题

1. 各项借款、应付和预付款项都是企业的债务。(　　)
2. 财务成果具体表现为盈利或亏损。(　　)
3. 会计上的资本既包括投入资本也包括借入资本。(　　)
4. 按照我国的会计准则,负债不仅指现时已经存在的债务责任,还包括某些将来可能发生的、偶然事项形成的债务责任。(　　)
5. 只要企业拥有某项财产物资的所有权就能将其确认为资产。(　　)
6. 资产、负债与所有者权益的平衡关系是企业资金运动处于相对静止状态下出现的,如果考虑收入、费用等动态要素,则资产与权益总额的平衡关系必然被破坏。(　　)
7. 企业的利得和损失包括直接计入所有者权益的利得和损失以及直接计入当期利润的

利得和损失。（　　）

8. 利润是收入与成本配比相抵后的差额，是经营成果的最终要素。（　　）

9. 专利权、商标权等不具有实物形态，不属于资产。（　　）

四、名词解释题

1. 资产
2. 负债
3. 所有者权益
4. 收入
5. 费用

五、简答题

1. 简述会计循环的基本内容。
2. 会计有哪些基本职能？试说明会计基本职能之间的相互关系。
3. 简述企业经济业务发生后，对“资产＝负债＋所有者权益”平衡公式的影响。

六、业务计算题

1. 某企业20×1年8月末有关账户余额如表2.1所示。

表2.1　某企业20×1年8月末有关账户余额

资产类账户	余　额	负债及所有者权益类账户	余　额
库存现金	5 000	短期借款	8 000
银行存款	200 000	应付账款	91 000
应收账款	116 000	应交税费	48 200
其他应收款	1 000	预提费用	20 000
原材料	260 000	长期借款	170 000
库存商品	180 000	实收资本	1 290 000
待摊费用	3 000	资本公积	10 000
固定资产	1 180 000	盈余公积金	90 000
无形资产	64 000		
累计折旧	281 800		
合　计	1 727 200	合　计	1 727 200

9月发生下列经济业务：

(1)购入甲材料，价款50 000元，增值税8 500元，货款已开出转账支票支付，材料入库。

(2)向银行借入3年期借款200 000元。

(3)以银行存款预付下年报刊费6 000元。

(4)以银行存款5 000元归还前欠某单位货款。

(5)收回前欠货款100 000元存入银行。

(6)以现金支付采购员差旅费2 000元。

要求：根据上述资料编制总分类账户发生额及余额试算平衡表(见表2.2)。

表 2.2　试算平衡表

20×1 年 9 月　　　　单位:元

账户名称（会计科目）	期初余额		本期发生额		期末余额	
	借方	贷方	借方	贷方	借方	贷方
库存现金						
银行存款						
应收账款						
其他应收款						
原材料						
库存商品						
待摊费用						
固定资产						
无形资产						
累计折旧						
短期借款						
应付账款						
应交税费						
预提费用						
长期借款						
实收资本						
资本公积						
盈余公积金						
合　　计						

2. 目的:练习会计等式、所有者权益各项目之间的关系的计算。

资料:利和股份公司期初负债总额 2 000 000 元,实收资本 1 600 000 元,资本公积 160 000 元,盈余公积金 120 000 元,未分配利润 120 000 元。本期发生的亏损 400 000 元,用盈余公积金弥补亏损 80 000 元。企业期末资产总额 3 960 000 元,本期内实收资本和资本公积没有发生变化。

要求:

(1)计算公司年末未分配利润数额。

(2)计算公司年末负债总额。

(3)分析说明本期发生的亏损对公司期末资产和负债的影响。

3. 目的:练习各会计要素之间的关系、损益的确认以及会计处理错误的纠正。

资料:利和股份公司 20×1 年 9 月有关会计处理发生了以下错误:

(1)会计期末收到本期的存款利息 2 500 元,误作为主营业务收入处理(假设不考虑该项内容的销售税金)。

(2)本期应负担年初已付款的保险费 4 000 元,进行会计处理时误贷记“预提费用”账户。

(3)期末固定资产未计提折旧 4 800 元(假设均为行政管理部门使用的固定资产)。

(4)会计期末未预提车间房屋租金 1 800 元。

(5)期末预收下个季度的房租 12 000 元,误作为本期产品销售收入处理。

要求:计算确定上述错误对公司资产、负债、所有者权益以及本期损益的影响情况。

第三章　账户与复式记账法

一、单项选择题

1. 在借贷记账法下,资产类账户的期末余额等于(　　)。

A. 期初借方余额+本期借方发生额－本期贷方发生额

B. 期初贷方余额+本期贷方发生额－本期借方发生额

C. 期初借方余额+本期贷方发生额－本期借方发生额

D. 期初贷方余额+本期借方发生额－本期贷方发生额

2."其他业务成本"科目按其所归属的会计要素不同,属于(　　)类科目。

A. 成本　　B. 资产

C. 损益　　D. 所有者权益

3. 在下列项目中,与"制造费用"属于同一类科目的是(　　)。

A. 固定资产　　B. 其他业务成本

C. 生产成本　　D. 主营业务成本

4. 有关会计科目与账户的关系,下列说法中不正确的是(　　)。

A. 没有账户,就无法发挥会计科目的作用

B. 两者口径一致,性质相同

C. 账户是设置会计科目的依据

D. 会计科目不存在结构,而账户则具有一定的格式和结构

5. 关于会计科目,下列说法中不正确的是(　　)。

A. 会计科目的设置应该符合国家统一会计准则的规定

B. 会计科目是设置账户的依据

C. 企业不可以自行设置会计科目

D. 账户是会计科目的具体运用

6. 账户的左方和右方,哪一方登记增加,哪一方登记减少,取决于(　　)。

A. 所记经济业务的重要程度　　B. 开设账户时间的长短

C. 所记金额的大小　　D. 所记录的经济业务和账户的性质

7. 总分类会计科目一般按(　　)进行设置。

A. 企业管理的需要　　B. 统一会计制度的规定

C. 会计核算的需要　　D. 经济业务种类的不同

8. 下列账户中,期末一般无余额的是(　　)账户。

A. 库存商品　　B. 生产成本
C. 本年利润　　D. 利润分配

9. 账户的余额按照表示的时间不同可以分为(　　)。
A. 期初余额和本期增加发生额确　　B. 期初余额和本期减少发生额
C. 本期增加发生额和本期减少发生额　　D. 期初余额和期末余额

10. 下列会计科目中,不属于资产类的是(　　)。
A. 应收账款　　B. 累计折旧
C. 预收账款　　B. 预付账款

11. “预付账款”科目按其所归属的会计要素不同,属于(　　)类科目。
A. 资产　　B. 负债
C. 所有者权益　　D. 成本

12. 下列有关账户的表述中,不正确的是(　　)。
A. 会计科目和账户所反映的会计对象的具体内容是完全相同的
B. 会计科目是账户设置的依据
C. 按照会计科目提供核算资料的详细程度,账户可以分为总分类账户和明细分类账户
D. 账户是根据会计科目设置的,它没有格式和结构

13. 预付账款属于企业的(　　)。
A. 流动资产　　B. 流动负债
C. 长期资产　　B. 长期负债

14. 对会计对象的具体内容分类进行核算的方法是(　　)。
A. 设置会计科目　　B. 复式记账
C. 登记账簿　　D. 填制会计凭证

15. 设置会计科目必须结合(　　)的特点。
A. 会计本质　　B. 会计对象
C. 会计职能　　B. 会计方法

16. 会计科目作为一个体系包括科目内容和(　　)。
A. 科目名称　　B. 科目编号
C. 科目级次　　B. 科目结构

17. 资产与权益两大类账户结构是(　　)。
A. 相同的　　B. 相反的
C. 不稳定的　　B. 基本相同的

18. 假如某企业某账户本期期初余额为 5 600 元,本期期末余额为 5 700 元,本期减少发生额为 800 元,则该企业本期增加发生额(　　)。
A. 700　　B. 10 500
C. 900　　D. 12 100

19. 某账户期初余额为 5 000 元,本期增加发生额为 8 000 元,期末余额为 6 000 元,该账户本期减少发生额应为(　　)。
A. 2 000 元　　B. 7 000 元
C. 8 000 元　　D. 13 000 元

20. 在借贷记账法下，账户哪一方登记增加，哪一方登记减少，取决于(　　)。

A. 账户的结构　　B. 账户所记录的经济业务内容

C. 账户的用途　　D. 账户的具体格式

21. 对某项经济业务事项标明应借、应贷账户名称及其金额的记录称为(　　)。

A. 对应关系　　B. 对应账户

C. 会计分录　　B. 账户

22. 甲公司月末编制的试算平衡表中，全部账户的本月借方发生额合计为 136 万元，除实收资本账户以外的本月贷方发生额合计 120 万元，则实收资本账户(　　)。

A. 本月贷方发生额为 16 万元　　B. 本月借方发生额为 16 万元

C. 本月借方余额为 16 万元　　D. 本月贷方余额为 16 万元

23. 年末结转后，“利润分配”账户的借方余额表示(　　)。

A. 净利润　　B. 利润总额

C. 未分配的利润　　D. 未弥补的亏损

24. 复式记账法是以(　　)为记账基础的一种记账方法。

A. 试算平衡　　B. 资产和权益平衡关系

C. 会计科目　　B. 经济业务

25. 下列记账错误中，不能通过试算平衡检查发现的是(　　)。

A. 将某一账户的借方发生额 600 元，误写成 6 000 元

B. 某一账户的借贷方向写反

C. 借方的金额误记到贷方

D. 漏记了借方的发生额

26. 目前我国采用的复式记账法主要是(　　)。

A. 单式记账法　　B. 增减记账法

C. 收付记账法　　D. 借贷记账法

27. 负债及所有者权益类账户的期末余额一般在(　　)。

A. 借方　　B. 借方或贷方

C. 贷方　　D. 无余额

28. 下列错误中能够通过试算平衡发现的是(　　)。

A. 重记经济业务　　B. 漏记经济业务

C. 借贷方向相反　　D. 借贷金额不等

29.“应收账款”账户的期末余额等于(　　)。

A. 期初余额＋本期借方发生额－本期贷方发生额

B. 期初余额－本期借方发生额－本期贷方发生额

C. 期初余额＋本期借方发生额＋本期贷方发生额

D. 期初余额－本期借方发生额＋本期贷方发生额

30. 在借贷记账法下，账户的贷方用来登记(　　)。

A. 大部分收入类科目的减少

B. 大部分所有者权益类科目的增加

C. 大部分负债类科目的减少

D. 大部分成本类科目的增加

31. 借贷记账法的发生额试算平衡公式是(　　)。

A. 每个账户的借方发生额＝每个账户的贷方发生额

B. 全部账户期初借方余额合计＝全部账户期初贷方余额合计

C. 全部账户本期借方发生额合计＝全部账户本期贷方发生额合计

D. 全部账户期末借方余额合计＝全部账户期末贷方余额合计

32. 根据资产与权益的恒等关系以及借贷记账法的记账规则,检查所有账户记录是否正确的过程称为(　　)。

A. 记账　　B. 试算平衡

C. 对账　　D. 结账

33. 总分类账户与明细分类账户的主要区别在于(　　)。

A. 记录经济业务的详细程度不同　　B. 记账的依据不同

C. 记账的方向不同　　D. 记账的期间不同

34. 复式记账法是指对发生的每一项经济业务,都要以相等的金额在(　　)中进行记录的方法。

A. 两个账户　　B. 两个或两个以上的账户

C. 有借方或贷方余额　　D. 无余额

35. 采用复式记账法的目的是(　　)。

A. 便于登记账簿　　B. 如实、完整地反映资金运动来龙去脉

C. 提高会计工作效率　　D. 便于会计人员的分工协作

36. 借贷记账法"借"、"贷"的含义是(　　)。

A. 债权和债务　　B. 标明记账方向

C. 增加或减少　　D. 收入和付出

37. 借贷记账法账户的基本结构是,右边为(　　)。

A. 增加方　　B. 减少方

C. 借方　　D. 贷方

38. 对账户记录进行试算平衡的依据是(　　)。

A. 会计要素划分的类别　　B. 所发生经济业务的内容

C. 账户结构　　D. 会计等式

39. 下列各项中,能够通过账户对应关系直接反映的是(　　)。

A. 资金平衡关系　　B. 资金的来龙去脉

C. 原始凭证的真实性　　D. 账簿记录的真实性

40. "费用"账户期末一般(　　)。

A. 有借方余额　　B. 有贷方余额

C. 有借方或贷方余额　　D. 无余额

41. 借贷记账法的试算平衡所依据的基本原理是(　　)。

A. 平行登记　　B. 会计基本前提

C. 会计等式　　D. 一贯性原则

42. 在处理经济业务过程中,会形成账户的对应关系,这种关系是指(　　)。

A. 总分类账与明细账之间的关系　　B. 总分类账与日记账之间的关系
C. 有关账户之间的应借应贷的关系　　D. 明细账与日记账之间的关系

43. 在会计期末对账户记录进行试算平衡时，会导致借贷双方发生额不等的原因是(　　)。

A. 借方和贷方都多记了相同的金额
B. 借方和贷方都少记了相同的金额
C. 在一借多贷的分录中，少记一笔贷方金额
D. 借贷的方向写反了

44. 编制会计分录不能出现的形式有(　　)。

A. 一借一贷的会计分录
B. 一借多贷或一贷多借的会计分录
C. 同一经济业务多借多贷的会计分录
D. 不同类型经济业务合并编制的多借多贷会计分录

45. 下列会计分录中，属于复合会计分录的是(　　)。

A. 借:生产成本——A 产品　30 000
　　贷:原材料——甲材料　10 000
　　　　　　——乙材料　20 000

B. 借:制造费用——办公室　300
　　　　　　——邮电费　600
　　贷:库存现金　900

C. 借:制造费用——折旧费　2 000
　　管理费用——折旧费　1 000
　　贷:累计折旧　3 000

D. 借:银行存款　100 000
　　贷:应收账款——A 公司　40 000
　　　　　　——B 公司　60 000

46. 平行登记是指同一项经济业务在(　　)。

A. 汇总凭证与有关账户之间进行登记
B. 各有关总分类账户中登记
C. 各有关明细分类账户中登记
D. 总账及其所属明细账户之间进行登记

47. 总分类账户及其所属明细分类账户，按平行登记规则进行登记，一般可以概括为(　　)。

A. 同一时点　　B. 登记的期间和依据相同
C. 借贷方方向一致　　D. 借贷方发生额相等

48. 在总分类账户及其所属明细分类账户之间必须采用的登账方法是(　　)。

A. 复式记账　　B. 平行登记
C. 补充登记　　D. 试算平衡

49. 账户本期的期末余额结转至下个会计期间，即为下期的(　　)。

A. 期初余额　　B. 增加发生额
C. 减少发生额　　D. 期末余额

50. 某企业资产总额为 500 万元，所有者权益为 400 万元。向银行借入 70 万元借款后，负债总额为(　　)。

A. 470 万元　　B. 170 万元
C. 570 万元　　D. 30 万元

51. 下列属于总分类账科目的是(　　)。

A. 累计折旧　　B. 应交增值税

C. 未分配利润　　D. 商标权

52. 在借贷记账法下,资产类账户的余额一般在(　　)。

A. 借方　　B. 贷方

C. 减少方　　D. 没有余额

53. 账户发生额试算平衡是根据(　　)确定的。

A. 借贷记账法的记账规则　　B. 经济业务内容

C. 资产=负债+所有者权益　　D. 经济业务类型

54. 关于借贷记账法的表述不正确的是(　　)。

A. 有借必有贷,借贷必相等　　B. 资产增加,权益减少

C. 资产内部有增有减总额不变　　D. 权益内部有增有减总额不变

55. 以银行存款归还向其他企业的借款,所引起的变化为(　　)。

A. 一项资产减少,一项权益减少　　B. 一项负债减少,一项资产增加

C. 一项资产减少,一项资产增加　　D. 一项资产减少,一项负债减少

56. 下列引起资产和负债同时增加的交易或事项是(　　)。

A. 购入电视机一部,货款暂欠　　B. 以银行存款购入原材料一批

C. 收回应收账款存入银行　　D. 以银行存款支付前欠货款

57. 复式记账法是对每项经济业务都以相等的金额在两个或两个以上账户中进行登记,其登记的账户一定是(　　)。

A. 资产类账户　　B. 权益类账户

C. 相互关联的账户　　D. 总分类账户和明细分类账户

58. 某企业10月末负债总额1 500万元,11月收回应收账款150万元存入银行,用银行存款偿还应付账款200万元,预付购货款100万元。该企业11月末负债总额为(　　)。

A. 1 300万元　　B. 1 350万元

C. 1 600万元　　D. 1 850万元

59. 下列账户中,属于损益类账户的是(　　)。

A. "本年利润"　　B. "所得税费用"

C. "利润分配"　　D. "累计折旧"

60. 会计科目是(　　)。

A. 会计要素的名称　　B. 会计报表的项目

C. 会计档案的名称　　D. 账户的名称

61. 下列各项中,不应直接计入当期损益的是(　　)。

A. 制造费用　　B. 财务费用

C. 所得税费用　　D. 管理费用

62. 所有者权益类账户的结构是(　　)。

A. 借方登记增加额,余额在贷方　　B. 贷方登记增加额,余额在贷方

C. 借方登记增加额,余额在借方　　D. 贷方登记增加额,余额在借方

63. 简单会计分录是指(　　)。

A. 有借有贷的分录　　B. 一借一贷的分录
C. 一借多贷的分录　　D. 多借一贷的分录

64. 期初和期末余额均在借方的账户，一般属于(　　)。
A. 资产类账户　　B. 负债类账户
C. 所有者权益类账户　　D. 收入类账户

65. 在借贷记账法下，账户借方登记增加数或减少数取决于(　　)。
A. 记账规则　　B. 资金的平衡关系
C. 核算方法　　D. 账户反映的经济内容性质

66. 在借贷记账法下，账户的借方表示(　　)。
A. 费用的增加和收入的减少　　B. 收入的增加和资产的减少
C. 利润的增加和负债的减少　　D. 利润的增加和费用的减少

67. 下列经济业务的发生，不会导致会计等式两边总额发生变动的是(　　)。
A. 以现金支付职工工资
B. 由银行取得借款，并已划入存款户
C. 以银行存款偿还原欠供应单位购料款
D. 收到购买单位原欠货款，已存入银行

68. 某企业月初资产总额为 500 万元，当月用银行存款 50 万元购入材料，收到客户偿还原欠货款 30 万元存入银行，用银行存款 20 万元归还到期银行借款。月末资产总额为(　　)。
A. 430 万元　　B. 450 万元
C. 460 万元　　D. 480 万元

69. 借贷记账法下，成本和费用类账户的结构(　　)。
A. 类似资产类账户　　B. 与负债类账户相同
C. 与所有者权益类账户相同　　D. 与资产类账户相同

70. 复式记账法与单式记账法相比较，下列说法中正确的是(　　)。
A. 两者都有利于检查账户记录的正确性
B. 复式记账法能清晰地反映经济业务的过程和结果
C. 两者都有一套完整的账户体系
D. 两者的账户都有相互对应关系

71. 下列账户中，不属于损益类账户的是(　　)。
A.“管理费用”账户　　B.“财务费用”账户
C.“销售费用”账户　　D.“制造费用”账户

72. 某企业 2005 年 1 月“预付账款”账户的月初余额为 2 000 元，本月贷方发生额为 80 000元，月末余额为 5 000 元，本月借方发生额应为(　　)。
A. 73 000 元　　B. 77 000 元
C. 83 000 元　　D. 87 000 元

73. 下列项目中，属于财务费用的是(　　)。
A. 财务人员的工资　　B. 财务部门的办公费
C. 投资损失　　D. 汇兑损失

74. 损益类账户期末结转后应(　　)。

A. 无余额　　B. 有贷方余额

C. 有借方余额　　D. 借方、贷方均有余额

75. 对会计科目分类和编号，形成(　　)。

A. 会计要素　　B. 会计账户

C. 会计科目表　　D. 会计对象

76. 下列会计事项中，能引起资产类项目之间此增彼减变动的是(　　)。

A. 计提福利费　　B. 接受捐赠

C. 预付货款　　D. 预收货款

二、多项选择题

1. 下列经济业务中，会使资产和权益总额同时增加的有(　　)。

A. 用银行存款购入一台机器设备　　B. 偿还购入材料的欠款

C. 收到投资者投入的资金并存入银行　　D. 购入一批商品，款项未付

E. 车间设备计提折旧

2. 某项经济业务发生后，一个资产类账户记借方，则有可能(　　)。

A. 另一个资产类账户记贷方　　B. 另一个负债类账户记贷方

C. 另一个所有者权益类账户记贷方　　D. 另一个资产类账户记借方

E. 另一个收入类账户记借方

3. 年末结账后，下列会计科目中一定没有余额的有(　　)。

A. 本年利润　　B. 生产成本

C. 应付账款　　D. 主营业务收入

E. 实收资本

4. 在借贷记账法下，账户的贷方应登记(　　)。

A. 负债、收入的增加数　　B. 负债、收入的减少数

C. 资产、成本的减少数　　D. 资产、成本的增加数

E. 利润的减少

5. 在借贷记账法下，当借记“银行存款”时，下列会计科目中可能成为其对应科目的有(　　)。

A. 实收资本　　B. 库存现金

C. 材料采购　　D. 本年利润

E. 主营业务收入

6. 总分类账户余额试算平衡表中的平衡关系有(　　)。

A. 全部账户的本期借方发生额合计＝全部账户的本期贷方发生额合计

B. 全部账户的期初借方余额合计＝全部账户的期末贷方余额合计

C. 全部账户的期初借方余额合计＝全部账户的期初贷方余额合计

D. 全部账户的期末借方余额合计＝全部账户的期末贷方余额合计

E. 全部账户的期末借方余额合计＝全部账户的期初贷方发生额合计

7. 会计分录包括(　　)。

A. 简单会计分录　　B. 复合会计分录

C. 单式分录　　D. 混合分录

E. 发生额分录

8. 复式记账法的特点是( )。

A. 可以了解每笔经济业务的来龙去脉
B. 比较简单,容易操作
C. 记录的账户相互联系,便于检查
D. 便于试算平衡
E. 便于会计人员相互监督,相互控制

9. 借贷记账法下账户贷方登记( )。

A. 资产增加
B. 负债减少
C. 费用减少
D. 所有者权益增加
E 收入、利润增加

10. 在借贷记账法下,属于资产类账户的有( )。

A. 银行存款
B. 制造费用
C. 实收资本
D. 累计折旧
E. 长期投资

11. 在借贷记账法下,期末结账后,一般有余额的账户是( )。

A. 资产账户
B. 负债账户
C. 费用账户
D. 收入账户
E 所有者权益账户

12. 借贷记账法允许采用的分录方式有( )。

A. 一借一贷
B. 一借多贷
C. 多借一贷
D. 多借多贷
E. 没有统一规定

13. 总分类账户发生额及余额试算平衡表中的平衡数字有( )。

A. 期初借方余额合计数和期末借方余额合计数相等
B. 期初贷方余额合计数和期末贷方余额合计数相等
C. 期初借方余额合计数和期初贷方余额合计数相等
D. 本期借方发生额合计数和本期贷方发生额合计数相等
E. 期末借方余额合计数和期末贷方余额合计数相等

14. 试算平衡不能检查出的记账错误有( )。

A. 一笔经济业务借贷双方都没有记账
B. 一张记账凭证重复过账
C. 借贷双方发生等额错误
D. 应借应贷科目写错
E. 借贷方向弄反

15. 在编制试算平衡表时,账户记录出现错误但又不影响借贷双方平衡的有( )。

A. 某项业务在有关账户中全部被漏记
B. 某项业务在有关账户中全部被重复记录
C. 应借应贷账户相互颠倒
D. 借、贷方账户都多记相同金额
E. 借方账户比贷方账户多记金额

16. 下列错误中不能通过试算平衡发现的有( )。

A. 某项经济业务未登记入账

B. 某项经济业务只登记借方金额，未登记贷方金额

C. 应借应贷科目中，借贷方向记反

D. 应借应贷科目错误

E. 借贷方同时多记了相等的金额

17. 复式记账法的特点包括（　　）。

A. 以相等的金额记录　　B. 在相互关联的账户中记录

C. 相关联的账户有两个　　D. 可以进行试算平衡

E. 体现了会计等式的平衡原理

18. 总分类账户与明细分类账户的联系是（　　）。

A. 二者反映的经济内容相同　　B. 二者登记账簿的原始凭证相同

C. 二者反映经济内容的详细程度相同　　D. 二者登记的记账凭证相同

E. 二者作用相同

19. 有关会计科目与账户间的关系，下列表述中正确的有（　　）。

A. 会计科目是账户设置的依据

B. 账户是会计科目的具体运用

C. 在实际工作中，会计科目和账户是相互通用的

D. 两者口径一致，性质相同

E. 两者口径一致，性质不相同

20. 在借贷记账法下，应记入有关账户借方的是（　　）。

A. 收入、利润增加　　B. 费用增加

C. 收入、利润减少或结转　　D. 费用减少或结转

E. 所有者权益增加

21. 会计科目按其所归属的会计要素不同，分为资产类、负债类、（　　）五大类。

A. 所有者权益类　　B. 损益类

C. 成本类　　D. 费用类

E. 收入类

22. 下列项目中，属于账户基本结构内容的有（　　）。

A. 账户的名称　　B. 日期和摘要

C. 凭证号数　　D. 增加方和减少方的金额及余额

E. 余额

23. 下列属于损益类账户的有（　　）。

A. 主营业务收入　　B. 管理费用

C. 营业外支出　　D. 所得税

E. 制造费用

24. 会计科目设置的原则有（　　）。

A. 必须结合会计对象的特点，全面反映其内容

B. 既要满足对外报告的要求，又要符合内部经营管理需要

C. 既要适应经济发展需要，又要保持相对稳定

D. 做到统一性与灵活性相结合

E. 会计科目简明适用,并要分类编号

25. 下列能引起资产和所有者权益同时增加的业务有(　　)。

A. 收到投资者投资存入银行　　B. 提取盈余公积金

C. 收到外商投入设备一台　　D. 将资本公积转增资本

E. 用取得的借款偿还应付账款

26. 下列各项中,账户之间不存在对应关系的有(　　)。

A."生产成本"与"应付职工薪酬"　　B."应付账款"与"本年利润"

C."利润分配"与"实收资本"　　D."预收账款"与"主营业务收入"

E."应付票据"与"主营业务收入"

27. 下列账户中,期末结转后一定无余额的是(　　)。

A."其他应收款"　　B."其他应付款"

C."销售费用"　　D."管理费用"

E."财务费用"

28. 编制会计分录时,必须考虑的因素有(　　)。

A. 经济业务所涉及的会计科目　　B. 经济业务应记入账户的方向

C. 经济业务应记入账户的金额　　D. 经济业务所涉及的会计原则

E. 经济业务所涉及的会计方法

29."应付账款"总分类账期末余额与其所属各明细分类账期末余额(　　)。

A. 一定是同方向　　B. 一定是不同方向

C. 可能是同方向　　D. 可能是不同方向

E. 总分类账可能有余额,而有的明细分类账没有余额,或相反

30. 下列账户所属的明细分类账中采用借方多栏式格式的有(　　)。

A."生产成本"账户　　B."制造费用"账户

C."财务费用"账户　　D."营业外支出"账户

E."管理费用"账户

31. 总分类账与明细分类账平行登记的要点包括(　　)。

A. 登记的期间相同　　B. 登记的依据相同

C. 登记的方向一致　　D. 登记的数量相同

E. 登记的金额相等

32. 下列账户中,属于损益类账户的有(　　)。

A."营业外收入"账户　　B."管理费用"账户

C."应交税费"账户　　D."主营业务成本"账户

E."应收账款"账户

33. 借贷记账法的试算平衡方法主要有(　　)。

A. 全部账户发生额试算平衡法　　B. 记账规则试算平衡法

C. 会计分录试算平衡法　　D. 会计科目试算平衡法

E. 全部账户余额试算平衡法

34. 下列属于负债类账户的有(　　)。

A. 预收账款　　B. 预付账款

C. 累计折旧　　　　　　　　　　D. 应付股利

E. 资本公积

35. 借贷记账法的试算平衡公式为(　　)。

A. 借方金额＝贷方金额

B. 全部账户本期借方发生额合计＝全部账户本期贷方发生额合计

C. 全部账户期末借方余额合计＝全部账户期末贷方余额合计

D. 资产＝负债＋所有者权益

E. 收入－费用＝利润

三、判断题

1. 在借贷记账法下,负债类账户与成本类账户的结构截然相反。(　　)

2. 在实务中,会计分录是在记账凭证上登记的。(　　)

3. 无论发生什么经济业务,会计等式始终保持平衡关系。(　　)

4. 某企业的试算平衡表实现了平衡关系,那么这个企业的账户记录就是正确无误的。(　　)

5. 一个会计主体一定期间内的全部账户的借方发生额合计与贷方发生额合计一定相等。(　　)

6. 运用单式记账法记录经济业务,可以反映每项经济业务的来龙去脉,可以检查每笔业务是否合理、合法。(　　)

7. 为了满足管理的需要,企业的会计账户设置得越细越好。(　　)

8. 成本类科目包括制造费用、生产成本及主营业务成本等科目。(　　)

9. 账户的本期发生额是动态资料,而期末余额与期初余额是静态资料。(　　)

10. 二级科目(子目)不属于明细分类科目。(　　)

11. 总分类科目与其所属的明细分类科目的核算内容相同,所不同的是前者提供的信息比后者更加详细。(　　)

12. 某企业生产成本账户的期初余额为 48 500 元,本月借方发生额为 60 000 元,期末生产产品成本为 3 200 元,则本期完工产品成本为 105 300 元。(　　)

13. 一个账户本期借方发生额合计应当等于其贷方发生额合计。(　　)

四、名词解释题

1. 会计科目

2. 借贷记账法

3. 简单会计分录

4. 账户

5. 会计分录

五、简答题

1. 什么是借贷记账法?借贷记账法的优点主要表现在哪些方面?

2. 简述借贷记账法试算平衡的目的及方法。

六、业务计算题

1. 假设甲公司期初的资产和权益总额均为 1 000 万元,当期发生下列经济业务:

(1)甲、乙两家公司进行债务重组,经协商,甲公司将欠乙公司的 20 万元转为本公司的资本。

(2)收到丁公司归还以前期间销售原材料发生的欠款 50 万元,款项存入银行。

(3)接受投资者投入现金 100 万元,存入银行。

(4)用银行存款购入固定资产,价款 50 万元。

要求:逐项说明上述经济业务对甲公司资产与权益总额有无影响;如有影响,说明影响的方向和金额。

2. 目的:练习账户之间对应关系的确定。

资料:利和股份公司期初库存材料成本为 278 500 元,本期仓库共发出材料成本 132 000 元,期末结存材料成本 206 500 元。"应付账款"(材料款)账户期初贷方余额为 218 000 元,期末贷方余额为 243 000 元,本期没有发生偿还应付款业务,本期购入材料均已入库。

要求:计算本期购入材料中已付款的材料有多少?

3. 某企业本月发生下列业务:

(1)从大华公司购入设备一台,价值 50 000 元,货款尚未支付。

(2)从华丰公司购入材料一批,计 100 000 元,其中 A 材料 60 000 元,B 材料 40 000 元,A 材料货款已支付,其余尚未支付。

(3)用银行存款偿还大华公司设备款 50 000 元。

(4)用银行存款偿还华丰公司材料款项 20 000 元。

(5)企业领用 A 材料 3 000 元,B 材料 6 000 元,用于生产甲产品。

要求:根据总分类账和明细分类账发生额填列以下对照表(见表 3.1)。

表 3.1　总分类账和明细分类账发生额对照表　　单位:元

科目名称	期初余额		本期发生额		期末余额	
	借方	贷方	借方	贷方	借方	贷方
"原材料"总账						
"原材料"明细账合计						
A 材料						
B 材料						
"应付账款"总账						
大华公司						
华丰公司						
"生产成本"总账						
"生产成本"明细账合计						
甲产品						

4. 某企业 6 月初有关分类账户的余额如表 3.2 所示。

表 3.2　某企业 6 月初有关分类账户的余额状况　　单位:元

库存现金	300	银行存款	200 000	原材料	4 700
固定资产	160 000	生产成本	15 000	短期借款	10 000
应付账款	50 000	实收资本	320 000		

该企业 6 月发生如下经济业务:

(1)收到投资者投入的货币资金投资 100 000 元,已存入银行。

(2)用银行存款 60 000 元购入汽车一辆。

(3)从银行提取现金 40 000 元。

(4)借入短期借款 20 000 元,存入银行。

(5)用银行存款 80 000 元偿还应付账款。

(6)生产产品领用材料一批,价值 30 000 元。

(7)购入材料一批,货款 200 000 元尚未支付。

(8)用银行存款 30 000 元偿还短期借款。

要求:(1)根据所给经济业务,编制会计分录。

(2)根据账户的登记结果,编制“总分类账户发生额及余额试算表”(见表 3.3)。

表 3.3 总分类账户发生额及余额试算表 单位:元

会计科目	期初余额		本期发生额		期末余额	
	借方	贷方	借方	贷方	借方	贷方
库存现金						
银行存款						
原材料						
固定资产						
生产成本						
短期借款						
应付账款						
实收资本						
合　　计						

第四章　借贷记账法的运用

一、单项选择题

1. 下列各项中，不构成工业企业外购存货入账价值的有(　　)。

A. 买价　　B. 运杂费

C. 市内的零星采购费用　　D. 入库前的挑选整理费用

2. 某企业采购一批原材料，增值税专用发票上注明的原材料价款 300 万元，增值税额为 51 万元，搬运费用为 2 万元，假定该企业的增值税可以抵扣，则该批原材料的入账价值为(　　)。

A. 352 万元　　B. 350 万元

C. 302 万元　　D. 300 万元

3. 下列各项中，不作为存货项目核算的是(　　)。

A. 分期收款发出商品　　B. 委托加工物资

C. 委托代销商品　　D. 工程物资

4. 某工业企业为增值税一般纳税企业，20×2 年 4 月购入 A 材料 1 000 千克，增值税专用发票上注明的买价为 30 000 元，增值税额为 5 100 元，在入库前发生挑选整理费用 300 元。该批入库 A 材料的实际总成本为(　　)。

A. 30 000 元　　B. 30 300 元

C. 35 100 元　　D. 35 400 元

5. 某企业为增值税一般纳税人，购入材料一批，增值税专用发票上标明的价款为 25 万元，增值税为 4.25 万元，另支付材料的保险费 2 万元、包装物押金 2 万元。该批材料的采购成本为(　　)万元。

A. 27　　B. 29

C. 29.25　　D. 31.25

6. 甲工业企业为增值税一般纳税企业，适用的增值税税率为 17%。本期购入原材料 100 千克，价款为 57 000 元(不含增值税额)。验收入库时发现短缺 5%，经查属于运输途中合理损耗。该批原材料入库前的挑选整理费用为 380 元。该批原材料的实际单位成本为每千克(　　)元。

A. 545.3　　B. 573.8

C. 604　　D. 706

7. 乙工业企业为增值税一般纳税企业。本月购进原材料 200 千克，货款为 6 000 元，增值税为 1 020 元；发生的保险费为 350 元，入库前的挑选整理费用为 130 元；验收入库时发现数量短缺 10%，经查属于运输途中合理损耗。乙工业企业该批原材料实际单位成本为每千克（　　）元。

A. 32.4　　　　B. 33.33

C. 35.28　　　　D. 36

8. 车间管理人员的工资分配时应计入（　　）账户。

A."管理费用"　　　　B."制造费用"

C."生产成本"　　　　D."库存商品"

9. 应计入产品成本的费用是（　　）。

A. 厂部管理人员的工资　　　　B. 生产工人的工资

C. 销售机构人员的工资　　　　D. 医疗福利部门人员的工资

10. 在"应交税费——应交增值税"账户的借方登记的是（　　）。

A. 销项税额　　　　B. 进项税额

C. 出口退税　　　　D. 进项转出

11. 某企业购入材料一批，买价为 40 000 元，增值税进项税额为 6 800 元，运杂费为 1 200 元，款项以银行存款付讫，材料尚未运达。其正确的会计分录是（　　）。

A. 借：材料采购　　41 200
　　应交税费——应交增值税（进项税额）　　6 800
　　贷：银行存款　　48 000

B. 借：原材料　　41 200
　　应交税费——应交增值税（进项税额）　　6 800
　　贷：银行存款　　48 000

C. 借：材料采购　　40 000
　　应交税费——应交增值税（进项税额）　　6 800
　　管理费用　　1 200
　　贷：银行存款　　48 000

D. 借：原材料　　48 000
　　贷：银行存款　　48 000

12. 某企业当月主营业务收入 100 000 元，其他业务收入 10 000 元，主营业务成本 60 000 元，销售费用 10 000 元，管理费用 10 000 元，应交增值税税额 8 000 元。本月利润总额为（　　）。

A. 20 000 元　　　　B. 22 000 元

C. 30 000 元　　　　D. 32 000 元

13. 企业购入需要安装的设备，在投入安装时其买价和运杂费应借记的账户是（　　）。

A."固定资产"　　　　B."在建工程"

C."制造费用"　　　　D."材料采购"

14. 企业外购材料的采购成本中不应包括（　　）。

A. 买价　　　　B. 运费

C. 装卸费　　　　D. 采购人员差旅费

15. 企业以银行存款预付购料款时,应借记的账户是( )。

A."应收账款" B."原材料"

C."材料采购" D."预付账款"

16. 应先在"制造费用"账户归集,然后分配结转至"生产成本"账户的费用是( )。

A. 生产工人工资 B. 车间管理人员工资

C. 建筑安装人员工资 D. 专设销售机构人员工资

17. 产品销售过程中支付的运杂费应计入( )。

A. 材料采购成本 B. 销售费用

C. 管理费用 D. 其他业务支出

18. 下列账户中,月末结转后一定无余额的是( )。

A."材料采购" B."生产成本"

C."财务费用" D."本年利润"

19."本年利润"账户的期末贷方余额表示( )。

A. 本期实现的净利润 B. 本年累计实现的净利润

C. 本期实现的利润总额 D. 本年累计实现的利润总额

20. 下列项目中,不属于"利润分配"账户的明细分类账户是( )。

A. 提取盈余公积金 B. 本年利润

C. 应付股利 D. 未分配利润

21. 下列费用中,不应计入产品生产成本的是( )。

A. 车间办公费 B. 生产设备的折旧费

C. 行政管理人员工资 D. 生产设备的修理费

22. 某企业 20×1 年 4 月 30 日"本年利润"账户贷方余额为 160 000 元,它表示( )。

A. 1 至 4 月累计净利润总额 B. 4 月润总额

C. 4 月应付利润总额 D. 1 至 4 月累计亏损总额

23. 某制造企业为增值税一般纳税人,本期外购原材料一批,发票注明买价 20 000 元,增值税税额为 3 400 元,入库前发生的挑选整理费用为 1 000 元,则该批原材料的入账价值为( )。

A. 20 000 元 B. 23 400 元

C. 21 000 元 D. 24 400 元

24. 某企业为增值税一般纳税人,20×1 年应交的各种税费分别为增值税 700 万元、消费税 300 万元、城市维护建设税 70 万元、房产税 20 万元、车船税 10 万元、所得税 500 万元,上述各种税费应计入管理费用的金额为( )。

A. 10 万元 B. 30 万元

C. 100 万元 D. 370 万元

25. 某企业 20×1 年 8 月实现的主营业务收入为 500 万元,投资收益为 50 万元;发生的主营业务成本为 400 万元,管理费用为 25 万元,资产减值损失为 10 万元,假定不考虑其他因素,则该企业 8 月的营业利润为( )。

A. 65 万元 B. 75 万元

C. 90 万元 D. 115 万元

26. 企业对于已经发出但不符合收入确认条件的商品，其成本应借记的会计科目是（　　）。

A.“在途物资”科目　　B.“发出商品”科目

C.“库存商品”科目　　D.“主营业务成本”科目

27. 某企业销售一批商品，增值税专用发票上标明的价款为 300 万元，适用的增值税税率为 17%，为购买方代垫运杂费 10 万元，款项尚未收回，则该企业确认的应收账款为（　　）。

A. 300 万元　　B. 310 万元

C. 351 万元　　D. 361 万元

28. 某企业年初所有者权益总额为 800 万元，当年以其中的资本公积转增资本 250 万元，实现净利润 1 500 万元，提取盈余公积金 150 万元，向投资人分配现金股利 100 万元，则该企业年末的所有者权益总额为（　　）。

A. 1 800 万元　　B. 2 500 万元

C. 2 200 万元　　D. 2 300 万元

29. 某企业只生产一种产品，20×1 年 5 月 1 日期初在产品成本为 7 万元，5 月发生如下费用：生产领用 12 万元，生产工人工资 4 万元，制造费用 2 万元，管理费用 3 万元，广告费用 1.6 万元，月末在产品成本 6 万元。则该企业 5 月完工产品的生产成本为（　　）。

A. 16.6 万元　　B. 18 万元

C. 19 万元　　D. 23.6 万元

30. 某企业月初结存甲材料的计划成本为 500 万元，材料成本差异为超支差异 90 万元，当月入库甲材料的计划成本为 1 100 万元，材料成本差异为节约差异 170 万元；当月生产车间领用甲材料的计划成本为 1 200 万元，则当月生产车间领用甲材料的实际成本为（　　）。

A. 1 005 万元　　B. 1 140 万元

C. 1 260 万元　　D. 1 395 万元

31. 某企业为增值税一般纳税人，企业本月购进原材料 400 千克，货款为 24 000 元，增值税为 4 080 元，发生的保险费为 1 400 元，入库前发生的整理挑选费用为 520 元，验收入库时发现数量短缺 10%，经查属于运输途中的合理损耗，则企业确定的该批原材料的实际单位成本为（　　）。

A. 62.80 元　　B. 66 元

C. 70.56 元　　D. 72 元

32. 下列各项内容中，符合收入要素确认要求的是（　　）。

A. 出售材料收入　　B. 出售无形资产净收益

C. 转让固定资产净收益　　D. 向购货方收取的增值税税额

33. 某企业为增值税一般纳税人，20×1 年实际已缴纳税费情况如下：增值税 420 万元，消费税 180 万元，城市维护建设税 50 万元，印花税 2 万元，所得税 100 万元。上述各项税费应计入“应交税费”账户借方的金额是（　　）。

A. 752 万元　　B. 750 万元

C. 332 万元　　D. 330 万元

34. 某企业 20×1 年 8 月发生如下费用：计提车间用固定资产折旧 30 万元，发生车间管理人员薪酬 120 万元，支付广告费 90 万元，预提短期借款利息 60 万元，支付业务招待费 30 万元，支付罚款支出20万元，则该企业本期的期间费用总额为（　　）。

A. 150万元　　B. 180万元

C. 300万元　　D. 350万元

35. 某企业为增值税一般纳税人，采用计划成本进行原材料的日常核算，甲材料计划单位成本为18元/千克，企业本期购入甲材料2 000千克，收到增值税专用发票注明的材料价款为32 000元，增值税税额为5 440元，另发生装卸费1 600元，途中保险费400元。该批材料运抵企业后实际入库1 980千克，运输途中合理损耗20千克，则该企业本期入库甲材料的成本差异额为（　　）。

A. 节约1 360元　　B. 超支360元

C. 节约1 640元　　D. 超支1 450元

36. 某企业月初结存甲材料的计划成本为600 000元，材料成本差异为节约差异6 000元。本月入库甲材料的计划成本为600 000元，材料成本差异为超支差异2 400元。本月生产车间领用材料的计划成本为900 000元。假定该企业按月末的材料成本差异率分配和结转材料成本差异，则本月生产车间领用材料应负担的材料成本差异额为（　　）。

A. 6 300元　　B. −2 700元

C. 6 300元　　D. −6 300元

37. 某企业20×1年8月建造办公楼领用生产原材料，其相关增值税应借记的会计科目是（　　）。

A.“管理费用”账户　　B.“生产成本”账户

C.“在建工程”账户　　D.“其他业务成本”账户

38. 某企业“生产成本”账户的期初余额为80万元，本期为生产产品发生直接材料费用640万元，直接人工费用为120万元，制造费用为160万元，企业行政管理费用为80万元，本期结转完工产品成本为640万元，假定该企业只生产一种产品，则企业期末“生产成本”账户的余额为（　　）。

A. 200万元　　B. 280万元

C. 360万元　　D. 440万元

39. 某企业只生产和销售A产品，20×1年8月1日期初在产品成本为17.5万元，8月发生如下费用：产品领用材料30万元，产品生产工人工资10万元，制造费用5万元，行政管理部门物料消耗7.5万元，专设销售机构固定资产折旧费用4万元，月末在产品成本15万元，则该企业8月完工A产品的生产成本为（　　）。

A. 45万元　　B. 47.5万元

C. 41.5万元　　D. 59万元

40. 下列各项内容中，应计入其他业务成本的是（　　）。

A. 库存商品盘亏净损失　　B. 经营租出固定资产折旧

C. 向灾区捐赠的商品成本　　D. 火灾导致原材料毁损的净损失

41. 某企业本月生产A产品耗用生产工时240小时，生产B产品耗用生产工时360小时。本月发生车间管理人员工资6万元，产品生产人员工资60万元。该企业按生产工时分配制造费用，假设不考虑其他项目，则本月B产品应负担的制造费用为（　　）。

A. 2.4万元　　B. 2.64万元

C. 3.6 万元　　D. 3.96 万元

42. 某企业年初所有者权益总额为 1 200 万元，本年度实现净利润为 800 万元，提取盈余公积金 200 万元，向投资者分配股票股利 100 万元，年内用盈余公积金转增资本 300 万元。假设不考虑其他因素，则企业年末的所有者权益总额为(　　)。

A. 1 800 万元　　B. 1 900 万元

C. 2 000 万元　　D. 2 200 万元

43. 20×1 年 1 月 1 日某公司所有者权益构成如下：实收资本 600 万元，资本公积 54 万元，盈余公积 114 万元，未分配利润 96 万元，则该公司 20×1 年 1 月 1 日的留存收益为(　　)。

A. 96 万元　　B. 114 万元

C. 210 万元　　D. 261 万元

44. 下列各项中，会引起留存收益总额发生增减变化的是(　　)。

A. 盈余公积金转增资本　　B. 盈余公积金补亏

C. 资本公积转增资本　　D. 用税后利润补亏

45. 某企业生产车间生产 A、B 两种产品，该车间本月发生制造费用 240 000 元，A 产品生产工时为 3 000 小时，B 产品生产工时为 2 000 小时。如果按生产工时分配本月发生的制造费用，则 A、B 产品各自应负担的制造费用额分别为(　　)。

A. 144 000 元和 96 000 元　　B. 120 000 元和 120 000 元

C. 96 000 元和 144000 元　　D. 160 000 元和 80 000 元

46. 某企业于 20×1 年购入设备安装生产线。该设备的购买价格为 500 万元，增值税税额为 85 万元，支付该设备的保险、装卸等费用为 5 万元。该生产线在安装期间，领用原材料的实际成本为 20 万元，材料的增值税税率为 17%，发生安装工人工资等费用 6.6 万元。假定生产线已达到预定可使用状态，该企业已实行增值税转型，则该企业设备的入账价值为(　　)。

A. 530 万元　　B. 531.6 万元

C. 446.6 万元　　D. 620 万元

47. 某企业 20×1 年初的未分配利润贷方余额为 100 万元，本年实现净利润为 500 万元，企业按净利润的 10%提取法定盈余公积金，则该企业年末可供投资人分配的利润为(　　)。

A. 600 万元　　B. 550 万元

C. 525 万元　　D. 500 万元

48. 某企业为增值税一般纳税人，增值税率为 17%，该企业购入一台需要安装的设备，取得的增值税专用发票中注明的设备买价为 500 000 元，增值税税额为 85 000 元，支付的包装费用等 25 000 元，设备安装时，领用生产用材料的实际成本为 50 000 元，支付的职工薪酬为 25 000元，则该设备安装完毕交付使用时确定的固定资产入账价值为(　　)。

A. 491 500 元　　B. 700 000 元

C. 600 000 元　　D. 591 500 元

49. 企业 20×1 年主营业务收入 2 000 万元，主营业务成本为 1 200 万元，营业税金及附加 100 万元，其他业务收入 500 万元，其他业务成本为 300 万元，期间费用 150 万元，投资收益 250 万元，营业外收入 180 万元，营业外支出 230 万元，所得税费用 300 万元，则该企业的营业利润为(　　)。

A. 650 万元　　B. 1 200 万元

C. 1 000 万元　　D. 950 万元

50. 某企业年初未分配利润为 200 万元，本年实现的净利润为 2 000 万元，按 10%计提法定盈余公积金，按 5%计提任意盈余公积金，宣告发放现金股利 160 万元，则企业本年末的未分配利润为(　　)。

A. 1 710 万元　　B. 1 734 万元

C. 1 740 万元　　D. 1 748 万元

51. 某企业年初未分配利润贷方余额为 500 万元，本年实现利润总额为 2 000 万元，本年所得税费用为 750 万元，按净利润的 10%提取法定盈余公积金，提取任意盈余公积金 62.5 万元，向投资人分配利润 62.5 万元，则该企业年末未分配利润贷方余额为(　　)。

A. 1 500 万元　　B. 1 625 万元

C. 1 562.5 万元　　D. 1 425.5 万元

二、多项选择题

1. 外购存货的实际成本包括(　　)。

A. 买价　　B. 运输途中的保险费

C. 运输途中的合理损耗　　D. 购入存货应负担的税金

E. 购入存货的保管费用

2. 下列各项中，构成工业企业外购存货成本的有(　　)。

A. 买价

B. 运杂费

C. 小规模纳税企业购进货物支付的增值税额

D. 运输途中的合理损耗

E. 库存商品领用前的仓储保管费

3. 下列各项中，会引起期末应收账款账面价值发生变化的有(　　)。

A. 收回应收账款　　B. 收回已转销的坏账

C. 计提应收账款坏账准备　　D. 结转到期不能收回的应收票据

E. 偿还前欠货款

4. 下列各项中，应记入“材料成本差异”账户贷方进行核算的有(　　)。

A. 入库材料成本的超支差　　B. 入库材料成本的节约差

C. 发出材料结转应负担的成本节约差　　D. 发出材料结转应负担的成本超支差

E. 所有各类差额

5. 下列项目中，属于财务成果的计算和处理内容的有(　　)。

A. 利润分配　　B. 利润的计算

C. 亏损弥补　　D. 所得税费用的计算

E. 生产成本的计算

6. 下列(　　)属于反映营业利润的账户。

A. 主营业务收入　　B. 其他业务成本

C. 营业外支出　　D. 营业税金及附加

E. 所得税费用

7. 下列应计入材料采购成本的有(　　)。

A. 购入材料的买价
B. 采购人员的差旅费
C. 支付的外地运杂费
D. 运输途中发生的合理损耗
E. 支付的增值税进项税额

8. 期末,下列(　　)账户的余额应转入“本年利润”账户。

A. 主营业务成本
B. 制造费用
C. 管理费用
D. 投资收益
E. 应交税费

9. 下列账户中,与“主营业务收入”账户存在对应关系的有(　　)。

A.“库存现金”
B.“应收账款”
C.“预收账款”
D.“本年利润”
E.“预付账款”

10. 下列各项中,应直接计入当期损益的有(　　)。

A. 制造费用
B. 管理费用
C. 营业外收入
D. 财务费用
E. 主营业务收入

11. 下列各项中,属于期间费用的有(　　)。

A. 广告费用
B. 短期借款利息费用
C. 车间管理人员的工资费用
D. 预付的仓库租赁费用
E. 行政管理部门人员的工资费用

12. 下列各项中,账户之间不存在对应关系的有(　　)。

A.“生产成本”与“应付职工薪酬”
B.“预提费用”与“本年利润”
C.“利润分配”与“实收资本”
D.“预收账款”与“主营业务收入”
E.“应付票据”与“主营业务收入”

13. 下列关于“本年利润”账户的表述中,正确的有(　　)。

A. 属于损益类账户
B. 年末结转后无余额
C. 月末贷方余额表示本月实现的利润数
D. 贷方登记从有关损益类账户转入的各项收入数
E. 借方登记从有关损益类账户转入的各项费用数

三、判断题

1. 企业采用计划成本对材料进行日常核算,应按月分摊发出材料应负担的成本差异,不应在季末或年末一次计算分摊。(　　)

2. 存货的初始计量应以取得时的实际成本为基础,实际成本是指存货的采购成本。(　　)

3. 一般来说,市内运杂费、采购人员的差旅费、采购机构的经费都不应计入存货的采购成本。(　　)

4. 企业采购过程中发生了存货短缺,经查属于运输途中的合理损耗,应计入管理费。(　　)

5. 在建工程领用的原材料,相应的增值税进项税额应同原材料成本一同计入有关工程成本。(　　)

6. 制造费用和管理费用都是费用，故都应计入生产成本。 (　　)

四、名词解释题

1. 成本项目

2. 本年利润

五、简答题

1. 收入确认的条件有哪些？

2. 简述利润的计算过程。

六、业务计算题

(一)资金筹集业务的核算

1. 利和股份公司 20×1 年 7 月发生下列经济业务：

(1)接受大力公司投资 50 000 元存入银行。

(2)收到某电子公司投资，其中设备估价 70 000 元并交付使用，材料 15 000 元验收入库。

(3)自银行取得期限为 6 个月的借款 200 000 元存入银行。

(4)上述借款年利率 6%，计算提取是本月的借款利息。

(5)收到某外商投资投入的录像设备一台 24 000 元，交付使用。

(6)经有关部门批准，将资本公积 30 000 元转增资本。

(7)用银行存款 40 000 元偿还到期的银行临时借款。

要求：根据上述资料编制会计分录。

2. 大地股份公司 20×1 年 1 月发生下列经济业务：

(1)接受投资者投入企业的资本 180 000 元，款项存入银行。

(2)收到某投资者投入的一套全新设备，投资双方确认价值为 200 000 元；收到投资者投入企业的专利权一项，投资双方确认的价值为 500 000 元，相关手续已办妥。

(3)从银行取得期限为 4 个月的生产经营用借款 600 000 元，所得借款存入开户银行。

(4)若上述借款年利率为 4%，根据与银行签署的借款协议：该项借款的利息分月计提，按季支付，本金于到期后一次归还。计算提取本月借款利息。

(5)从银行取得期限为 2 年的借款 1 000 000 元，所得借款已存入开户银行。

(6)偿还到期短期借款本金 200 000 元。

要求：根据上述经济业务编制会计分录；然后假定 1 月初大地股份公司的资产总额为 1 600 000元，计算 1 月末的资产总额。

3. 某公司由 A、B、C 三位出资者各投资 200 万元设立，20×1 年末该公司所有者权益总额为 870 万元，其中实收资本为 600 万元，资本公积为 150 万元，盈余公积金为 60 万元，未分配利润为 60 万元。为了扩大经营规模，公司决定吸收 D 投资者加入本公司，D 投资者投入公司货币资金 300 万元，A、B、C、D 四位投资人的投资比例均为 25%，接受 D 投资人投资后，公司的注册资本为 800 万元。

要求：分别计算 D 投资人投资时应计入实收资本和资本公积的金额。

4. 利和股份公司所属 A 公司 20×1 年初所有者权益总额为 2 318 000 元，年内接受某投资人的实物投资 800 000 元，接受现金投资 260 000 元，用资本公积金转增资本 120 000 元。

要求：计算公司年末的所有者权益总额。

(二)供应过程业务的核算

1. 利和股份公司所属的某企业本月发生下列固定资产购置业务:

(1)企业购入生产用不需要安装的设备一台,买价为 75 000 元,增值税率 17%,运杂费为 1 250 元,保险费为 250 元,全部款项已用银行存款支付。

(2)企业购入生产用需要安装的乙设备一台,买价为 125 000 元,运杂费为 2 000 元,款项已用银行存款支付。

(3)企业进行上述设备安装时,耗用材料为 1 250 元,用银行存款支付安装公司安装费为 1 750元。

(4)上述设备安装完毕,经验收合格交付使用,结转工程成本。

(5)企业用建设银行借入的长期借款自行组织力量进行产品仓库的建造,耗用材料为 175 000元,分配人工费为 40 000 元,分配制造费用为 35 000 元。

(6)企业接到建设银行通知,借入长期借款的利息为 60 000 元,用银行存款支付。

(7)产品仓库建造完毕,经验收合格交付使用,结转建造成本。

要求:根据上述经济业务编制会计分录(假设工程耗用的原材料不考虑增值税)。

2. 大地股份公司 20×1 年 2 月发生下列经济业务:

(1)购入不需要安装的生产用设备一台,买价 600 000 元,增值税 102 000 元,保险费为 500 元,包装及运杂费为 1 300 元,全部价款使用银行存款支付,设备购回即投入使用。

(2)购入需要安装的生产用设备一台,买价和税金共计 936 000 元,增值税率为 17%,包装及运杂费 1 500 元,全部款项通过银行存款支付,设备购回即投入安装。

(3)上述设备安装过程中,领用甲材料 2 000 元,用库存现金支付安装费 1 000 元。

(4)上述设备安装完毕,达到预定可使用状态,并经验收合格交付使用,结转工程成本。

要求:根据上述经济业务编制会计分录。

3. 某企业为增值税一般纳税企业(已实行增值税转型),适用 17%的增值税税率,20×1 年发生的固定资产业务如下:

(1)1 月 20 日,企业行政管理部门购入一台不需要安装的 A 设备,取得的增值税专用发票上注明的价款为 3 200 000 元,增值税税率为 17%,另发生运输费 20 000 元(不考虑增值税),款项均以银行存款支付。

(2)6 月 8 日,生产车间购入一台需要安装的 B 设备,取得的增值税专用发票上注明的价款 500 000 万元,增值税 85 万元,另发生保险费 40 000 元,款项均以银行存款支付。

(3)6 月 15 日,将 B 设备投入安装,以银行存款支付 B 设备安装费 30 000 元。

(4)B 设备于 6 月 30 日达到预定使用状态,并投入使用,结转工程成本。

要求:编制上述业务的会计分录。

4. 目的:练习材料物资采购业务的核算。

资料:利和股份公司 20×1 年 8 月发生下列材料物资采购业务:

(1)公司购入甲材料 3 500 千克,单价 8 元/千克,增值税进项税额 4 760 元,款项未付。

(2)用银行存款 1 750 元支付上述甲材料的运杂费。

(3)购入乙材料 120 吨,单价 420 元/吨,进项税额 8 568 元,款项均通过银行付清。

(4)公司购入甲材料 1 800 千克,含税单价 8 千克,丙材料 1 500 千克,含税单价 5 千克,增值税税率 17%,款项均通过银行付清。另外,供应单位代垫运费 3 300 元(按重量分配)。

(5)用银行存款 10 000 元预付订购材料款。

(6)以前已预付的丁材料本月到货，价款 72 000 元，增值税进项税额 12 240 元。

(7)本月购入的甲、乙、丙、丁材料均已验收入库，结转其成本。

要求：根据上述资料编制本月业务的会计分录。

5. 目的：练习材料物资采购业务的核算。

资料：FG 股份公司 20×1 年 2 月发生下列业务(涉及运输费均不考虑增值税)：

(1)从日盛公司购进甲材料 1 100 千克，每千克 20 元；乙材料 900 千克，每千克 15 元。甲、乙材料价款共计 35 500 元，支付运杂费 4 800 元，增值税进项税额 6 035 元。材料尚未到达，货款、运杂费及税金已用银行存款支付(运费按重量比例分摊)。

(2)从新星工厂购进丙材料 4 800 千克，每千克 40 元，发生运杂费 2 400 元，增值税进项税额 32 640 元，款项采用商业汇票结算，企业开出并承兑半年期商业承兑汇票一张，材料尚在途中。

(3)以银行存款向海河工厂预付购买乙材料货款 186 000 元。

(4)企业收到海河工厂发运的乙材料，尚未验收入库。该批材料买价 160 000 元，运杂费 1 200元，增值税进项税额 27 200 元。除冲销原预付货款 186 000 元外，其余以银行存款支付。

(5)月末，本月采购的甲、乙、丙三种材料均已经验收入库，计算并结转已验收入库甲、乙、丙材料的实际采购成本。

要求：根据上述经济业务编制会计分录。

6. 某企业对原材料采用计划成本计价核算，本月“原材料”科目的期初余额为 50 万元，本月该企业购进原材料的计划成本为 380 万元；本月发出原材料的计划成本为 320 万元，其“发料凭证汇总表”列明，发出的原材料中，基本生产车间生产产品领用 228 万元，辅助生产车间领用 50 万元，生产车间一般消耗领用 30 万元，厂部管理部门领用 10 万元，销售部门领用 2 万元。已知本月原材料成本差异率为－2%。

要求：

(1)计算发出原材料和结存原材料应负担的成本差异。

(2)编制有关发出材料的会计分录。(答案中金额单位用万元表示。)

7. 某工业企业为一般纳税企业，原材料采用计划成本计价核算。20×1 年 8 月初“原材料——甲材料”账户账面余额为 20 000 元，“材料成本差异”账户为贷方余额 815 元，该企业 8 月发生如下经济业务：

(1)8 月 5 日，购入甲材料一批，增值税专用发票上注明的买价为 50 000 元，增值税税款为 8 500 元。企业开出面额为 58 500 元的商业承兑汇票，付款期为一个月。

(2)8 月 15 日，上述甲材料到达，已验收入库。计划成本为 48 500 元。

(3)8 月 31 日，本月领用甲材料，计划成本为 30 000 元，其中生产部门领用 20 000 元，车间一般耗用 6 000 元，管理部门领用 4 000 元。

要求：

(1)编制 8 月 5 日购入甲材料业务的会计分录。

(2)编制 8 月 15 日甲材料验收入库的会计分录。

(3)编制 8 月 31 日领用甲材料的会计分录。

(4)计算甲材料的材料成本差异率，编制领用甲材料时分摊材料成本差异的会计分录。(“应交税费”科目必须列示明细科目。)

8. 某工业企业为增值税一般纳税企业，材料按计划成本计价核算。甲材料计划单位成本为每千克10元。该企业20×1年4月有关资料如下："原材料"账户月初余额40 000元，"材料成本差异"账户月初贷方余额500元，"材料采购"账户月初借方余额10 600元(上述账户核算的均为甲材料)。其4月发生如下经济业务：

(1)4月5日，企业上月已付款的甲材料1 000千克如数收到，已验收入库。

(2)4月15日，从外地A公司购入甲材料6 000千克，增值税专用发票注明的材料价款为59 000元，增值税额10 030元，企业已用银行存款支付上述款项，材料尚未到达。

(3)4月20日，从A公司购入的甲材料到达，验收入库时发现短缺40千克，经查明为途中定额内自然损耗。按实收数量验收入库。

(4)4月30日，汇总本月发料凭证，本月共发出甲材料7 000千克，全部用于产品生产。

要求：根据上述业务编制相关的会计分录，并计算本月材料成本差异率、本月发出材料应负担的成本差异及月末库存材料的实际成本。

(三)生产过程业务的核算

1. 目的：练习产品生产的核算。

资料：利和股份公司20×2年4月发生下列产品生产业务：

(1)开出现金支票58 000元，提取现金直接发放工资。

(2)用银行存款3 000元支付第二季度车间房租，并相应摊销应由本月负担的部分。

(3)仓库发出材料，用途如下：产品耗用12 000元，车间一般耗用4 200元，厂部一般耗用1 500元。

(4)开出现金支票750元购买厂部办公用品。

(5)摊销应由本月负担的保险费400元。

(6)用现金600元支付车间办公费。

(7)计提本月固定资产折旧，其中车间折旧额1 100元，厂部500元。

(8)月末分配工资费用，其中生产工人工资占用34 000元，车间管理人员工资占用16 000元，厂部管理人员工资占用8 000元。

(9)用银行存款10 000元支付本月车间的水电费。

(10)将本月发生的制造费用转入"生产成本"账户。

(11)本月生产的产品40台全部完工，验收入库，结转成本(假设没有期初期末在产品)。

要求：编制本月业务的会计分录。

2. 资料：某企业生产甲、乙两种产品。20×1年8月初甲产品生产成本明细账的期初余额为1 000元，全月甲产品生产工时为300小时，乙产品生产工时为200小时。当月发生以下经济业务：

(1)仓库发出材料5 000元，其中甲产品耗用2 000元，乙产品耗用2 500元，车间一般消耗500元。

(2)摊销车间的设备修理费300元。

(3)结算本月应付职工工资6 000元，其中生产工人工资5 000元，车间管理人员工资1 000元。(生产工人的工资按生产工时比例分配。)

(4)按工资总额的14%提取应付福利费。

(5)计提车间厂房及机器设备的折旧费600元。

(6)按生产工时比例在甲、乙产品之间分配并结转制造费用。

(7)甲产品月末在产品成本为 2 000 元，计算并结转完工甲产品成本。

(8)乙产品月末全部完工，计算并结转完工乙产品成本。

要求：根据上述经济业务编制会计分录（“生产成本”账户按甲、乙产品写出明细科目）。

(四)销售过程业务的核算

1. 目的：练习产品销售的核算。

资料：利和股份公司 20×2 年 10 月发生下列销售业务：

(1)销售产品 18 台，单价 2 000 元/台，增值税税率 17%，价税款暂未收到。

(2)销售产品总价款 126 000 元，增值税销项税额 21 420 元，款项收到存入银行。

(3)用银行存款 1 500 元支付销售产品的广告费。

(4)预收某公司订货款 20 000 元存入银行。

(5)企业销售产品价款 478 000 元，增值税进项税额 81 260 元，款项收到一张已承兑的商业汇票。

(6)结转本月已销产品 350 000 元。

(7)经计算本月销售产品的城市维护建设税 1 600 元。

要求：编制本月业务的会计分录。

2. 目的：练习产品销售业务的会计处理。

资料：AB. 股份公司 20×2 年 4 月发生下列经济业务：

(1)4 月 2 日，销售甲产品 500 件，每件售价 200 元，货款 100 000 元，增值税税率 17%，货款已收到并存入银行。

(2)4 月 5 日，收到上月恒新厂所欠货款 7 000 元，存入银行。

(3)4 月 10 日，销售给恒新厂甲产品 200 件，每件售价 200 元，乙产品 100 件，每件售价 100 元，共计 50 000 元，增值税销项税额 8 500 元，收到面值为 58 500 元的商业汇票一张。

(4)4 月 16 日，以银行存款支付金融机构手续费 1 000 元。

(5)4 月 17 日，销售 A 材料 4 000 千克，每千克售价 2.50 元，货款 10 000 元，增值税销项税额 1 700 元，款已收到存入银行。

(6)4 月 18 日，以银行存款支付销售甲产品、乙产品的保险费用 800 元、广告宣传费用 1 200元。

(7)4 月 26 日，销售给明达工厂甲产品 900 件，每件售价 200 元，乙产品 200 件，每件售价 100 元，计货款 200 000 元，增值税销项税额 34 000 元，款项尚未收到。

(8)4 月 30 日，上述销售的甲、乙产品属于应缴纳消费税的产品，假定消费税税率为 5%。

(9)4 月 30 日，结转本月已销材料成本 8 000 元。

(10)4 月 30 日，结转本月已销产品的生产成本（具体内容见表 4.1）。

表 4.1　AB 股份公司经济业务　　金额单位：元

产品名称	数量(件)	单位成本	总 成 本
甲	1 600	180	288 000
乙	300	80	24 000
合　计			312 000

要求：编制本月业务的会计分录。

3. 目的：练习销售业务的核算

资料：某公司为增值税一般纳税企业，适用17%的增值税税率，20×1年6月，该企业发生下列经济业务：

(1)6月3日，本公司向甲企业赊销A产品100件，单位售价30 000元/件，单位成本14 000元/件。

(2)6月10日，甲企业来函提出本月3日购买的A产品质量存在部分问题，经双方反复协商达成意向：本公司给予购买单位售价10%的折让，并办理退款手续，同时开具红字增值税专用发票。

(3)6月15日，向乙企业销售材料一批，价款120 000元，增值税20 400元，该批材料的成本为80 000元。本公司当即收到一张已承兑的商业汇票。

(4)6月18日，丙企业要求退回本年4月已销售的A产品10件，该批A产品4月的单位售价为35 000元/件，单位成本为14 000元/件，其收入已在4月入账，款项尚未收取。经查证该批产品系发货错误，因此同意丙企业的退货要求，并办理退货手续和开具红字增值税专用发票。

(5)6月30日，收到丁企业预订本企业B产品的订金500 000元，存入银行，B产品将于下个月发货。

要求：编制上述业务的会计分录。

(五)财务成果与分配业务的核算

1. 目的：练习有关利润形成业务的核算。

资料：利和股份公司20×2年12月发生下列有关利润形成与分配的业务：

(1)用现金4 500元支付厂部办公费用。

(2)将无法偿还的应付款18 000元予以转账。

(3)用银行存款6 000元支付罚款支出。

(4)报销职工差旅费200元，付给现金。

(5)预提应由本月负担的银行借款利息450元。

(6)收到罚款20 000元存入银行。

(7)结转本月实现的各项收入，其中产品销售148 000元，营业外收入32 000元。

(8)结转本月发生的各项费用，其中产品销售成本40 000元，产品销售费用1 500元，产品销售税金2 000元，管理费用33 600元，财务费用450元，营业外支出22 450元。

(9)根据(7)、(8)项业务确定的利润总额按25%的税率计算所得税并予以结转。

(10)按税后10%提取盈余公积金。

(11)将剩余利润的40%分配给投资人。

(12)年末结转本年净利润60 000元。

要求：编制上述业务的会计分录。

2. 目的：练习利润形成与分配业务的会计处理。

资料：E股份公司20×2年12月发生下列业务：

(1)用库存现金600元支付厂部办公用品费。

(2)采购员王浩出差归来，出纳补给他现金800元(王浩出差时原预借差旅费3 000元)。

(3)计提应由本月负担的银行借款利息800元。

(4)取得材料销售收入100 000元，增值税税率17%，收到商业汇票一张。

(5)用银行存款 5 000 元支付参加工业品博览会展位费。

(6)结转上述已售材料的成本 70 000 元。

(7)用银行存款支付罚款支出 1 400 元。

(8)出售为了交易而持有的股票,账面价值为 50 000 元,售价为 55 000 元,收到款项并存入银行。

(9)收到购买方违约罚款收入 2 000 元,存入银行。

(10)结转本月实现的各项收入,其中主营业务收入 360 000 元,其他业务收入 100 000 元,营业外收入 2 000 元,投资收益 5 000 元。

(11)月末结转本月发生的各项费用,其中主营业务成本 262 000 元,其他成本 70 000 元,销售费用 5 000 元,营业税金及附加 2 300 元,管理费用 14 000 元,财务 800 元,营业外支出 1 400元。

(12)公司 1～11 月累计实现利润总额(无税前扣除项目)4 500 000 元,累计已缴纳所得税 1 125 000 元。按 25%的税率计算并结转本月应交所得税。

(13)结转全年实现的净利润。

(14)按全年实现净利润的 10%提取盈余公积金。

(15)用剩余利润的 20%向投资者分配现金股利。

(16)结转“利润分配”的明细分类账户。

要求:根据上述经济业务编制会计分录。

3. 目的:练习所得税税额的计算。

资料:某企业 20×1 年实现的利润总额为 1 000 万元,其中包括本年收到的国债利息 100 万元。该企业适用的所得税税率为 25%。该企业当年按税法核定的全年计税工资为 400 万元,全年实发工资为 360 万元,当年的营业外支出中,有 20 万元为税收滞纳金支出。除上述内容外,该企业再无其他纳税调整事项。

要求:

(1)计算本企业 20×1 年的应纳税所得额。

(2)计算该企业 20×1 年应交的所得税税额。

(3)编制该企业计算所得税费用、结转所得税费用的会计分录。

(4)计算该企业 20×1 年实现的净利润额。

4. 目的:练习利润分配业务的处理。

资料:某企业 20×1 年的有关资料如下:

(1)年初未分配利润为 200 万元,本年实现利润总额为 960 万元,该企业适用的所得税税率为 25%,按税法规定本年度准予扣除的业务招待费为 40 万元,实际发生业务招待费 80 万元。除此之外,没有其他纳税调整事项。

(2)该企业按税后利润的 10%提取法定盈余公积金。

(3)该企业提取任意盈余公积金 40 万元。

(4)该企业向投资者分配现金股利 40 万元。

要求:

(1)计算该企业本期所得税费用,并编制会计分录。

(2)编制该企业提取法定盈余公积金、任意盈余公积金、分配现金股利的会计分录。

(3)计算年末的未分配利润。

5. 目的:练习所得税的计算和所有者权益的确定。

资料:利和股份公司所属B. 公司20×1年初所有者权益总额为2 640 000元。本年接受投资300 000元。1～12月累计实现利润总额为1 000 000元(假设没有纳税调整项目)。1～11月累计已交所得税214 000元,所得税税率为25%。年末按10%提取盈余公积金,股东大会决定分配给投资人132 400元。

要求:分别计算公司12月的应交所得税费用、年末未分配利润和年末所有者权益总额。

6. 目的:练习"利润分配"总账账户及其明细账户的核算内容。

资料:利和股份公司20×1年的"利润分配"账户的有关记录如下:"利润分配"总账账户年初贷方余额为682 000元,本年借方全年发生额(包括年末结账发生额)为3 103 500元,年末贷方余额(结账后)为1 475 250元。公司"利润分配"账户下设三个明细科目:提取法定盈余公积金、应付股利、未分配利润。上述的明细科目经过年末的最终结账,除了"未分配利润"明细科目有余额外,其他的各个明细科目均没有余额。

要求:计算公司本年实现的净利润。

7. 现有某企业年度损益类账户发生额资料如下(所得税率为25%,计量单位:元):

主营业务收入	1 200 000(贷)
主营业务成本	700 000(借)
销售费用	20 000(借)
营业税金及附加税金	25 000(借)
管理费用	95 000(借)
财务费用	10 000(借)
投资收益	15 000(贷)
其他业务收入	30 000(贷)
其他业务成本	15 000(借)
营业外支出	18 000(借)
营业外收入	35 000(贷)

根据以上资料计算以下各指标:

(1)营业利润。

(2)利润总额。

(3)净利润。

七、综合题

1. 目的:练习企业经营过程中综合业务的核算以及试算平衡表的编制。

资料:利和股份公司20×2年10月发生下列业务:

(1)从银行取得临时借款500 000元存入银行。

(2)接受投资人投入的设备一台原价100 000元,评估作价80 000元并投入使用。

(3)接受某单位投资10 000元存入银行。

(4)用银行存款6 500元上交上个月税金。

(5)收回某单位所欠本企业货款8 000元并存入银行。

(6)用银行存款2 400元预付明年的房租。

(7)企业销售A产品总价款292 500元(含税),税率17%,已收款。

(8)供应单位发来甲材料38 000元,增值税进项税额6 460元,款已预付。材料验收入库。

(9)生产A产品领用甲材料3 600元,乙材料2 400元。

(10)车间一般性消耗材料1 200元。

(11)车间办公费800元,用现金支付。

(12)从银行提取现金30 000元直接发放工资。

(13)银行转来通知,企业职工药费2 200元。

(14)车间领用甲材料5 000元用于B产品的生产。

(15)用银行存款1 000元支付销售A产品广告费。

(16)企业销售B产品价款50 000元,增值税销项税额为8 500元,款项暂未收到。

(17)按5%税率计算B产品消费税。

(18)企业购买一台车床,买价240 000元,增值税40 800元,运杂费1 000元,款项暂未支付,设备交付使用。

(19)开出现金支票购买车间办公用品780元。

(20)提取本月折旧,其中车间8 100元,厂部3 200元。

(21)计提应由本月负担的银行借款利息980元。

(22)用银行存款34 000元支付上年分配给投资人的利润。

(23)分配工资费用,其中A产品工人工资12 000元,B工人10 000元,车间管理人员工资8 000元。

(24)分配本月职工福利费,其中A产品负担1 680元,B产品负担1 400元,车间管理人员负担1 120元。

(25)经批准将资本公积60 000元转增资本。

(26)本月发生制造20 000元,按生产工时(A产品6 000个、B产品4 000个)分配计入A、B产品成本。

(27)本月生产的A产品15台现已完工,总成本38 500元,验收入库,结转成本。

(28)用银行存款5 400元支付罚款支出。

(29)用现金4 300元支付行政管理部门办公用品费。

(30)结转已销A产品成本138 000元。

(31)将本月实现的产品销售收入300 000元,发生的产品销售成本138 000元,产品销售费用1 000元,产品销售税金2 500元,管理费用7 500元,财务费用980元,营业外支出5 400元转入“本年利润”账户。

(32)本月实现利润总额144 620元,按25%税率计算所得税并予以结转。

(33)按税后净利润的10%提取盈余公积金。

(34)将剩余利润的40%分配给投资人。

(35)年末结转本年净利润。

要求:编制本月业务的会计分录,并编制试算平衡表。

2. 目的:练习产品制造企业主要交易和事项的会计处理以及试算平衡表的编制。

资料:W股份公司20×2年12月发生下列业务:

(1)向银行借入偿还期为4个月的借款200 000元,已存入开户银行。

(2)收到投资人投资 40 000 元,存入开户银行。

(3)向华为厂购入甲材料 30 吨,每吨 1 000 元;购入乙材料 20 吨,每吨 2 500 元。增值税税率 17%,材料尚在运输途中,货款未付。

(4)购入生产设备一台,价税合计 70 200 元,运杂费 800 元,均已用银行存款支付,设备购回即投入使用。

(5)以库存现金支付甲、乙材料运杂费 600 元(运杂费按材料重量比例分配)。甲、乙材料均已运到并验收入库,结转其实际采购成本。

(6)用银行存款支付上月应交税费 1 500 元。

(7)车间领用材料 5 000 元,用于 A 产品生产 2 500 元,用于 B 产品生产 2 000 元,用于车间一般消耗 500 元。

(8)从开户银行提取现金 36 000 元。

(9)以现金发放上月员工工资 35 000 元。

(10)以银行存款支付员工各种福利费共计 4 000 元。

(11)企业销售 A 产品价款 15 000 元,增值税税率 17%,收到商业汇票一张。

(12)用银行存款支付销售产品的广告宣传费 2 000 元。

(13)企业销售 B 产品价款 100 000 元,增值税税率 17%,收到转账支票一张,已到银行办妥进账手续。

(14)开出现金支票 1 000 元,购买厂部办公用品。

(15)接银行通知,明月厂前欠本公司的货款 23 400 元已收到。

(16)计提本月固定资产折旧,其中车间 11 100 元,厂部 2 900 元。

(17)销售上述 A 产品属于应征消费税的产品,按 5%的税率计算 A 产品的消费税。

(18)分配本月工资 34 500 元,其中 A 产品生产工人工资 13 000 元,B 产品生产工人工资 12 000 元,车间管理人员工资 4 500 元,厂部管理人员工资 5 000 元。

(19)分配本月职工福利费用,其中 A 产品负担 1 300 元,B 产品负担 1 400 元,制造费用负担 600 元,厂部负担 700 元。

(20)计提应由本月负担的银行借款利息 1 200 元。

(21)月末,按 A、B 产品生产工人工资比例分配结转制造费用。

(22)本月生产的 A、B 产品全部完工验收入库,结转其实际生产成本。

(23)结转本月已销产品成本 90 000 元,其中 A 产品 12 000 元,B 产品 78 000 元。

(24)月末,将各损益类账户余额转至“本年利润”账户。

(25)计算本月利润总额,按 25%的税率计算所得税并予以结转。

(26)若公司 1~11 月累计实现净利润 111 412.5 元,计算并结转全年实现的净利润。

(27)按全年实现净利润的 10%提取盈余公积金。

(28)用剩余利润的 30%向投资者分配现金股利。

(29)结转“利润分配”的明细分类账户。

要求:根据上述经济业务编制会计分录,并根据总分类账户编制本期发生额试算平衡表。

3. 目的:练习制造业企业主要经济业务的核算。

资料:ABC 股份公司为增值税一般纳税人,适用的增值税税率为 17%,所得税税率为 25%,假定不考虑其他的相关税费,ABC 公司主要生产和销售甲产品,原材料按实际成本核算，在销售产品时逐笔结转销售成本，20×2 年 ABC 公司发生下列经济业务：

(1)2 月 8 日，公司销售甲产品一批，该批产品的实际成本为 120 万元，增值税专用发票上注明的价款为 200 万元，增值税税额为 34 万元，产品已经发出，提货单已交给对方，买方通过银行支付增值税款 34 万元，对货款部分开具一张面值为 200 万元、期限为 4 个月的不带息商业承兑汇票。

(2)5 月 20 日，销售甲产品，增值税专用发票上注明的价款为 1 200 万元，增值税税额为 204 万元，产品已经发出，货款和增值税已经收到存入银行，该批产品的实际成本为 600 万元。

(3)本年生产产品领用 600 万元，生产车间一般耗用原材料 120 万元，企业管理部门领用原材料 40 万元。

(4)10 月 8 日，销售原材料一批，该批材料的实际成本为 36 万元，增值税专用发票上注明的货款为 40 万元，增值税税额为 6.8 万元，原材料已经发出，货款和税款已收到存入银行。

(5)分配本年度工资费用，其中生产工人工资 200 万元，车间管理人员工资 80 万元，企业管理人员工资 80 万元，在建工程人员工资 40 万元。

(6)按各自工资的 20%计提社会保险费，10%计提住房公积金，5%计提职工福利费。

(7)本年计提坏账准备 26 万元。

(8)本年度用银行存款支付本期发生的广告费用 12 万元，销售产品过程中发生的运输费用 28 万元，计入当期损益的利息费用及银行手续费合计为 8 万元。

(9)本年计提固定资产折旧 200 万元，其中车间 140 万元，管理部门折旧费用 60 万元。

(10)本年度用银行存款缴纳增值税 120 万元，所得税 70 万元，营业税 10 万元。

(11)计算并确认本年的应交所得税，假定不存在所得税纳税调整因素。

(12)将本年度的损益类科目结转至“本年利润”科目。

要求：编制 AB.C 公司上述经济业务的会计分录。

4. 目的：练习经济业务的会计处理。

资料：某制造企业为增值税一般纳税人，适用 17%的增值税税率，商品售价中均不含增值税，商品销售的同时结转成本。本年利润采用表结法结转。20×2 年 11 月 30 日损益类科目余额见表 4.2。

表 4.2　损益类科目余额表　　单位：万元

科目名称	借方余额	科目名称	贷方余额
主营业务成本	5 425	主营业务收入	7 750
营业税金及附加	75	其他业务收入	80
其他业务成本	50	投资收益	110
销售费用	170	营业外收入	250
管理费用	105		
财务费用	260		
营业外支出	100		

20×2 年 12 月，该企业发生下列经济业务：

(1)销售商品一批，增值税专用发票上注明的价款 250 万元，增值税税额 42.5 万元，款项已收到并存入银行，该批商品的实际成本为 187.5 万元。

(2)本月发生职工薪酬 870 万元，其中生产工人工资 600 万元，车间管理人员工资 50 万元，行政管理人员工资 70 万元，销售人员工资 150 万元。

(3)按各自工资额的 20%计提社会保险费，10%计提住房公积金，5%计提职工福利费。

(4)本月主营业务应缴纳的城市维护建设税 25 万元，教育费附加 2.5 万元。

(5)企业按年计算缴纳所得税，所得税税率为 25%，假定该企业没有纳税调整事项。

要求：编制上述业务的会计分录。

5. 目的：练习经济业务的核算。

资料：某制造企业为增值税一般纳税人，适用 17%的增值税税率，所得税税率为 25%，提供运输劳务的营业税税率为 3%，转让无形资产的营业税税率为 5%。该企业 20×1 年 1 月 5 日正式投产营业，主要生产和销售 A 产品，兼营运输劳务。该企业对采用计划成本核算，原材料账户 1 月 1 日借方余额为 612 万元，材料成本差异账户 1 月 1 日借方余额为 12 万元。该企业 20×1 年发生的经济业务如下：

(1)购入材料一批，专用发票注明的材料价款 600 万元，增值税 102 万元，材料已验收入库，企业开出商业汇票(不带利息)支付款项。该批材料的计划成本为 588 万元。

(2)在汇票到期时，企业用银行存款支付上述购买材料的商业汇票 702 万元。

(3)企业销售产品一批，该批产品的成本为 480 万元，专用发票注明的销售货款 1 200 万元，增值税 204 万元。产品已经发出，提货单已经交给买方，货款及增值税款尚未收到。

(4)上述产品销售业务中，买方用银行存款支付款项 1 044 万元，余款则开具一张面值 360 万元、期限为 4 个月的不带息商业汇票。

(5)当年发出材料的计划成本 900 万元，其中生产产品领用原材料计划成本 600 万元，生产车间一般消耗用原材料计划成本 240 万元，企业管理部门领用的原材料计划成本 60 万元，计算企业材料成本差异率并结转发出材料应负担的成本差异。

(6)企业当年分配并通过银行发放职工工资 1 200 万元，其中生产工人工资 600 万元，车间管理人员工资 240 万元，行政管理人员工资 240 万元，从事运输劳务人员工资 60 万元，在建工程人员工资 60 万元。

(7)本年提供运输劳务获得收入 240 万元存入银行，假定发生的相关成本、费用(不包括工资)120 万元，均用银行存款支付。

(8)本年 10 月转让一项专利权的所有权，获得收入 120 万元存入银行。

(9)计提本年度坏账准备 24 万元。

(10)本年度计提固定资产折旧 567.6 万元，其中车间 420 万元，行政管理部门 147.6 万元。

(11)本年度用银行存款购入不需要安装的生产用设备一台，专用发票注明的价款 480 万元，增值税 81.6 万元，设备交付使用。

(12)企业从银行取得一笔长期借款 1 200 万元存入银行。

(13)本年的应纳税所得额为 120 万元，计算本年应交所得税。

要求：编制上述业务的会计分录。

6. 目的：练习经济业务的处理及试算平衡表的编制。

资料：某公司20×2年5月1日成立开业，经过一个月的经营，至5月31日，公司有关账户的余额(结账之前)见表4.3。

表4.3 公司有关账户的余额(结账之前) 单位：元

账户名称	借 方	贷 方
库存现金	5 160	
银行存款	363 032	
原材料	452 480	
生产成本	1 201 408	
制造费用	90 000	
长期待摊费用	96 000	
固定资产	1 600 000	
短期借款		800 000
预收账款		67 200
实收资本		1 680 000
主营业务收入		1 440 000
销售费用	91 760	
管理费用	87 360	
合 计	3 987 200	3 987 200

按照权责发生制会计处理基础的要求，该企业在5月31日应进行调整、结转的会计事项如下：

(1)5月初企业支付一年期的保险费96 000元，本月负担十二分之一。

(2)按本月主营业务收入的5%计算消费税。

(3)本月应负担但尚未支付的短期借款利息3 360元。

(4)本月应负担的房租11 200元。

(5)本月提取固定资产折旧，其中车间88 000元，行政管理部门20 000元。

(6)结转本月发生的制造费用。

(7)本月生产的产品完工400件，结转其生产成本1 344 000元。

(8)本月生产完工入库的产品本月销售300件，结转其销售成本。

(9)结转本月的收入和费用。

(10)按本月实现的利润总额的25%计算所得税并结转。

要求：编制本月业务的会计分录，并编制结账后的试算平衡表。

7. 资料：某企业20×2年12月发生的部分经济业务如下：

(1)生产产品领用原材料13 968元，其中甲产品耗用8 112元，乙产品耗用5 856元。

(2)分配本月工资费用总额6 000元，其中甲产品生产工人工资2 400元，乙产品生产工人工资1 200元，车间管理人员工资1 200元，厂部管理人员工资1 200元。

(3)按本月应付工资的14%计提职工福利费。

(4)月末计提固定资产折旧费2 880元，其中车间应计提2 160元，厂部应计提720元。

(5)将本月发生的制造费用总额3 528元，按生产工人工资比例分配计入甲、乙产品生产成本。

(6)本月生产甲、乙两种产品各 1 200 件,全部完工验收入库,结转甲、乙产品的生产成本(假定“生产成本”账户无月初、月末余额)。

(7)本月销售甲、乙两种产品各 960 件,价款总额 40 320 元,增值税销项税额 6 854.4 元,款项存入银行。

(8)以银行存款 600 元支付本月厂部水电费。

(9)计算并结转本月已销产品的实际生产成本。

(10)月末结转本月发生的各种收入、费用。

(11)计算净利润并按 10%提取盈余公积金(假定该月发生的收入、费用即为全年发生额,保留两位小数)。

(12)年末,企业决定分配给投资者利润 8 000 元。

要求:根据上述资料编制会计分录(“生产成本”、“库存商品”、“应交税费”账户应开设明细账户)。

8. 目的:练习企业经营过程中全部业务的处理、账户之间的对应关系。

资料:利和股份公司下属的某分公司 20×2 年 4 月发生如下经济业务:

(1)4 月底因意外事故造成部分账册损坏,包括“应交税费”账簿、“主营业务成本”账簿等,很多资料无法取得。为了确定这些丢失的数据,会计人员根据尚存的账簿记录进行整理,提供了表 4.4 所示的有关账户记录(假设不考虑增值税,各账户的期初余额是完整的,且为正常方向)。

表 4.4 有关账户记录 单位:元

账户名称	期初余额	本期发生额		本期发生额的对应账户
		借方	贷方	
库存现金	1 400			
银行存款	32 000			
在途物资		68 960		银行存款
		1 040		库存现金
原材料	9 800	70 000		在途物资
生产成本	42 000	40 000		原材料
制造费用		6 000		原材料
库存商品	20 000	80 000		生产成本
固定资产	1 800 000			
累计折旧	180 000			
应付职工薪酬(工资)		20 000		库存现金
应付职工薪酬(福利)	5 200			
实收资本	1 680 000			
主营业务收入			116 000	银行存款
销售费用		1 840		银行存款
管理费用		1 200		原材料
本年利润	40 000			

(2)银行存款日记账 4 月 30 日的余额为 57 200 元。

(3)公司本月工资总额的 70%为生产工人工资,10%为其他生产人员工资,20%为行政管理人员工资,本期发生的福利费为工资总额的 14%。

(4)本月固定资产没有增减变化,生产部门固定资产原价 1 600 000 元,年折旧率为 6%,行政管理部门固定资产原价 200 000 元,年折旧率为 4.8%。

(5)产品销售税率 5%。

(6)本月利润总额 15 000 元,所得税税率 25%。

要求:计算确定各有关账户的相应发生额和余额。

9. 资料:某企业 20×2 年 6 月发生的部分经济业务如下:

(1)购入不需要安装的设备一台,买价 28 000 元,包装费 1 200 元,运杂费 800 元,全部款项已用银行存款支付。

(2)购入需要安装的甲机器一台,买价 40 000 元,包装费 600 元,运杂费 400 元,全部款项已用银行存款支付。

(3)安装甲机器,发生材料费 3 000 元(增值税略),人工费 2 000 元。

(4)甲机器安装完毕,作为固定资产交付使用。

(5)财产清查中发现账外固定资产一台,确定其盘盈价值 6 000 元。

(6)经批准,转销上项盘盈固定资产。

(7)计提本月固定资产折旧费 20 000 元,其中车间 14 000 元,行政管理部门 6 000 元。

(8)盘亏固定资产一台,账面原值 40 000 元,已提折旧 28 000 元,原因待查。

(9)以银行存款预付下半年固定资产租金 24 000 元。

(10)摊销本月车间使用的固定资产租赁费 4 000 元。

(11)预提本月车间负担的固定资产修理费 6 000 元。

(12)收到甲公司作为投资投入的新设备一台,该设备所确认的价值 30 000 元。

(13)经批准,转销上述盘亏固定资产净值。

(14)假设期末结账前,发现本月记账凭证中,业务(7)中的行政管理部门折旧费误记入"销售费用"账户,予以更正。

要求:根据上述经济业务,编制会计分录。

10. 资料:某企业 20×2 年 10 月发生的部分经济业务如下:

(1)接受甲企业投资,其中:货币资金 200 000 元,已存入银行;全新设备一台,原值 100 000元。

(2)购进材料一批,货款 50 000 元,增值税进项税额 8 500 元,款项以银行存款支付。

(3)上述材料验收入库,结转入库材料的实际成本。

(4)领用材料 32 000 元,其中:生产 A 产品 20 000 元,车间一般消耗 10 000 元,行政管理部门 2 000 元。

(5)结算本月应付工资 80 000 元,其中:生产工人 50 000 元,车间管理人员 10 000 元,行政管理人员 20 000 元。

(6)计提固定资产折旧 26 000 元,其中:车间 20 000 元,行政管理部门 6 000 元。

(7)预提固定资产修理费 5 000 元,其中:车间 3 500 元,行政管理部门 1 500 元。

(8)销售产品一批,货款 100 000 元,增值税销项税额 17 000 元,款项已收到并存入银行。

(9)以银行存款支付广告费 10 000 元。

(10)以银行存款支付污染罚款 5 000 元。

(11)结转已销产品的生产成本 28 800 元。

(12)月末结转本月发生的各项收入、费用。

(13)计提本月应纳所得税额(所得税税率为 25%,写出计算过程)。

要求:根据上述经济业务,编制会计分录("应交税费"账户应开设明细账户)。

11. 甲企业某月末结账前,各损益类科目的余额如表 4.5 所示。

表 4.5 甲企业某月末结账前各损益类科目余额

项目	借方余额	贷方金额
主营业务收入		12 861
其他业务收入		584
投资收益		875
营业外收入		651
主营业务成本	9 375	
销售费用	891	
营业税金及附加	656	
其他业务成本	420	
管理费用	1 082	
财务费用	418	
营业外支出	349	
合计	13 191	14 971

要求:根据上述资料计算下述指标。

(1)营业利润。

(2)投资净收益。

(3)营业外收支净额。

(4)利润总额。

12. 甲公司为增值税一般纳税企业,20×2 年 10 月发生的经济业务如下:

(1)从甲公司购入原材料 800 千克,单价 100 元/千克,增值税率 17%,价税合计 93 600 元,款项已付,原材料已验收入库。

(2)以银行存款偿还长期借款 50 000 元。

(3)向 B 公司销售商品 1 000 件,单价 100 元/件,增值税率 17%,价税合计 117 000 元,款项尚未收到。

(4)购入设备一台,价款 100 000 元,以银行存款支付。

(5)月末提取固定资产折旧:其中生产车间 2 000 元;行政管理部门 1 800 元。

(6)结转销售给 B 公司商品的销售成本 20 000 元。

(7)公司接受投资人以全新的固定资产 50 000 元进行的投资。

(8)以银行存款购入行政管理部门使用的办公用品 1 500 元。

(9)月末,计算本月应交城市维护建设税 1 400 元,教育费附加 600 元。

(10)以库存现金 28 000 元支付职工工资。

要求:根据上述经济业务编制会计分录。

13. 某企业 20×1 年 5 月发生的经济业务如下:

(1)企业从新华公司购入甲材料共计货款 10 000 元,增值税 1 700 元,材料未入库,货款已用银行存款支付。

(2)企业领用材料 25 000 元,其中生产 A 产品领用 12 000 元,B 产品领用 8 000 元,车间领用 3 000 元,厂部领用 2 000 元。

(3)以银行存款支付下季度厂部报刊费 1 500 元。

(4)李明报销差旅费 800 元,交回现金 200 元。

(5)分配本月职工工资,其中厂部人员 9 000 元,车间管理人员 8 000 元,销售人员 6 000 元,A 产品工人工资 4 000 元,B 产品工人工资 3 000 元。

(6)计提本月固定资产折旧 40 000 元,其中厂部 15 000 元,车间 25 000 元。

(7)结转本月入库产品成本,其中 A 产品 32 560 元,B 产品成本 22 540 元。

(8)对外销售 B 产品,价款 80 000 元,增值税 13 600 元,其中已预收货款 20 000 元,其余款项尚未收到。

(9)结转已售产品的成本,其中 A 产品 60 000 元,B 产品 45 000 元。

(10)提取盈余公积金 12 000 元。

要求:根据上述经济业务,编制会计分录(“应交税费”账户应开设明细账户)。

14. 某企业 20×2 年 4 月发生下列购销业务:

(1)购入 A 材料 10 千克,单价 2 000 元/千克,买价共计 20 000 元,增值税税率 17%,上述款项已用银行存款付讫。

(2)上项 A 材料已验收入库,结转其采购成本。

(3)销售甲产品 5 台,单价 10 000 元/台,价款共计 50 000 元,增值税税率 17%,上述款项已收存银行。

(4)购入 B 材料 200 件,单价 400 元/件,买价共计 80 000 元,增值税税率 17%,上述款项尚未支付,材料未运达。

(5)销售甲产品 10 台,单价 10 000 元/台,价款共计 100 000 元,增值税税率 17%,上述款项尚未收到。

要求:根据上述经济业务编制会计分录。

15. 某企业 20×2 年 12 月发生如下经济业务:

(1)用银行存款一次性支付上一年上半年租入办公用房租金 60 000 元。

(2)购入不需安装的新设备一台,设备价值 300 000 元,运杂费 2 000 元,以转账支票支付。

(3)购入 A 材料 100 吨,价款 200 000 元,增值税 34 000 元;购入 B 材料 50 吨,价款 150 000元,增值税 25 500 元。购进 A、B 两种材料共发生运杂费 4 500 元。上述各种款项已用银行存款支付,A、B 材料均已验收入库,结转入库材料采购成本(运杂费按材料重量比例分摊并列出计算过程)。

(4)生产车间生产甲、乙两种产品,其中甲产品领用 A 材料 100 000 元,乙产品领用 A 材料 150 000 元。

(5)销售给长城公司乙产品一批,价值 600 000 元,增值税 102 000 元,产品已发出,货款未收到。

(6)收到长城公司偿还所欠货款 702 000 元,存入银行。

(7)计提本月折旧,其中生产用固定资产折旧 6 000 元,企业管理部门用固定资产折旧 1 000元。

(8)以银行存款支付本月生产车间水电费 2 000 元。

(9)计算分配本月应付职工工资,其中甲产品生产工人工资 35 000 元,乙产品生产工人工资 25 000 元,车间管理人员工资 3 000 元,企业管理人员工资 7 000 元,并按工资总额 14%计提福利费。

(10)总经理张军上月出差借款 1 000 元,本月报销差旅费 800 元,余额退回现金。

(11)假定该企业本年度的净利润为 550 000 元,按照净利润的 10%计提法定盈余公积金,按照净利润的 5%计提任意盈余公积金。向投资者分配利润 250 000 元(尚未支付)。

要求:根据上述经济业务编制会计分录("材料采购"、"原材料"、"库存商品"、"生产成本"、"应交税金"等账户开设明细账户)。

16. 某企业 20×2 年 2 月发生下列经济业务:

(1)向光明公司销售甲产品 200 件,每件售价 1 500 元,共计 300 000 元,应向该公司收取的增值税销项税额 51 000 元。价税款均通过银行转账收讫。

(2)根据合同规定向茂源公司销售乙产品 300 件,每件售价 800 元,价款共计 240 000 元,以银行存款代垫运费 1 500 元,应收增值税 40 800 元。价税款及代垫运费均未收到。

(3)经批准,将待处理的盘亏固定资产净值 1 540 元转作营业外支出。

(4)以银行存款支付短期借款利息 500 元(企业未预提利息费用)。

(5)用银行存款支付本月广告费 1 200 元。

(6)用银行存款支付罚款支出 15 000 元。

(7)月末,结转已销售产品的生产成本,其中甲产品单位生产成本 1 000 元/件,乙产品单位生产成本 550 元/件(列出计算过程)。

(8)月末,计算出本月应负担的产品销售税金 1 350 元。

(9)假定该企业利润总额与应纳税所得额一致。月末,按 25%所得税率计提本月应交所得税(列出计算过程)。

(10)月末,结转本月发生的各种收入、费用。

(11)月末,按净利润的 10%提取盈余公积金(列出计算过程)。

(12)企业决定本年度向投资者分配利润 150 000 元。

要求:根据上述经济业务编制会计分录。

17. 某企业 20×2 年 10 月有关税金业务如下:

(1)本月购买材料支付增值税进项税额 8 260 元,销售商品收取增值税销项税额 11 360 元。以银行存款支付本月应交纳增值税额。

(2)根据规定计算应交产品销售税金 4 870 元。

(3)根据利润总额 252 000 元和 25%的所得税率计算应交所得税。

要求:根据上述经济业务编制会计分录。

18. 某企业 20×2 年 12 月发生下列经济业务:

(1)年末财产清查时,盘亏材料 3 500 元,原因待查。

(2)安装大型设备领用材料 5 000 元,耗用人工 3 000 元。

(3)年末财产清查时,盘盈设备一台,重置价值 60 000 元,七成新。原因待查。

(4)以银行存款交纳产品销售税金 4 000 元,所得税 1 500 元。

(5)经查明,盘亏材料 1 000 元系因仓库保管员管理不善造成,应向其索赔;其余部分列入企业管理费用。

(6)应收光明公司贷款 12 000 元,因该公司撤销经批准予以转销。

(7)经批准,将本月盘盈设备净值转账。

(8)以银行存款 15 000 元向东风公司预付购买材料贷款。

(9)收到中广公司预付购买 B 产品货款 45 000 元,已存入银行。

(10)月末,结转产品销售收入 377 000 元,营业外收入 10 000 元。

(11)月末,结转主营业务成本 280 000 元,销售费用 1 500 元,营业税金及附加 6 000 元,管理费用 14 000 元,财务费用 800 元,营业外支出 1 200 元。

(12)企业 1～11 月累计实现利润总额(无税前扣除项目)4 500 000 元,累计已交纳所得税 1 485 000 元。按 25%的税率计算本月应交所得税。

(13)按全年实现净利润 3 070 945 元的 10%提取盈余公积金。

(14)用全年实现净利润的 20%向投资者分配。

(15)结转全年实现的净利润。

要求:根据上述经济业务编制会计分录。

19. 资料:某企业 20×2 年 12 月发生下列业务:

(1)向银行借入为期 4 个月的借款 200 000 元,存入开户银行。

(2)收到投资人投资 40 000 元,存入开户银行。

(3)向华为公司购入甲材料 30 吨,单价 1 000 元/吨;购入乙材料 20 吨,单价 2 500 元/吨,增值税税率 17%。材料尚在途中,货款未付。

(4)购入生产设备一台,价款 60 000 元,增值税进项税 10 200 元,运杂费 800 元,均已用银行存款支付,设备购回即投入使用。

(5)以库存现金支付甲、乙材料运费 600 元(运费按材料重量比例分配)。甲、乙材料均已运到并验收入库,结转其实际采购成本。

(6)车间领用材料 50 000 元,用于 A 产品生产 25 000 元,用于 B 产品生产 20 000 元,用于车间一般消耗 5 000 元。

(7)销售 A 产品一批,价款 15 000 元,增值税销项税额 2 550 元,收到商业汇票一张。

(8)销售 B 产品一批,价款 100 000 元,增值税销项税额 17 000 元,价税已收存银行。

(9)开出现金支票 1 000 元,购买厂部办公用品。

(10)计提本月固定资产折旧,其中车间 12 000 元,厂部 2 900 元。

(11)分配本月工资费用 34 500 元,其中 A 产品生产工人工资 13 000 元,B 产品生产工人工资 12 000 元,车间管理人员工资 4 500 元,厂部管理人员工资 5 000 元。

(12)计提本月负担的银行借款利息 1 200 元。

(13)月末,按 A、B 产品的生产工人工资比例分配制造费用。

(14)本月生产的 A、B 产品全部完工入库,结转其实际成本。

(15)月末结转已销产品成本 90 000 元,其中 A 产品 12 000 元,B 产品 78 000 元。

(16)月末将各损益类账户余额转至“本年利润”账户。

(17)计算本月利润总额,按照25%的税率计算所得税并予以结转。

(18)若公司在1~11月累计实现净利润109 125元,计算并结转全年累计实现的净利润。

(19)按全年净利润的10%提取盈余公积金。

(20)用剩余利润的30%向投资者分派现金股利。

要求:根据上述业务编制会计分录。

20. 光明公司20×2年12月发生如下经济业务:

(1)从银行取得为期6个月的借款600 000元存入银行。

(2)上述借款的年利率为6%,计算提取本月的借款利息。

(3)收到投资人投入设备一台,价值24 000元,交付使用。

(4)公出人员报销差旅费1 180元,余款退回现金(原借款1 500元)。

(5)购入甲材料2 000千克,单价9元/千克;乙材料1 200千克,单价4元/千克。发票注明的增值税额为3 876元,价税款总计26 676元尚未支付。

(6)以银行存款3 200元支付上述甲、乙材料外地运费,按重量分配。

(7)上述甲乙材料如数验收入库,结转入库材料成本。

(8)仓库发出材料总价17 700元,用途如下:产品耗用12 000元;车间一般耗用4 200元;厂管理部门耗用1 500元。

(9)月末分配工资费用,其中:产品生产工人工资30 000元;车间管理人员工资10 000元;厂部管理人员工资8 000元。

(10)计提本月固定资产折旧,其中:车间设备折旧额1 700元;厂部设备折旧额1 300元。

(11)用银行存款13 000元支付本月车间水电费。

(12)将本月发生的制造费用转入“生产成本”账户。

(13)企业销售A产品20台,单价20 000元/台,增值税税率17%,款项暂未收到。

(14)结转本月已销产品成本260 000元。

(15)月末将各损益类账户余额转至“本年利润”账户。

(16)计算本月利润总额,按照25%的税率计算所得税并予以结转。

(17)若公司在1~11月累计实现净利润120 000元,计算全年累计实现的净利润。

(18)按全年净利润的10%提取盈余公积金。

(19)用剩余利润的30%向投资者分派现金股利。

(20)经有关部门批准将资本公积金20 000元转增资本金。

要求:根据上述经济业务编制会计分录。

21. 某企业20×2年4月发生下列业务:

(1)收到其他单位投入全新设备一台,价值200 000元。

(2)向立新工厂购入甲材料货款10 000元,增值税1 700元,运费200元,共计11 900元,签发商业汇票支付,材料验收入库,按实际成本转账。

(3)收到新华工厂前欠货款36 000元,存入银行。

(4)仓库发出甲材料15 000元,其中车间领用3 000元,管理部门领用2 000元,生产A产品领用6 000元,生产B产品领用4 000元。

(5)销售给华城工厂A产品货款30 000元,增值税5 100元,共计35 100元,款已收到并存入银行。

(6)用现金 150 元支付销售 A 产品装卸费。

(7)用银行存款 450 元支付车间水电费。

(8)用银行存款 9 000 元支付财产保险费。

(9)计提本月固定资产折旧 3 800 元，其中车间用固定资产 2 000 元，厂部用固定资产 1 800元。

(10)分配结转本月工资 38 000 元，其中生产 A 产品的工人工资 10 000 元，B 产品工人工资 15 000 元，车间管理人员工资 5 000 元，厂部管理人员工资 8 000 元。

(11)结转本月制造费用(金额自己汇总)。

(12)结转本月完工 A 产品成本 25 000 元。

(13)向北源公司销售乙产品，价款总额 240 000 元，增值税销项税额 40 800 元，以银行存款代垫运费 2 000 元，价税款及代垫运费均未收。

(14)用银行存款归还前欠 M 公司购料款 20 000 元。

(15)收到光明公司预付的货款 50 000 元。

(16)向上述已预付货款的光明公司发出 A 产品，价款总额为 45 000 元，增值税销项税额 7 650 元。当日收到光明公司补付货款并存入银行。

(17)用银行存款支付社会捐赠 1 840 元。

(18)经批准盘亏的原材料 6 000 元中，3 500 元为自然灾害损失，其余部分应由责任者赔偿。

(19)计算出本月应付城市维护建设税 3 000 元。

(20)月末结转本月发生的各项收入和费用，其中：主营业务收入 360 000 元、其他业务收入 80 000 元、营业外收入 40 000 元；主营业务成本 240 000 元、销售费用 14 000 元、管理费用 20 000 元、其他业务成本 60 000 元、营业外支出 16 000 元。

要求：根据上述业务编制会计分录。

22. 某公司 20×2 年 5 月发生如下经济业务：

(1)向大华工厂购买甲材料 20 000 元；乙材料 25 000 元，增值税进项税额为 7 650 元，款项尚未支付。

(2)用银行存款支付上述甲、乙材料的运费 900 元，按两种材料的买价比例分摊。两种材料均已验收入库，结转其实际成本。

(3)仓库发出材料一批：生产 A 产品耗用甲材料 15 000 元，生产 B 产品耗用乙材料 20 000 元，车间一般性耗用甲材料 4 000 元，厂部耗用乙材料 1 000 元。

(4)结算本月应付工资 58 000 元，其中 A 产品生产工人工资 16 000 元，B 产品生产工人工资 30 000 元，车间管理人员工资 4 000 元，厂部人员工资 8 000 元。

(5)按上述工资总额的 14%计提福利费。

(6)计提本月固定资产折旧 5 000 元，其中车间 2 440 元，厂部 2 560 元。

(7)预提应由本月负担的车间用固定资产修理费 1 000 元。

(8)计算并结转本月制造费用(按产品生产工时分配，A 产品 5 000 工时，B 产品 7 000 工时)。

(9)本月 A 产品完工 60 000 元，已验收入库，结转其完工成本。

(10)经审批,上月盘亏的甲材料 100 元,属仓库保管员保管不当造成,责令其赔偿。

(11)本月销售 A 产品 50 000 元,增值税销项税额 8 500 元,款未收。

(12)结转已销 A 产品成本 35 000 元。

(13)用存款预付下个年度的财产保险费 2 400 元。

(14)本月实现利润 155 000 元,按 25%的税率计算所得税,并结转所得税。

要求:根据上述经济业务编制会计分录(列出必要的明细科目)。

第五章　账户的分类

一、单项选择题

1. 按照账户的用途和结构分类,“累计折旧”账户属于(　　)。

A. 调整类账户　　B. 盘存类账户

C. 集合分配类账户　　D. 计价对比类账户

2. 下列账户中,属于集合分配类账户的是(　　)。

A.“管理费用”　　B.“制造费用”

C.“营业费用”　　D.“待摊费用”

3. 按账户的用途和结构分类,“生产成本”账户属于(　　)。

A. 成本类账户　　B. 成本计算类账户

C. 费用类账户　　D. 集合分配类账户

4. 关于调整账户,下列说法错误的是(　　)。

A. 调整账户与被调整账户反映的经济内容相同

B. 调整账户与被调整账户的用途和结构相同

C. 被调整账户反映会计要素的原始数据,调整账户反映的是同一要素的调整数字

D. 调整方式取决于被调整账户与调整账户的余额是在同一方向还是在相反方向

5.“生产成本”账户如有借方余额时,按其用途和结构分类属于(　　)。

A. 计价对比类账户　　B. 盘存类账户

C. 集合分配类账户　　D. 跨期摊提类账户

6. 下列不属于抵减账户的是(　　)。

A. 利润分配　　B. 坏账准备

C. 累计折旧　　D. 预提费用

7. 下列不属于盘存账户的是(　　)。

A. 固定资产　　B. 原材料

C. 应收账款　　D. 库存商品

8. 在下列所有者权益账户中,反映所有者原始投资的账户是(　　)。

A. 实收资本　　B. 盈余公积金

C. 本年利润　　D. 利润分配

9.“营业税金及附加”账户按其经济内容分类属于(　　)。

A. 负债类账户　　B. 收入类账户

C. 费用计算类账户　　D. 费用类账户

10. 下列账户按用途结构分类不属于费用计算类账户的是(　　)。

A. 管理费用　　B. 账务费用

C. 制造费用　　D. 销售费用

11."材料成本差异"账户是用来抵减附加(　　)。

A."原材料"　　B."材料采购"

C."生产成本"　　D."库存商品"

12. 下列账户中属于抵减账户的是(　　)。

A. 坏账准备　　B. 材料成本差异

C. 利润分配　　D. 累计折旧

13. 结算类账户的期末余额(　　)。

A. 在借方　　B. 在贷方

C. 可能在借方,也可能在贷方　　D. 以上都不对

14. 下列不是按用途和结构分类的账户是(　　)。

A. 成本计算类账户　　B. 财务成果计算类账户

C. 费用类账户　　D. 投资类账户

15. 在企业不单设"预付账款"账户时,对于预付款业务可在(　　)账户反映。

A."应收账款"　　B."预收账款"

C."应付账款"　　D."其他往来"

16."累计折旧"账户按其经济内容分类属于(　　)。

A. 费用类账户　　B. 抵减账户

C. 负债类账户　　D. 资产类账户

17. 下列账户中,既属于结算类账户,又属于负债类账户的是(　　)。

A."应收账款"　　B."预收账户"

C."应收票据"　　D."预付账户"

18. 债权债务结算账户的贷方登记(　　)。

A. 债权的增加　　B. 债务的增加,债权的减少

C. 债务的减少　　D. 债务的减少,债权的增加

19. 按用途结构分类的投资权益类账户(　　)。

A. 只提供货币指标　　B. 只提供实物指标

C. 可以提供实物和货币两种指标　　D. 一般实物指标,有时也提供货币指标

20. 下列账户中属于集合分配类账户的是(　　)。

A."实收资本"　　B."制造费用"

C."生产成本"　　D."管理费用"

21. 下列属于反映利润形成情况的是(　　)账户。

A."本年利润"　　B."利润分配"

C."制造费用"　　D."管理费用"

22."材料采购"账户按其用途结构分类,在材料按计划成本核算的条件下(　　)。

A. 仅是成本计算类账户　　B. 仅是对比类账户

C. 仅是费用类账户　　D. 既是成本计算类账户，又是对比类账户

23. 关于抵减账户和被抵减账户，下列说法错误的是（　　）。

A. 抵减账户和被抵减账户反映的经济内容相同

B. 抵减账户与被抵减账户反映的经济内容不一定相同

C. 抵减账户不能离开被抵减账户而独立存在

D. 有抵减账户就有被抵减账户

二、多项选择题

1. 下列账户按经济内容分类，属于负债类账户的有（　　）。

A.“应付账款”　　B.“预付账款”

C.“预收账款”　　D.“短期借款”

E.“长期应付款”

2. 按账户的经济用途和结构分类，下列账户中属于调整类账户的有（　　）。

A.“累计折旧”账户　　B.“坏账准备”账户

C.“应付职工薪酬”账户　　D.“利润分配”账户

E.“材料成本差异”账户

3. 调整账户与被调整账户（　　）。

A. 反映的经济内容不同　　B. 反映的经济内容相同

C. 结构不同　　D. 结构一致

E. 用途不同

4. 下列账户中，属于调整类账户的是（　　）。

A.“坏账准备”账户　　B.“利润分配”账户

C.“累计折旧”账户　　D.“材料成本差异”账户

E.“待摊费用”账户

5. 下列账户中，属于债务结算类账户的有（　　）。

A.“预收账款”　　B.“预付账款”

C.“应付票据”　　D.“其他货币资金”

E.“其他应收款”

6. 账户按经济内容分类，“材料采购”账户可同时属于（　　）。

A. 资产类账户　　B. 结算类账户

C. 成本计算类账户　　D. 调整类账户

E. 费用类账户

7. 总分类账户分类的主要标志有（　　）。

A. 账户的经济内容　　B. 账户的名称

C. 账户的用途和结构　　D. 账户与会计报表的关系

E. 账户的统驭关系

8. 账户的用途是指通过账户记录（　　）。

A. 能提供什么核算指标　　B. 怎样记录经济业务

C. 表明开设和运用账户的目的　　D. 观察借贷方登记的内容

E. 判断账户期末余额的方向

9. 下列属于投资权益类账户的有（　　）。

A."本年利润" B."实收资本"

C."利润分配" D."资本公积"

E."盈余公积金"

10. 下列可能属于盘存类账户的有（　　）。

A."原材料" B."库存商品"

C."银行存款" D."固定资产"

E."本年利润"

11. 下列账户期末如有余额在借方的有（　　）。

A. 债权结算类账户 B. 投资权益类账户

C. 盘存类账户 D. 成本计算类账户

E. 收入计算类账户

12. 下列账户期一般没有余额的是（　　）。

A. 收入计算类账户 B. 费用计算类账户

C. 盘存类账户 D. 集合分配类账户

E. 结算类账户

13. 所谓账户的结构，是指账户如何提供核算指标，即（　　）。

A. 账户期末余额的方向 B. 账户余额表示的内容

C. 账户借方核算的方向 D. 账户贷方核算的内容

E. 运用账户的目的

14. 下列账户中反映流动资产的账户有（　　）。

A."应收账款" B."预提费用"

C."待摊费用" D."原材料"

E."库存商品"

15. 下列账户中属于债权结算账户的有（　　）。

A."预付账款" B."应付账款"

C."应收账款" D."应收票据"

E."预收账款"

16. 下列账户中属于费用类账户的有（　　）。

A."制造费用" B."财务费用"

C."管理费用" D."待摊费用"

E."预提费用"

17. 在生产过程中，用来归集制造产品的生产费用，并据以计算产品生产成本的账户有（　　）。

A."制造费用" B."库存商品"

C."材料采购" D."生产成本"

E."主营业务成本"

18. 关于"本年利润"账户，下列说法中正确的有（　　）。

A. 期末如为贷方余额，表示累积实现的净利润

B. 期末如为贷方余额,表示本期实现的利润总额

C. 期末如为借方余额,表示累积实现的净利润

D. 年末如为贷方余额,表示未分配利润额

E. 年末中间一般有余额

19. 下列盘存类账户中,通过设置和运用明细账可以提供数量和金额两种指标的有(　　)账户。

A."银行存款"　　B."库存现金"

C."原材料"　　D."库存商品"

E."应付账款"

三、判断题

1. 按账户的用途结构分类,"制造费用"账户属于成本计算类账户。(　　)

2. 账户按其经济内容划分归为一类,则按其用途和结构划分也必定归为一类。(　　)

3."主营业务收入"账户是反映营业收入的账户,"其他业务收入"账户是反映非营业收入的账户。(　　)

4. 按经济内容分类分出的费用类账户是核算企业在经济经营过程中发生的各种费用支出的账户,这里的费用是指狭义的费用。(　　)

5."本年利润"账户和"利润分配"账户按其用途结构分类同属于一个类别。(　　)

6. 调整类账户按其调整方式的不同又可以分为抵减账户和抵减附加账户。(　　)

7. 投资权益类账户是用来核算投资企业投资的增减变动及实有额的账户,在任何企业组织形式下,在正常情况下投资权益类账户的期末余额都不可能在借方。(　　)

8. 企业的利润在没有分配之前属于企业的所有者权益,所有者权益应反映在企业的资产负债表中,因而"本年利润"和"利润分配"账户均属于资产负债表账户。(　　)

9. 集合分配类账户是用来归集应由某个成本计算对象负担的间接费用的账户,因而具有明显的过渡性质,期末一般都有余额。(　　)

10. 抵减附加账户的期末余额方向不是固定的,当其余额在借方时,起着抵减作用,当其余额在贷方时,起着附加作用。(　　)

11. 按账户用途结构的分类,实质上是按会计对象的具体内容进行的分类。(　　)

12."累计折旧"账户按其经济内容分类属于抵减类账户。(　　)

13."资本公积"账户按其经济内容分类属于投资权益类账户。(　　)

14. 账户的用途是指在账户中如何记录的经济业务。(　　)

15. 一般而言,账户的用途和结构都直接或间接地依附于账户的经济内容。(　　)

16."应收账款"账户的被调整账户是"坏账准备"账户。(　　)

17."制造费用"账户按其用途结构分类属于费用类账户。(　　)

18. 在会计核算过程中,必要时可单独设置调整类账户,以取得管理所需的指标。(　　)

19. 收入计算账户除了能提供货币指标外,还可以提供实物指标。(　　)

20. 对于某一个账户而言,当其分类标志确定时,其归属的类别也是唯一的。(　　)

四、名词解释题

1. 集合分配账户

2. 备抵账户

五、简答题

1. 简述调整账户的内容及其分类。

2. 账户按经济内容和用途结构分类有哪些？

六、业务计算题

目的：练习总分类账户按经济内容分类及按用途和结构的分类。

资料：表 5.1 中列示了制造业企业的一些常见会计账户。

表 5.1 制造业企业的一些常见会计账户

序号	账户名称	归属的类别	
		按经济内容分	按用途结构分
1	库存现金		
2	银行存款		
3	交易性金融资产		
4	应收票据		
5	应收账款		
6	预付账款		
7	应收股利		
8	其他应收款		
9	坏账准备		
10	材料采购		
11	在途物资		
12	原材料		
13	材料成本差异		
14	周转材料		
15	待摊费用		
16	长期股权投资		
17	固定资产		
18	累计折旧		
19	在建工程		
20	固定资产清理		
21	无形资产		
22	长期待摊费用		
23	短期借款		
24	应付票据		
25	应付账款		
26	预收账款		

续表

序号	账户名称	归属的类别	
		按经济内容分	按用途结构分
27	应付职工薪酬		
28	应付税费		
29	应付股利		
30	其他应付款		
31	预提费用		
32	长期借款		
33	应付债券		
34	长期应付款		
35	实收资本		
36	资本公积		
37	盈余公积金		
38	本年利润		
39	利润分配		
40	生产成本		
41	制造费用		
42	主营业务收入		
43	其他业务收入		
44	投资收益		
45	营业外收入		
46	主营业务成本		
47	其他业务成本		
48	营业税金及附加		
49	管理费用		
50	销售费用		
51	财务费用		
52	资产减值损失		
53	营业外支出		
54	所得税费用		

要求：对上表中所出现的账户分别按照经济内容和用途结构两个标志进行分类，并将各个账户归属的类别填入表中相应栏目。

第六章　成 本 计 算

一、单项选择题

1. 成本属于价值的范畴，是新增(　　)。

A. 成本的组成部分　　B. 资产价值的组成部分

C. 利润的组成部分　　D. 费用的组成部分

2. 在下列各项中，不属于制造业企业成本项目的是(　　)。

A. 制造费用　　B. 直接人工费

C. 折旧费用　　D. 直接材料费

3. 在以下所列示的各种成本中，称为主营业务成本的是(　　)。

A. 材料采购成本　　B 产品生产费用

C. 产品生产成本　　D. 产品销售成本

4. 下列内容不属于材料采购成本构成项目的是(　　)。

A. 材料的买价　　B. 外地运杂费

C. 运输途中的合理损耗　　D. 采购机构经费

5. 产品制造成本的成本项目中不包括(　　)。

A. 直接材料　　B. 直接人工

C. 制造费用　　D. 生产费用

6. 进行预提费用的核算，是为了正确划分(　　)。

A. 生产经营费用与非生产经营费用的界限

B. 生产费用与期间费用的界限

C. 各个月份费用的界限

D. 各种产品费用的界限

7. 决定商品价格，同时也影响商品竞争能力的基本条件是(　　)。

A. 商品的外观　　B. 商品的数量

C. 商品的成本　　D. 商品的生产周期

8. 在企业经营过程中，当可以确定某种费用是为某项经营活动产生时，我们称这种费用为该成本计算对象的(　　)。

A. 生产费用　　B. 直接费用

C. 间接费用　　D. 期间费用

9. 企业购入材料发生的运杂费等采购费用，应计入(　　)。

A. 管理费用　　　　B. 材料采购成本

C. 生产成本　　　　D. 销售费用

10. 在下列项目中，不属于材料采购费用的是（　　）。

A. 材料的运输费　　　　B. 材料的装卸费

C. 材料入库前的挑选整理费用　　　　D. 材料的买价

11. 下列费用中不可以计入产品成本的是（　　）。

A. 直接材料费用　　　　B. 管理费用

C. 直接人工费　　　　D. 制造费用

12. 某企业本期已销产品的生产成本为 50 000 元，销售费用为 4 000 元，营业税金及附加 6 000 元，其产品销售成本为（　　）。

A. 56 000 元　　　　B. 50 000 元

C. 60 000 元　　　　D. 54 000 元

13. 下列各项与存货相关的费用中，不应计入存货成本的有（　　）。

A. 材料采购过程中发生的运输费用

B. 材料入库前发生的挑选整理费

C. 材料入库后发生的储存费用

D. 材料采购过程中发生的装卸费用

14. 企业基本生产车间领用的材料，如果直接用于生产产品，且数量较大，则这部分材料费用应计入（　　）。

A. 生产成本　　　　B. 制造费用

C. 待摊费用　　　　D. 管理费用

15. 企业基本生产车间主任和技术人员的工资费用，应计入（　　）。

A. 生产成本　　　　B. 制造费用

C. 管理费用　　　　D. 销售费用

16. 某企业只生产一种产品，本月期初在产品成本为 35 000 元，本月发生下列费用：生产领用原材料 60 000 元，生产工人工资 20 000 元，制造费用 10 000 元，管理费用 15 000 元，销售费用 8 000 元，月末在产品成本为 30 000 元，则企业本月完工产品成本为（　　）。

A. 83 000 元　　　　B. 90 000 元

C. 95 000 元　　　　D. 118 000 元

17. 应计入产品成本，但不能分清应由何种产品负担的费用，应该（　　）。

A. 直接放入当期损益

B. 作为管理费用处理

C. 计入制造费用，期末再分配计入产品成本

D. 直接计入生产成本账户

18. 生产车间发生的制造费用经过分配之后，一般应计入（　）账户。

A.“库存商品”　　　　B.“本年利润”

C.“生产成本”　　　　D.“主营业务成本”

19. 下列各项费用中，不能直接计入“生产成本”账户的是（　　）。

A. 构成产品实体的原材料费用　　　　B. 生产工人的工资

C. 车间管理人员的薪酬　　D. 生产工人的福利费

二、多项选择题

1. 下列内容构成材料采购成本的有(　　)。

A. 材料的买价　　B. 采购费用
C. 增值税进项税额　　D. 采购机构经费
E. 采购人员的差旅费

2. 可以用来作为分配材料采购费用标准的有(　　)。

A. 材料的买价　　B. 材料的重量
C. 材料的种类　　D. 材料的体积
E. 以上各项均可

3. 影响本月完工产品成本计算的因素有(　　)。

A. 月初在产品成本　　B. 本月发生的生产费用
C. 本月已销产品成本　　D. 月末在产品成本
E. 月末在产品数量

4. 产品生产成本的成本项目包括(　　)。

A. 直接费用　　B. 直接材料费
C. 直接人工费　　D. 管理费用
E. 制造费用

5. 成本核算的主要程序包括(　　)。

A. 确定成本计算期　　B. 确定成本的计算方法
C. 确定成本项目　　D. 归集和分配有关费用
E. 设置并登记有关账簿

6. 在下列各项中,最终应计入产品生产成本的有(　　)。

A. 生产工人工资　　B. 生产产品耗用的材料费
C. 生产设备折旧费　　D. 按行政管理人员工资提取的住房公积金
E. 销售产品的广告费

7. 在下列各项内容中,应计入制造费用的有(　　)。

A. 车间管理人员工资　　B. 厂部管理人员工资
C. 生产车间办公费　　D. 厂部办公费
E. 生产产品领用的原材料

8. 为了正确地划分费用与成本的界限,制造业企业不得(　　)。

A. 将应计入产品生产成本的生产费用计入期间费用
B. 将制造费用计入产品生产成本
C. 将期间费用计入产品生产成本
D. 将销售费用计入产品生产成本
E. 将筹集资金的费用计入产品生产成本

9. 企业对于应由本期负担同时应直接计入当期损益的各项费用,可设置(　　)账户进行核算。

A."管理费用"　　B."销售费用"

C.“长期待摊费用”　　D.“财务费用”

E.“制造费用”

10. 对于制造企业而言，下列内容应通过“制造费用”账户进行核算的有（　　）。

A. 生产车间管理人员薪酬　　B. 生产车间生产工人的薪酬

C. 生产车间固定资产折旧费　　D. 行政管理部门固定资产折旧费

E. 生产车间一般性消耗的材料费

三、判断题

1. 产品生产成本也就是产品的制造费用。（　　）

2. 制造企业发生的工资费用不一定都是生产费用。（　　）

3. 一般纳税人企业购入原材料的采购成本中包括增值税进项税额。（　　）

4. 费用和成本是既有联系又有区别的两个概念，费用与特定的计算对象相联系，而成本则与特定的会计期间相联系。（　　）

5. 成本是计量经营耗费和确定补偿尺度的重要工具。（　　）

6. 成本计算期的确定取决于企业生产组织的特点和管理要求。（　　）

7. 产品销售成本＝生产成本＋增值税期望项税额。（　　）

8. 成本计算对象可以是最终产品，也可以是加工到一定程度的半成品。（　　）

9. 直接受益间接分配是成本计算的原理之一。（　　）

10. 产品成本计算期必须与产品生产周期一致。（　　）

11. 车间管理人员的工资不属于直接人工费用，因而不能计入产品成本，而应计入期间费用。（　　）

12. 产品成本的计算方法一经选定，一般不得随意变动。（　　）

13. 制造费用和管理费用不同，本期发生的管理费用直接影响本期的损益，而本期发生的制造费用不一定影响本期损益。（　　）

14. 企业为组织生产经营活动而发生的一切管理活动的费用，包括车间管理费用和公司管理费用，都应作为期间费用处理。（　　）

15.“生产成本”账户的期末余额一般在借方，表示期末尚未销售出去的产品成本。（　　）

四、业务计算题

1. 诚信公司 20×2 年 8 月有关材料采购业务如下：

(1)购入甲材料 200 千克，单价 150 元/千克，外地运费 1 800 元，增值税 5 100 元，款项通过银行支付，材料验收入库。

(2)购入甲材料 800 千克，乙材料 1 000 千克，发票注明甲材料价款 84 000 元，乙材料价款 38 000 元，增值税税率为 17%。两种材料共发生外地运杂费 9 000 元，全部款项通过银行支付(运杂费按重量分配)。

(3)乙材料验收入库时发生整理挑选费用 3 000 元，用现金支付。

要求：根据上述资料编制甲、乙材料采购成本计算表。

2. 目的：练习生产费用的计算、制造费用的分配以及成本的确定。

资料：利和股份公司所属 M 工厂生产 A、B 两种产品，20×1 年 8 月有关 A、B 产品的资料如下：

(1)月初在产品成本资料如表 6.1 所示。

表 6.1　月初在产品成本资料　　　　金额单位:元

在产品名称	数量(件)	直接材料	直接人工	制造费用	合　计
A	200	48 000	12 000	6 500	66 500
B	60	32 000	8 000	3 300	43 300
合　计	—	80 000	20 000	9 800	109 800

(2)本月发生的生产费用如下:A 产品的直接材料费 165 000 元,直接人工费 58 400 元;B 产品的直接材料费 126 000 元,直接人工费 35 600 元;本月共发生制造 70 500 元。

(3)月末 A 产品完工 500 件,B 产品完工 300 件。

(4)月末 A 产品未完工 40 件,其总成本的具体构成为:直接材料 6 500 元,直接人工 4 200 元,制造费用 3 000 元,合计为 13 700 元。B 产品没有月末在产品。

要求:按直接人工费为标准分配制造费用,并分别计算 A、B 完工产品的总成本和单位成本。

3. 目的:练习销货收入与销货成本关系的确定

资料:表 6.2 列示了甲、乙、丙、丁四家公司本期销货情况

表 6.2　四家公司本期销货情况　　　　单位:元

项　　目	甲公司	乙公司	丙公司	丁公司
期初结存 A 产品成本	208 000	(　　)	46 000	124 000
本期入库 A 产品成本	962 000	1 008 000	(　　)	520 800
本期可供销售 A 产品成本	(　　)	(　　)	(　　)	(　　)
期末结存 A 产品成本	(　　)	215 600	225 400	(　　)
本期销售 A 产品收入	1 300 000	(　　)	1 012 000	595 200
本期销售 A 产品成本	(　　)	879 200	(　　)	466 240
A 产品销售收入与销售成本差额	202 800	173 600	156 400	(　　)

要求:根据表 6.2 中给定的资料,计算并填列表中括号内的金额。

第七章　会计凭证

一、单项选择题

1. 以下项目中，属于一次凭证和累计凭证的主要区别是（　　）。

A. 一次凭证是记载一笔经济业务，累计凭证是记载多笔经济业务

B. 累计凭证是自制原始凭证，一次凭证是外来原始凭证

C. 累计凭证填制的手续是多次完成的，一次凭证填制的手续是一次完成的

D. 累计凭证是汇总凭证，一次凭证是单式凭证

2. 对于“企业赊购一批原材料，已经验收入库”的经济业务，应当编制（　　）。

A. 收款凭证　　B. 付款凭证

C. 转账凭证　　D. 付款凭证或转账凭证

3. 记账凭证填制完毕加计合计数以后，如有空行应（　　）。

A. 空置不填　　B. 划线注销

C. 盖章注销　　D. 签字注销

4. 将记账凭证分为收款凭证、付款凭证和转账凭证的依据是（　　）。

A. 凭证用途的不同　　B. 凭证填制手续的不同

C. 记载经济业务内容的不同　　D. 所包括的会计科目是否单一

5. 限额领料单属于（　　）。

A. 通用凭证　　B. 一次凭证

C. 累计凭证　　D. 汇总凭证

6. 5月25日行政管理人员将标明日期为4月25日的发票拿来报销，经审核后会计人员依据该发票编制记账凭证时，记账凭证的日期应为（　　）。

A. 5月1日　　B. 4月25日

C. 5月25日　　D. 4月30日

7. 可以不附原始凭证的记账凭证是（　　）。

A. 更正错误的记账凭证

B. 从银行提取现金的记账凭证

C. 以现金发放工资的记账凭证

D. 职工临时性借款的记账凭证

8. 各种原始凭证，除由经办业务的有关部门审核以外，最后都要由（　　）进行审核。

A. 财政部门　　B. 董事会

C. 总经理　　　　D. 会计部门

9. 审核原始凭证所记录的经济业务是否符合企业生产经营活动的需要、是否符合有关的计划和预算，属于(　　)审核。

A. 合理性　　　　B. 合法性

C. 真实性　　　　D. 完整性

10. 某会计人员在审核记账凭证时，发现误将 8 000 元写成 800 元，尚未入账，一般应采用(　　)改正。

A. 重新编制记账凭证　　　　B. 红字更正法

C. 补充登记法　　　　D. 冲账法

11. 会计机构和会计人员对真实、合法、合理但内容不准确、不完整的原始凭证，应当(　　)。

A. 不予受理　　　　B. 予以受理

C. 予以纠正　　　　D. 予以退回，要求更正、补充

12. 下列业务中，应该填制现金收款凭证的是(　　)。

A. 将现金存入银行　　　　B. 从银行提取现金

C. 出售产品一批，收到一张转账支票　　　　D. 出售多余材料，收到现金

13. 出纳人员在办理收款或付款后，应在(　　)上加盖"收讫"或"付讫"的戳记，以避免重收重付。

A. 记账凭证　　　　B. 原始凭证

C. 收款凭证　　　　D. 付款凭证

14. (　　)是记录经济业务发生或完成情况的书面证明，也是登记账簿的依据。

A. 科目汇总表　　　　B. 原始凭证

C. 会计凭证　　　　D. 记账凭证

15. 会计凭证分为原始凭证和记账凭证，是按其(　　)。

A. 记录经济业务的内容　　　　B. 填制程序和用途

C. 格式　　　　D. 填制方法

16. 会计凭证按填制的程序和用途不同，可分为(　　)。

A. 一次凭证和累计凭证　　　　B. 收款凭证、付款凭证和转账凭证

C. 原始凭证和记账凭证　　　　D. 通用凭证和专用凭证

17. 将会计凭证划分为原始凭证和记账凭证两大类的依据是(　　)。

A. 填制的时间　　　　B. 填制方法

C. 填制的程序和用途　　　　D. 凭证反映的经济内容

18. 一项经济业务所涉及的每个会计科目单独填制一张记账凭证，每一张记账凭证中只登记一个会计科目，这种凭证称为(　　)。

A. 单式记账凭证　　　　B. 专用记账凭证

C. 通用记账凭证　　　　D. 一次凭证

19. 在下列原始凭证中，属于累计凭证的是(　　)。

A. 领料单　　　　B. 限额领料单

C. 收料凭证汇总表　　　　D. 制造费用分配表

20. 下列原始凭证中，属于累计凭证的是（　　）。
A. 增值税专用发票　　B. 发料汇总表
C. 限额领料单　　D. 差旅费报销单
21. 下列属于原始凭证的是（　　）。
A. 银行对账单　　B. 年终账户余额表
C. 购货合同书　　D. 发料凭证汇总表
22. 采用单式记账凭证，一笔经济业务至少要填制（　　）。
A. 一张记账凭证　　B. 两张记账凭证
C. 三张记账凭证　　D. 四张记账凭证
23. 下列属于外来原始始凭证的是（　　）。
A. 入库单　　B. 发料汇总表
C. 出库单　　D. 银行收账通知单
24. 下列会计凭证中，属于原始凭证的是（　　）。
A. 收款凭证　　B. 付款凭证
C. 转账凭证　　D. 制造费用分配表
25. 不能作为记账依据的原始单据是（　　）。
A. 发票　　B. 记账编制凭证
C. 银行存款余额调节表　　D. 领料单
26. 会计人员在审核原始凭证过程中，对于手续不完备的原始凭证，按规定应（　　）。
A. 扣留原始凭证　　B. 拒绝执行
C. 向上级机关反映　　D. 退回出具单位要求补办手续
27. 会计人员在审核原始凭证过程中，对于手续不完备的原始凭证，按规定应（　　）。
A. 扣留原始凭证　　B. 拒绝执行
C. 向上级机关反映　　D. 退回出具单位要求补办手续
28. 下列各项中，属于记账凭证必须具备的基本内容是（　　）。
A. 出具凭证单位财务章　　B. 实物数量、单价及金额
C. 会计科目　　D. 接受凭证单位名称
29. 从银行提取现金 2 000 元，应编制（　　）。
A. 现金收款凭证　　B. 现金付款凭证
C. 银行存款收款凭证　　D. 银行存款付款凭证
30. 货币收付以外的业务编制（　　）。
A. 收款凭证　　B. 付款凭证
C. 转账凭证　　D. 原始凭证
31. 在采用收、付、转记账凭证情况下，涉及现金和银行存款之间划转业务，按规定（　　）。
A. 只填写收款凭证　　B. 只填写付款凭证
C. 既填写收款凭证，又填写付款凭证　　D. 只填写转账凭证
32. 涉及现金和银行存款之间的划转业务，一般只填付款凭证，其目的主要是（　　）。
A. 简化凭证填制手续　　B. 简化账簿登记手续

C. 避免重复记账　　D. 清晰地反映相关的经济业务

33. 会计凭证的传递范围是在(　　)。

A. 本单位与外单位有关部门和人员之间

B. 本单位内部有关部门和人员之间

C. 本单位与税收部门和人员之间

D. 本单位与银行之间

34. 开出转账支票支付购买材料价款 50 000 元时,应编制(　　)。

A. 收款凭证　　B. 付款凭证

C. 转账凭证　　D. 累计凭证

35. 银行存款的清查方法是(　　)。

A. 日记账与总账核对　　B. 日记账与收付款凭证核对

C. 日记账与银行对账单核对　　D. 总账与收付款凭证核对

36. 如果一笔经济业务须填制两张记账凭证,该凭证顺序号为 60,则该笔业务第 1 张记账凭证的编号应为(　　)。

A. 60　　B. 60 1/2

C. 60 2/2　　D. 60 1−2/2

37. 原始凭证是在经济业务(　　)时取得或填制的。

A. 填制记账凭证　　B. 发生或完成

C. 登记明细账　　D. 编制原始凭证汇总表

38. 原始凭证的审核是一项十分重要、严肃的工作,经审核的原始凭证应根据不同情况处理。下列处理不正确的方法是(　　)。

A. 对于完全符合要求的原始凭证,应及时据以编制记账凭证入账

B. 对于不真实、不合法的原始凭证,会计机构和会计人员有权不予接受,并向单位负责人报告

C. 对于不完全符合要求的自制原始凭证,可先行编制记账凭证,以保证账务的及时处理,随后必须保证补充完整

D. 对于真实、合法、合理但内容不够完整、填写有错误的原始凭证,应退回给有关经办人员,由其负责将有关凭证补充完整、更正错误或重开后,再办理正式会计手续

39. 为保证会计信息质量,在记账前应由有关稽核人员对记账凭证进行严格的审核。下列不属于记账凭证审核内容的是(　　)。

A. 真实性　　B. 金额是否正确

C. 项目是否齐全　　D. 科目是否正确

40. 记账凭证又称记账凭单,它是介于(　　)之间的中间环节。

A. 登记账簿与平衡账簿　　B. 明细账户与总分类账户

C. 原始凭证与账簿　　D. 会计凭证与会计报表

41. 不属于记账凭证编制的基本要求的是(　　)。

A. 必须经由单位负责人签字　　B. 各项内容必须完整

C. 书写应清楚、规范　　D. 填制时发生错误应重新填制

42. 下列项目中,不属于原始凭证基本要素的是(　　)。

A. 接受凭证单位的全称　　B. 交易或事项的内容、数量、单价和金额
C. 经办人员签名或盖章　　D. 应记会计科目名称和记账方向

43. 在会计业务处理中，将现金缴存银行应编制(　　)。
A. 现金收款凭证　　B. 银行存款收款凭证
C. 现金付款凭证　　D. 银行存款付款凭证

44. 将记账凭证分为收款凭证、付款凭证和转账凭证的依据是(　　)。
A. 凭证的来源
B. 凭证填制的手续
C. 凭证所包括的会计科目是否单一
D. 凭证所记录的经济业务是否与货币资金收付业务有关

45. 将某项经济业务所涉及的会计科目集中填列在一张记账凭证上的是(　　)。
A. 单式记账凭证　　B. 复式记账凭证
C. 一次凭证　　D. 记账编制凭证

46. 按填制手续不同，"制造费用分配表"属于(　　)。
A. 记账编制凭证　　B. 汇总原始凭证
C. 累计凭证　　D. 一次凭证

47. 下列会计凭证中，属于原始凭证的是(　　)。
A. 收款凭证　　B. 科目汇总表
C. 收料单　　D. 银行存款余额调节表

48. 下列经济业务中，应编制转账凭证的是(　　)。
A. 预付保险费　　B. 收回应收账款
C. 支付借款利息　　D. 应付投资者利润

49. 企业开具的增值税专用发票属于(　　)。
A. 一次凭证　　B. 汇总原始凭证
C. 累计凭证　　D. 记账编制凭证

50. 按转账凭证贷方科目设置，汇总一定时期内转账业务的汇总记账凭证称为(　　)。
A. 汇总收款凭证　　B. 汇总付款凭证
C. 科目汇总表　　D. 汇总转账凭证

51. 从银行提取现金备发工资，应填制(　　)。
A. 现金收款凭证　　B. 银行存款付款凭证
C. 应付工资转账凭证　　D. 管理费用转账凭证

52. 对于现金和银行存款之间相互划转业务，为了避免重复记账，一般只编制(　　)。
A. 收款凭证　　B. 付款凭证
C. 转账凭证　　D. 记账凭证

二、多项选择题

1. 记账凭证可以根据(　　)编制。
A. 一张原始凭证　　B. 若干张原始凭证汇总
C. 原始凭证汇总表　　D. 明细账
E. 日记账

2. 下列项目中符合填制会计凭证要求的有（　　）。

A. 汉字大小写金额必须相符且填写规范

B. 阿拉伯数字连笔书写

C. 阿拉伯数字前面的人民币符号写为“￥”

D. 大写金额有分的，分字后面不写“整”或“正”字

E. 小写金额写到元位即可

3. 在原始凭证上书写阿拉伯数字，正确的有（　　）。

A. 金额数字一律填写到角分

B. 无角分的，角位和分位可写“00”或者符号“—”

C. 有角无分的，分位应当写“0”

D. 有角无分的，分位也可以用符号“—”代替

E. 小写金额 1 006 元，大写金额应为壹仟零陆元整

4. 记账凭证的填制必须做到记录真实、内容完整、填制及时、书写清楚外，还必须符合（　　）要求。

A. 如有空行，应当在空行处画线注销

B. 发生错误应该按规定的方法更正

C. 必须连续编号

D. 除另有规定外，应该有附件并注明附件张数

E. 一笔业务编制多张凭证时，应采用分数编号法

5. 涉及现金与银行存款之间的划款业务时，可以编制的记账凭证有（　　）。

A. 银行收款凭证　　B. 银行付款凭证

C. 现金收款凭证　　D. 现金付款凭证

E. 转账凭证

6. 以下各项中，属于原始凭证所必须具备的基本内容有（　　）。

A. 凭证名称、填制日期和编号　　B. 经济业务内容摘要

C. 对应的记账凭证号数　　D. 填制、经办人员的签字、盖章

E. 账户名称

7. 下列文件中，属于外来原始凭证的有（　　）。

A. 领料单　　B. 购货发票

C. 银行对账单　　D. 银行付款通知

E. 银行存款余额调节表

8. 自制原始凭证按其制手续不同，可以分为（　　）。

A. 一次凭证　　B. 累计凭证

C. 汇总原始凭证　　D. 记账凭证

E. 记账编制凭证

9. 下列凭证中属于自制原始凭证的是（　　）。

A. 收料单　　B. 领料单

C. 收款凭证　　D. 付款凭证

E. 现金收入汇总表

10. 填制原始凭证要求（　　）。

A. 遵纪守法　　B. 记录真实

C. 内容完整　　D. 填写认真

E. 编制及时

11. 凡采用收、付、转记账凭证的单位，其凭证的号码可采用（　　）。

A. 顺序编号法　　B. 字号编号法

C. 类别编号法　　D. 双重编号法

E. 分数编号法

12. 可以用来记录货币资金收付业务的记账凭证是（　　）。

A. 收款凭证　　B. 付款凭证

C. 转账凭证　　D. 通用记账凭证

E. 单式记账凭证

13. 在填制记账凭证时，错误的做法是（　　）。

A. 编制复合会计分录

B. 将不同类型业务的原始凭证合并编制一份记账凭证

C. 一个月内的记账凭证连续编号

D. 从银行提取现金时只填制现金收款凭证

E. 更正错账的记账凭证可以不附原始凭证

14. 下列会计凭证中，属于记账凭证的是（　　）。

A. 收款凭证　　B. 付款凭证

C. 转账凭证　　D. 通用记账凭证

E. 记账编制凭证

15. 某人出差回来报销差旅费 1 600 元（原借现金 1 200 元），超支 400 元用现金补足。此项业务应编制的记账凭证有（　　）。

A. 现金付款凭证　　B. 银行存款付款凭证

C. 转账凭证　　D. 现金收款凭证

E. 银行存款收款凭证

16. 记账凭证填制的依据是（　　）。

A. 付款凭证　　B. 收款凭证

C. 原始凭证　　D. 原始凭证汇总表

E. 备查账簿资料

17. 下列经济业务中，应编制付款凭证的是（　　）。

A. 从银行提取现金　　B. 将现金存入银行

C. 预付购买材料款　　D. 月末提取职工福利费

18. 会计凭证的意义在于（　　）。

A. 记录经济业务，提供记账依据　　B. 核算经济成果，提供决策参考

C. 明确经济责任，强化内部控制　　D. 监督经济活动，控制经济运行

19. 原始凭证必须具备的基本内容有（　　）

A. 凭证的名称　　B. 填制凭证的日期

C. 接受凭证的单位名称　　D. 单位会计主管人员的签字盖章

E. 经济业务的内容(含数量、单价和金额)

20. 记账凭证的基本内容包括(　　)。

A. 凭证的种类　　B. 凭证的编号

C. 会计科目　　D. 经济业务的摘要

E. 所附原始凭证的张数

21. 下列各项中,属于一次性原始凭证的有(　　)。

A. 收料单　　B. 购货发票

C. 限额领料单　　D. 发料凭证汇总表

E. 科目汇总表

三、判断题

1. 从外单位取得的原始凭证遗失时,必须取得原签发单位盖有公章的证明,并注明原始凭证的号码、金额、内容等,由经办单位会计机构负责人、会计主管人员审核签章后,才能代作原始凭证。(　　)

2. 原始凭证金额有错误的,应当由出具单位重开,不得在原始凭证上更正。(　　)

3. 如果原始凭证已预先印定编号,在写坏作废时,应加盖"作废"戳记,妥善保管,不得撕毁。(　　)

4. 企业的各种原始凭证都不得涂改、刮擦和变造,如果发生错误,应采用画线更正法予以更正。(　　)

5. 转账凭证只登记与库存现金和银行存款收付无关的经济业务。(　　)

6. 发现以前年度记账凭证有错误,应先用红字冲销,然后用蓝字填制一张更正的记账凭证。(　　)

7. 记账人员根据记账凭证记账后,在"记账符号"栏内做"√"记号,表示该笔金额已记入有关账户,以免漏记或重记。(　　)

8. 现金存入银行时,为避免重复记账只编制银行收款凭证,不编制现金付款凭证。(　　)

9. 记账凭证上的日期是经济业务发生的日期。(　　)

10. 一笔经济业务中,如果涉及现金和银行存款的收付业务,又涉及转账业务时,应同时编制收(付)款凭证和转账凭证。(　　)

11. 自制原始凭证是指由本单位财会部门人员填制的凭证。(　　)

12. 会计凭证必须合法地取得、正确地填制和审核,它是会计核算工作的起点,也是会计核算工作的终点。(　　)

13. 原始凭证是在经济业务发生或完成时取得或填制的,特殊情况下,也可以先发生经济业务,后追加或填制原始凭证。(　　)

14. 原始凭证有错误的,应当由出具单位重开或更正,更正处应加盖出具单位印章。原始凭证金额有错误的,应当由出具单位重开,不得在原始凭证上更正。(　　)

15. 记账凭证账务处理程序是指对发生的经济业务事项,都要根据原始凭证编制记账凭证,然后直接根据记账凭证逐笔登记总分类账的一种账务处理程序。(　　)

四、名词解释题

1. 会计凭证
2. 原始凭证
3. 累计凭证
4. 记账凭证
5. 转账凭证
6. 复式记账凭证

五、简答题

1. 什么是原始凭证？原始凭证审核的主要内容包括哪些？
2. 什么是记账凭证？记账凭证审核的主要内容包括哪些？

第八章 会计账簿

一、单项选择题

1. 下列账簿中，一般采用活页账形式的是（　　）。

A. 日记账　　B. 总分类账

C. 明细分类账　　D. 备查账

2. 总分类账一般采用的账页格式为（　　）。

A. 两栏式　　B. 三栏式

C. 多栏式　　D. 数量金额式

3. 将账簿划分为序时账簿、分类账簿和备查账簿的依据是（　　）。

A. 账簿的用途　　B. 账页的格式

C. 账簿的外形特征　　D. 账簿的性质

4. 在结账前发现账簿记录有文字或数字错误，而记账凭证没有错误应采用（　　）。

A. 划线更正法　　B. 红字更正法

C. 补充登记法　　D. 平行登记法

5. 会计账簿暂由本单位财务会计部门保管（　　），期满之后，由财务会计部门编造清册移交本单位的档案部门保管。

A. 1年　　B. 3年

C. 5年　　D. 10年

6. 卡片账一般在（　　）时采用。

A. 无形资产总分类核算　　B. 固定资产明细分类核算

C. 原材料总分类核算　　D. 原材料明细分类核算

7. 下列既可以作为登记总账依据，又可以作为登记明细账依据的是（　　）。

A. 记账凭证　　B. 汇总记账凭证

C. 原始凭证　　D. 汇总原始凭证

8. 对全部经济业务事项按照会计要素的具体类别而设置的分类账户进行登记的账簿称为（　　）。

A. 备查账簿　　B. 序时账簿

C. 分类账簿　　D. 三栏式账簿

9. 错账更正时，划线更正法的适用范围是（　　）。

A. 记账凭证中会计科目或借贷方向错误，导致账簿记录错误

B. 记账凭证正确，登记账簿时发生文字或数字错误

C. 记账凭证中会计科目或借贷方向正确，所记金额大于应记金额，导致账簿记录错误

D. 记账凭证中会计科目或借贷方向正确，所记金额小于应记金额，导致账簿记录错误

10. 下列对账工作中属于账实核对的是(　　)。

A. 银行存款日记账与银行对账单核对

B. 总分类账与所属明细分类账核对

C. 会计部门的财产物资明细账与财产物资保管部门的有关明细账核对

D. 总分类账与日记账核对

11. 在登记账簿过程中，每一账页的最后一行及下一页第一行都要办理转页手续，是为了(　　)。

A. 便于查账　　B. 防止遗漏

C. 防止隔页　　D. 保持记录的连续性

12. 下列各账簿中，必须逐日逐笔登记的是(　　)。

A. 库存现金总账　　B. 银行存款日记账

C. 应收账款明细账　　D. 应付票据

13. 对账时，账账核对不包括(　　)。

A. 总账有关账户的余额核对

B. 总账与明细账之间的核对

C. 总账与备查簿之间的核对

D. 总账与日记账的核对

14. 账簿分为序时账簿、分类账簿和备查账簿的依据是(　　)。

A. 账簿的登记方式　　B. 账簿的用途

C. 账簿登记的内容　　D. 账簿的外表形式

15. 登记账簿的直接依据是(　　)。

A. 经济业务　　B. 原始凭证

C. 会计报表　　D. 记账凭证

16. 卡片式账簿可用于(　　)。

A. 总账　　B. 日记账

C. 固定资产明细账　　D. 应收账款明细账

17. 按用途分类，现金日记账属于(　　)。

A. 特种日记账　　B. 分类账簿

C. 联合账簿　　D. 普通日记账

18. “调入固定资产登记簿”按用途分类，属于(　　)。

A. 序时账簿　　B. 分类账簿

C. 联合账簿　　D. 备查账簿

19. 总分类账常采用(　　)。

A. 订本式账簿　　B. 活页式账簿

C. 卡片式账簿　　D. 活页式或卡片式账簿

20. 手工记账方式下，需要采用订本式账簿的是(　　)。

A. 材料明细账　　B. 管理费用明细账
C. 固定资产明细账　　D. 总分类账

21. 下列账簿中,属于联合账簿的是(　　)。
A. 备查账簿　　B. 日记总账
C. 普通日记账　　D. 特种日记账

22. 通用日记账按用途分类属于(　　)。
A. 序时账簿　　B. 分类账簿
C. 联合账簿　　D. 备查账簿

23. 现金日记账格式一般采用(　　)。
A. 多栏式　　B. 三栏式
C. 数量金额式　　D. 两栏式

24. 对于借方多栏式明细账,平时的贷方发生额,应该(　　)。
A. 用蓝数字在借方栏中登记　　B. 用红数字在借方栏中登记
C. 用蓝数字在贷方栏中登记　　D. 用红数字在贷方栏中登记

25. 目前实际工作中使用的现金日记账属于(　　)。
A. 特种日记账　　B. 普通日记账
C. 专栏日记账　　D. 分录簿

26. 银行存款日记账与银行对账单的核对,属于(　　)。
A. 账账核对　　B. 账实核对
C. 账证核对　　D. 账表核对

27."生产成本"账户的明细分类核算应采用(　　)。
A. 三栏式明细账　　B. 数量金额式明细账
C. 多栏式明细账　　D. 联合式明细账

28. 原材料明细账的账页格式一般采用(　　)。
A. 三栏式　　B. 多栏式
C. 数量金额式　　D. 活页式

29. 企业总分类账采用何种格式取决于(　　)。
A. 记账方法和会计核算形式　　B. 核算工作量的大小
C. 记账凭证的种类　　D. 会计报表的编制要求

30. 下列经济业务中,一般需要在借方多栏式明细账中登记的是(　　)。
A. 产品销售收入　　B. 本年利润的形成
C. 生产成本的发生　　D. 应收账款的收回

31."应收账款"明细分类账的账页格式一般采用(　　)。
A. 数量金额式　　B. 三栏式
C. 借方多栏式　　D. 贷方多栏式

32. 记账以后,发现据以登账的记账凭证中将 800 元误写为 8 000 元,应采用更正错误的方法是(　　)。
A. 红字更正法　　B. 补充登记法
C. 差额计算法　　D. 划线更正法

33. 记账后，发现记账凭证中应借应贷符号或科目有错误时，应采用的更正方法有(　　)。

A. 划线更正法　　B. 红字更正法

C. 补充登记法　　D. 涂改法

34. 记账以后，发现记账凭证中将 9 000 元误记为 900 元，应采用更正错账的方法是(　　)。

A. 红字更正法　　B. 补充登记法

C. 差额调整法　　D. 划线更正法

35. 简单地说，对账就是(　　)。

A. 各种账簿之间的核对　　B. 总账与明细账之间的核对

C. 账簿与账表之间的核对　　D. 对账簿记录的核对

36. 年终结账后，可以连续使用，不必每年更换的账簿是(　　)。

A. 固定资产总账　　B. 固定资产明细账

C. 现金总账　　D. 现金日记账

37. 下列账簿中，可以在新的会计年度继续使用的是(　　)。

A. 日记账　　B. 总账

C. 明细账　　D. 固定资产卡片账

38. 在结账前，某记账人员将记账凭证贷记应付账款的金额 26 000 元错记为 2 600 元，更正时应采用(　　)。

A. 红字冲销法　　B. 划线更正法

C. 补充登记法　　D. 消除字迹法

39. 下列明细账户中，可以采用数量金额式明细分类账的是(　　)。

A. 库存商品明细分类账　　B. 应付账款明细分类账

C. 管理费用　　D. 现金日记账

40. 对总分类账格式和登记方法的错误要求是(　　)。

A. 总分类账最常用的格式是三栏式，也可采用多栏式

B. 总分类账可以不采用订本账

C. 总分类账应该按照总分类账户分类登记

D. 总分类账的登记方法取决于单位、企业采用的账务处理程序

41. 账页是账簿用来记录具体经济业务的载体，其格式因记录经济业务内容的不同而有所不同。下列不属于账页基本内容是(　　)。

A. 登账日期栏　　B. 账簿编号和账簿页数

C. 凭证种类和号数栏　　D. 总账页次和分账页次

42. 下列关于会计账簿保管不正确的做法是(　　)。

A. 启用账簿时，要填写账簿启用及交换表，并在经管人员处签名盖章

B. 为明确会计人员责任，登记某种账簿的人员，不必对该账簿的保管负责，应由保管会计档案的人员负责

C. 每日登记账簿，注意书写整齐清洁，不得涂污，避免账页破损，保护账本完整

D. 按有关规定使用账簿，账簿不得外借

43. 下列表述中不正确的是(　　)。

A. 每一账页登记完毕结转下页时,应当结出本页合计数及余额,写在本页最后一行和下页第一行有关栏内,并在摘要栏内注明“过次页”和“承前页”字样

B. 对不需要按月结计本期发生额的账户,需要随时结出余额

C. 总账账户平常只需要结出月末余额

D. 年度终了结账时,有余额的账户,需要做凭证将其余额结转下年

44. 下面关于会计账簿的更换叙述不准确的是(　　)。

A. 新账簿建立登记完毕,要进行账账核对,并要与上年度财务报表的所有数据资料完全核对一致

B. 在建立新账前,要对原有各种账簿的账户进行“年结”、注明“结转下年余额”

C. 建立新账时,在新账簿扉页要填写单位名称、开始启用日期、页数、账簿目录等,并由记账人员签章

D. 财产物资明细账和债权债务明细账,由于材料品种、规格和往来单位较多,因此,可以跨年度使用,不必每年更换一次

45. 会计账簿可按不同的标准进行分类。下列属于按用途划分的账簿类别是(　　)。

A. 数量金额式账　　B. 明细账簿

C. 订本账　　D. 序时账簿

46. 关于日记账的格式和登记方法表述不够准确的是(　　)。

A. 日记账是按照经济业务发生或完成时间先后顺序逐日逐笔进行登记的账簿

B. 设置日记账的目的是监督出纳人员是否将各项收支准确地进行了账务处理,以防止差错和舞弊行为的发生

C. 为了保证现金日记账的安全和完整,无论采用三栏式还是多栏式现金日记账,都必须使用订本账

D. 现金日记账是用来核算和监督库存现金每天的收入、支出和结存情况的账簿

47. 登记会计账簿,其基本的会计记账规则是依据(　　)。

A. 签章齐全的会计凭证　　B. 填制完整的记账凭证

C. 审核无误的原始凭证　　D. 审核无误的会计凭证

48. 下列不宜采用三栏式账页格式的明细账是(　　)。

A. 应收账款明细账　　B. 应付账款明细账

C. 短期借款明细账　　D. 生产成本明细账

49. “主营业务收入”明细分类账账页格式适合采用(　　)。

A. 三栏式　　B. 贷方多栏式

C. 借方多栏式　　D. 数量金额式

50. 下列各项中,属于账实核对的是(　　)。

A. 银行存款日记账与银行对账单核对

B. 银行存款日记账与银行存款总账核对

C. 银行存款日记账与银行存款付款凭证核对

D. 银行存款日记账与银行存款余额调节表核对

51. 下列账簿中,各单位都须设置的是(　　)。

A. 租入固定资产登记簿　　B. 材料明细账
C. 现金日记账　　D. 生产成本明细账

52. 租入固定资产登记簿属于(　　)。
A. 备查账簿　　B. 分类账簿
C. 序时账簿　　D. 联合账簿

53. 现金日记账借方的登记依据可能是(　　)。
A. 转账凭证　　B. 现金付款凭证
C. 银行存款收款凭证　　D. 银行存款付款凭证

54. 总分类账户与明细分类账户的区别在于(　　)。
A. 登记账簿的原始凭证不同　　B. 登记账簿的记账凭证不同
C. 反映经济内容的详细程度不同　　D. 反映经济业务的内容不同

55. 根据记账凭证登记账簿后，发现记账凭证的记账符号错误，应采取的更正方法是(　　)。
A. 划线更正法　　B. 红字更正法
C. 补充登记法　　D. 蓝字更正法

56. 各种会计核算形式的区别主要表现在(　　)。
A. 记账凭证的设置不同　　B. 编制会计报表的依据不同
C. 登记总分类账的依据和方法不同　　D. 登记明细分类账的依据和方法不同

57. 从银行提取现金的业务，登记现金日记账的依据是(　　)。
A. 转账凭证　　B. 现金收款凭证
C. 银行存款付款凭证　　D. 银行存款付款凭证和现金收款凭证

58. 出租固定资产登记簿属于(　　)。
A. 序时账簿　　B. 分类账簿
C. 联合账簿　　D. 备查账簿

59. 下列各项中，不属于对账工作内容的是(　　)。
A. 账证核对　　B. 账账核对
C. 账实核对　　D. 账表核对

60.“库存商品”明细分类账的格式一般是(　　)。
A. 三栏式　　B. 数量金额式
C. 多栏式　　D. 订本式

61. 登账后发现记账凭证所填金额小于应填金额，假定无其他错误，应采用的更正方法是(　　)。
A. 划线更正法　　B. 红字更正法
C. 补充登记法　　D. 直接冲销法

62. 年终结账后，可以不必每年更换新账的账簿是(　　)。
A. 原材料明细账　　B. 原材料总账
C. 现金日记账　　D. 固定资产明细账

二、多项选择题

1. 对账的内容一般包括(　　)。

A. 账证核对　　B. 账账核对
C. 账实核对　　D. 账表核对
E. 数量核对

2. 数量金额式账簿的收入、发出和结存三大栏内,都分设(　　)三个小栏。
A. 数量　　B. 种类
C. 单价　　D. 金额
E. 规格

3. 银行存款日记账可以采用的账页格式有(　　)。
A. 三栏式　　B. 多栏式
C. 数量金额式　　D. 横线登记式
E. 二栏式

4. 必须采用订本账的有(　　)。
A. 总分类账　　B. 明细分类账
C. 库存现金日记账　　D. 银行存款日记账
E. 备查账

5. 下列内容中,属于结账工作的有(　　)。
A. 结算有关账户的本期发生额及期末余额
B. 编制试算平衡表
C. 清点库存现金
D. 按照权责发生制对有关账项进行调整
E. 将年末余额结转至下年

6. 明细分类账可以采用的账页格式有(　　)。
A. 三栏式　　B. 多栏式
C. 数量金额式　　D. 横线登记式
E. 二栏式

7. 会计账簿按经济用途的不同,可以分为(　　)。
A. 序时账簿　　B. 分类账簿
C. 联合账簿　　D. 备查账簿
E. 卡片账

8. 下列应逐日逐笔登记明细账的有(　　)。
A. 原材料　　B. 应收账款
C. 应付账款　　D. 管理费用
E. 生产成本

9. 下列不符合登记账簿要求的有(　　)。
A. 为防止篡改,文字书写要占满格
B. 数字书写一般要占格距的 1/2
C. 将登记中不慎出现的空页划线注销
D. 根据红字冲账的记账凭证,用红字冲销错误记录
E. 本月合计金额前加人民币符号

10. 账簿按其用途可以分为(　　)

A. 订本账簿　　B. 活页账簿
C. 序时账簿　　D. 分类账簿
E. 备查账簿

11. 会计账簿按用途分类,可以分为(　　)。

A. 序时账簿　　B. 分类账簿
C. 订本账簿　　D. 联合账簿
E. 备查账簿

12."租入固定资产登记簿"属于(　　)。

A. 分类账簿　　B. 联合账簿
C. 备查账簿　　D. 卡片式账簿
E. 可以是活页账

13. 会计账簿可以按照不同的标志分为不同的类别,以下属于会计账簿标志的(　　)。

A. 会计账簿的用途　　B. 会计账簿的账页格式
C. 会计账簿的厚度　　D. 会计账簿的外形特征
E. 会计账簿的颜色

14. 三栏式现金日记账"收入"栏登记的依据有(　　)。

A. 现金收款凭证　　B. 现金付款凭证
C. 银行存款收款凭证　　D. 银行存款付款凭证
E. 转账凭证

15. 下列账簿中,应当由出纳人员登记的是(　　)。

A. 总分类账　　B. 明细分类账
C. 现金日记账　　D. 银行存款日记账
E. 卡片式账

16. 特种日记账可采用的格式有(　　)。

A. 三栏式　　B. 多栏式
C. 数量金额式　　D. 日记总账式
E. 凭证式

17. 下列账簿中可以采用多栏式账页格式的是(　　)。

A. 总账　　B. 日记账
C. 材料明细账　　D. 物资采购明细账
E. 主营业务收入明细账

18. 借方多栏式明细分类账的账页格式适用于(　　)。

A."生产成本"账户　　B."营业外收入"账户
C."营业外支出"账户　　D."材料采购"账户
E."应收账款"账户

19. 会计上允许使用的更正错账的方法(　　)。

A. 划线更正法　　B. 红字更正法
C. 补充登记法　　D. 用涂改修正

E. 刮擦挖补

20. 在账簿记录中,能用红色墨水书写的有(　　)。

A. 结账　B. 改错

C. 表明已过账　D. 冲销账簿记录

E. 注销空行、空页

21. 年终结账后,应当更换新账的有(　　)。

A. 总账　B. 日记账

C. 固定资产明细账(卡片)　D. 数量金额式明细分类账

E. 三栏式明细分类账

22. 下列账户中,其所属明细账账页格式采用贷方多栏式的有(　　)。

A."应收账款"　B."主营业务收入"

C."营业外收入"　D."库存商品"

E."生产成本"

23. 下列账户的明细分类账应采用三栏式格式的有(　　)。

A."材料采购"　B."应收账款"

C."应付账款"　D."预收账款"

E."营业外支出"

24. 下列账户的明细分类账的账页格式适宜采用借方多栏式的有(　　)。

A."材料采购"账户　B."生产成本"账户

C."制造费用"账户　D."营业外支出"账户

E."管理费用"账户

25. 下列关于产品成本明细账的表述中,正确的有(　　)。

A. 按成本计算对象设账

B. 按成本项目设专栏或专行

C. 账页采用借方多栏式格式

D. 期末借方余额表示期末在产品成本

E. 借方登记本期发生的生产费用

26. 年度结束后,对于会计账簿的保管应做到(　　)。

A. 装订成册　B. 加上封皮

C. 统一编号　D. 归档保管

E. 必须由出纳员保管

27. 为了保证账簿记录的正确性,会计账簿的登记必须遵循记账规则。下列项目符合会计账簿记账规则要求的是(　　)。

A. 准确完整,登记会计账簿时做到数字准确、摘要清楚、登记及时、字迹工整

B. 账簿中书写的文字和数字上面要留有适当空格,一般应占格距的 2/3

C. 顺序连续登记,记账时,必须按账户页次逐页逐行登记,不得隔页、跳行

D. 只有冲销错账的时候可以用红色墨水记账

E. 需要结出余额的账户,应在"借或贷"栏注明余额方向

三、判断题

1. 每一账页登记完毕结转下页时，应当结出本页合计数及余额，写在本页最后一行和下页第一行有关栏内，并在摘要栏内注明“过次页”和“承前页”字样。（　）

2. 费用明细账一般均采用三栏式账簿。（　）

3. 对需要按月进行月结的账簿，结账时，应在“本月合计”字样下面通栏划单红线，而不是划双红线。（　）

4. 补充登记法一般适用于记账凭证所记会计科目无误，只是所记金额大于应记金额，从而引起的记账错误。（　）

5. 总分类账户平时不必每日结出余额，只需每月结出月末余额。（　）

6. 库存现金日记账的账页格式均为三栏式，而且必须使用订本账。（　）

7. 备查账簿不必每年更换新账，可以连续使用。（　）

8. 年度终了，各种账户在结转下年、建立新账后，一般都要把旧账送交主办会计集中统一管理。（　）

9. 各种日记账、总账以及资本、债权债务明细账都可采用三栏式账簿。（　）

10. 账簿只是一个外在形式，账户才是它的真实内容。账簿与账户的关系是形式和内容的关系。（　）

11. 年度终了，各种账簿都应当换新账，以便正确划分会计期间。（　）

12. 现金和银行存款日记账月末结账时一般只需在最后一笔业务下通栏划单红线即可。（　）

13. 明细分类账是根据二级账户或实际情况开设账页，它对总分类账起补充说明的作用，一般设有三栏式、多栏式和数量金额式等多种格式。（　）

14. 银行存款日记账与开户银行转来的对账单不一致，属于未达账项的，应通过编制的银行存款余额调节表为依据编制记账凭证。（　）

15. 根据“清查结果报告表”、“盘点报告表”等已经查实的数据资料，编制记账凭证，记入有关账簿，使账簿记录与实际盘存数相符，同时将处理建议报会计机构负责人（会计主管人员）审批。（　）

16. 现金收付业务较少的单位，可以用现金总账代替现金日记账，也可用其他方法代替现金日记账，以简化核算。（　）

17. 记账以后发现原记账凭证中的会计科目是错误的，且所记金额小于应记金额，更正时应采用补充登记法。（　）

18. 总分类账户是根据明细分类科目设置的，用来对会计要素具体内容进行总括分类核算的账户。（　）

19. 总分类账户和明细分类账户主要区别是登记的原始依据和详细程度不同。（　）

四、名词解释题

1. 序时账簿

2. 分类账簿

3. 结账

4. 对账

五、业务计算题

1. 总分类账与明细分类账的平行登记。某企业某月发生下列经济业务：

(1)用银行存款支付行政管理部门的办公费 300 元。

(2)经批准，将盘盈材料 450 元，冲减管理费用。

(3)用现金支付离退休人员的工资 900 元。

(4)计提本月行政管理部门使用的固定资产的折旧 320 元。

(5)月末，结转本月发生的管理费用。

要求：

(1)根据上述业务编制记账凭证(即会计分录)，指明记账凭证的种类。

(2)根据记账凭证登记管理费用总分类账(见表 8.1)和明细分类账(见表 8.2)，并结账。

表 8.1 总分类账

会计科目：管理费用

年		凭证		摘要	借方		贷方		借或贷	余额
月	日	种类	编号		金额	对方科目	金额	对方科目		
(略)	(略)		(略)							

表 8.2 多栏式明细分类账

年		凭证		摘要	借方						贷方	余额
月	日	种类	编号		工资	办公费	折旧费	材料、产成品盘亏及毁损	其他	合计		

2. A 公司属于工业企业，为增值税一般纳税人。该公司会计人员在结账前进行对账时，发现如下错账(会计分录中的金额单位为万元)：

(1)存出投资款 200 万元购买乙公司股票作为短期投资，买价中包含 10 万元已宣告未发放的现金股利。编制的会计分录为：

借：交易性金融资产　　200

　　贷：银行存款　　200

(2)销售商品一批，增值税专用发票上注明售价 200 万元，增值税 34 万元。款项已收到存入银行。编制的会计分录为：

借:银行存款　　23.4

　　贷:主营业务收入　　20

　　应交税费——应交增值税(销项税额)　　3.4

(3)以银行存款支付广告费 40 万元。编制的会计分录为:

借:销售费用　　40

　　贷:银行存款　　40

A 公司登记账簿时,在"销售费用"和"银行存款"账户登记的金额为 4 万元。

要求:指出对上述错账应采用何种更正方法,分别编制错账更正会计分录。("应交税费"科目要求写出明细科目及专栏名称,答案中的金额单位用万元表示。)

3. 东方公司会计人员在结账前进行对账时,发现企业所做的账务处理如下:

(1)按照工程的完工进度结算建造固定资产的工程价款 40 000 元,款项以银行存款支付,编制的会计分录为:

借:在建工程　　40 000

　　贷:银行存款　　40 000

(2)用银行存款预付建造固定资产的工程价款 60 000 元,编制的会计分录为:

借:在建工程　　60 000

　　贷:银行存款　　60 000

在过账时,"在建工程"账户记录为 45 000 元。

(3)用现金支付职工生活困难补助 7 000 元,编制的会计分录为:

借:管理费用　　7 000

　　贷:库存现金　　7 000

(4)计提车间生产用固定资产折旧 45 000 元,编制的会计分录为:

借:制造费用　　45 000

　　贷:累计折旧　　45 000

(5)用现金支付工人工资 65 000 元,编制的会计分录为:

借:应付职工薪酬　　65 000

　　贷:库存现金　　65 000

要求:指出上述企业原账务处理是否正确。如果错误,指明应采用何种更正方法,并编制错账更正的会计分录。

第九章　财 产 清 查

一、单项选择题

1. 库存现金盘点时发现短缺，则应借记的会计科目是（　　）。

A. 库存现金　　B. 其他应付款
C. 待处理财产损溢　　D. 其他应收款

2. 库存现金清查盘点时，（　　）必须在场。

A. 记账人员　　B. 出纳人员
C. 单位领导　　D. 会计主管

3. 出纳人员发生变动时，应对其保管的库存现金进行清查，这种财产清查属于（　　）。

A. 全面清查和定期清查　　B. 局部清查和不定期清查
C. 全面清查和不定期清查　　D. 局部清查和定期清查

4. 在企业与银行双方记账无误的情况下，银行存款日记账与银行对账单余额不一致是由于有（　　）存在。

A. 应收账款　　B. 应付账款
C. 未达账项　　D. 其他货币资金

5. 某企业仓库本期期末盘亏原材料原因已经查明，属于自然损耗，经批准后，会计人员应编制的会计分录为（　　）。

A. 借:待处理财产损溢
　　贷:原材料
B. 借:待处理财产损溢
　　贷:管理费用
C. 借:管理费用
　　贷:待处理财产损溢
D. 借:营业外支出
　　贷:待处理财产损溢

6. 某企业在遭受洪灾后，对其受损的财产物资进行的清查，属于（　　）。

A. 局部清查和定期清查
B. 全面清查和定期清查
C. 局部清查和不定期清查
D. 全面清查和不定期清查

7. 库存现金清查中对无法查明原因的长款，经批准应计入(　　)。

A. 其他应收款　　B. 其他应付款

C. 营业外收入　　D. 管理费用

8. 对盘亏的固定资产净损失经批准后可计入(　　)账户的借方。

A. 制造费用　　B. 生产成本

C. 营业外支出　　D. 管理费用

9."待处理财产损溢"账户未转销的借方余额表示(　　)。

A. 等待处理的财产盘盈

B. 等待处理的财产盘亏

C. 尚待批准处理的财产盘盈数大于尚待批准处理的财产盘亏和毁损数的差额

D. 尚待批准处理的财产盘盈数小于尚待批准处理的财产盘亏和毁损数的差额

10. 在财产清查中发现盘亏一台设备，其账面原值为 80 000 元，已提折旧 20 000 元，则该企业记入"待处理财产损溢"账户的金额为(　　)元。

A. 80 000　　B. 20 000

C. 60 000　　D. 100 000

11. 下列记录可以作为调整账面数字的原始凭证的是(　　)。

A. 盘存单　　B. 实存账存对比表

C. 银行存款余额调节表　　D. 往来款项对账单

12. 一般来说，在企业撤销、合并和改变隶属关系时，应对财产进行(　　)。

A. 全面清查　　B. 局部清查

C. 实地盘点　　D. 定期清查

13. 现金盘点后，据以填制现金溢缺记账凭证的原始凭证是(　　)。

A. 现金收入日报表　　B. 现金盘点报告表

C. 现金支出日报表　　D. 盘存单

14. 对库存现金进行清查的方法是(　　)。

A. 账证核对　　B. 账账核对

C. 实地盘点　　D. 账面核对

15. 银行存款余额调节表(　　)。

A. 只起对账的作用　　B. 是调节账面余额的凭证

C. 是登记银行存款日记账的依据　　D. 属于自制原始凭证

16. 企业常采用的盘存制度为(　　)。

A. 永续盘存制　　B. 实地盘存制

C. 实收实付制　　D. 权责发生制

17. 对各种结算往来款项的清查一般采用(　　)。

A. 实地盘点法　　B. 技术推算法

C. 函证核对法　　D. 余额调节法

18. 盘存表是一张反映企业财产物资实有数的(　　)。

A. 外来原始凭证　　B. 自制原始凭证

C. 记账凭证　　D. 转账凭证

19. 对于未达账项进行账务处理的时间是(　　)。

A. 收到银行转来对账单　　B. 银行存款余额调节表编制完毕

C. 待收到相关原始凭证　　D. 银行存款余额调节表编制前

20."待处理财产损溢"账户期末如有借方余额,该余额属于(　　)。

A. 资产　　B. 负债

C. 所有者权益　　D. 损益

21. 盘亏及毁损的财产物资数额中,属于责任者个人赔偿的,应借记的科目是(　　)。

A. 营业外支出　　B. 管理费用

C. 其他应收款　　D. 坏账准备

22. 下列业务不需要通过"待处理财产损溢"科目核算的是(　　)。

A. 固定资产盘盈　　B. 无法收回的应收账款

C. 材料盘亏　　D. 产成品丢失

23. 根据账产清查结果调整账簿记录的主要目的是(　　)。

A. 改正错账　　B. 账实相符

C. 明确经济责任　　D. 编制会计报表

24. 库存材料清查后发现盘盈,经过批准后应(　　)。

A. 计入其他业务收入　　B. 计入营业外收入

C. 冲减管理费用　　D. 冲减销售费用

25. 企业对于已记入"待处理财产损溢"科目的存货盘亏及毁损事项进行会计处理时,应计入管理费用的是(　　)。

A. 管理不善造成的存货净损失　　B. 自然灾害造成的存货净损失

C. 应由保险公司赔偿的存货损失　　D. 应由过失人赔偿的存货损失

26. 一般来说,单位撤销合并或改变隶属关系时,要进行(　　)。

A. 全面清查　　B. 局部清查

C. 定期清查　　D. 技术推算盘点

27. 关于"银行存款余额调节表",下列说法正确的是(　　)。

A. 企业可根据"银行存款余额调节表"调整账簿

B."银行存款余额调节表"是重要的原始凭证

C."银行存款余额调节表"调节后的余额是企业可以动用的实际存款数

D."银行存款余额调节表"调节平衡后,说明企业与银行双方记账均无错误

28. 银行存款的清查方法是(　　)。

A. 日记账与总账核对　　B. 日记账与收付款凭证核对

C. 日记账与银行对账单核对　　D. 总账与收付款凭证核对

29. 企业提取坏账准备金,是依据(　　)的要求。

A. 实质重于形式　　B. 可比性

C. 谨慎性　　D. 重要性

30. 加强财产清查工作,充分发挥会计监督作用的重要意义不应包括(　　)。

A. 通过财产清查,可以保护财产的安全完整

B. 通过财产清查,确保会计核算资料的真实可靠

C. 通过财产清查,可以防止和打击各种腐败行为,确护国家财产不受侵犯

D. 通过财产清查,可以挖掘财产物资潜力,促进财产物资的有效使用

31. 企业在遭受自然灾害后,对其受损的财产物资进行的清查,属于(　　)。

A. 局部清查和定期清查　　B. 全面清查和定期清查

C. 全面清查和不定期清查　　D. 局部清查和不定期清查

32. 在实地盘存制下,甲材料期初结存成本为 2 000 元,本期购进材料成本为 5 000 元,期末盘存材料成本为 4 000 元,本期发出材料成本为(　　)。

A. 2 000 元　　B. 3 000 元

C. 4 000 元　　D. 6 000 元

33. 结账前,发现账簿记录的金额少记,而记账凭证无误,应采用(　　)。

A. 划线更正法　　B. 补充登记法

C. 红字更正法　　D. 核对账单法

34. 由于自然灾害造成的流动资产损失应借记的账户是(　　)。

A."管理费用"　　B."其他应收款"

C."营业外支出"　　D."生产成本"

35. 在年度决算前,为了确保年终会计资料真实、正确,需要进行(　　)。

A. 财产的重点抽查　　B. 财产的全面清查

C. 财产的临时清查　　D. 财产的账面清查

36. 现金盘点结束后应编制(　　)。

A. 现金对账单　　B. 现金盘存单

C. 现金实存账存对比表　　D. 现金盘点报告表

37. 实地盘存制与永续盘存制相比,其优点是(　　)。

A. 可随时结出账面结存数　　B. 简化日常核算工作

C. 有利于强化存货控制与监督　　D. 减少盘存工作量

38. 年终结账后,可以不必每年更换新账的账簿是(　　)。

A. 原材料明细账　　B. 原材料总账

C. 现金日记账　　D. 固定资产明细账

二、多项选择题

1. 以下情况中可能造成账实不符的有(　　)。

A. 财产收发计量或检验不准　　B. 管理不善

C. 未达账项　　D. 账簿记录发生差错

E. 贪污挪用

2. 财产清查按清查范围可分为(　　)。

A. 定期清查　　B. 不定期清查

C. 全面清查　　D. 局部清查

E. 重点清查

3. 使企业银行存款日记账的余额小于银行对账单余额的未达账项有(　　)。

A. 企业已收款记账而银行尚未收款记账

B. 企业已付款记账而银行尚未付款记账

C. 银行已收款记账而企业尚未收款记账
D. 银行已付款记账而企业尚未付款记账
E. 企业已付款记账，银行也已付款记账

4. 下列业务中需要通过“待处理财产损溢”账户核算的有(　　)。
A. 库存现金丢失　　B. 原材料盘亏
C. 发现账外固定资产　　D. 应收账款无法收回
E. 无法收回的应收账款

5. 由于仓库保管员变动对其保管的全部存货进行盘点属于(　　)。
A. 定期清查　　B. 不定期清查
C. 全面清查　　D. 局部清查
E. 数量清查

6. 下列记录中可以作为调整账面数字的原始凭证有(　　)。
A. 盘存单　　B. 实存账存对比表
C. 银行存款余额调节表　　D. 库存现金盘点报告表
E. 明细账

7. 银行存款日记账余额与银行对账单余额不一致，原因可能有(　　)。
A. 银行存款日记账有误　　B. 银行记账有误
C. 存在未达账项　　D. 存在企业与银行均未付的款项
E. 存在企业与银行均未收的款项

8. 下列经济业务中，应记入“待处理财产损溢”账户借方的是(　　)。
A. 盘盈固定资产　　B. 盘亏固定资产
C. 发生坏账损失　　D. 结转已批准处理的固定资产盘盈数额
E. 结转已批准处理的固定资产盘亏数额

9. 企业的库存材料发生盘亏、毁损，应先记入“待处理财产损溢”科目，待查明原因后分别记入(　　)。
A.“管理费用”科目　　B.“营业外支出”科目
C.“财务费用”科目　　D.“制造费用”科目
E.“其他应收款”科目

10. 财产清查有许多分类方法，主要包括(　　)。
A. 按财产清查的方法，分为实地盘存法和技术推算法
B. 按财产清查的时间，分为定期清查和不定期清查
C. 按财产清查的内容，分为重点项目清查和一般项目清查
D. 按财产清查的范围，分为全面清查和局部清查
E. 按清查重点，分为重点清查和非重点清查

11. 下列项目中，属于财产物资盘点方法的有(　　)。
A. 实地盘点法　　B. 永续盘存制
C. 核对账目　　D. 技术推算盘点法
E. 实地盘存制

12. 下列各项中，采用核对账目方法确定其实有数额的是(　　)。

A. 现金　　B. 材料
C. 银行存款　　D. 固定资产
E. 往来款项

13. 下列关于“银行存款余额调节表”的表述中，正确的有(　　)。
A. 属于原始凭证　　B. 只起对账的作用
C. 可据以调整银行存款日记账的记录　　D. 编制的目的是检查账簿记录的正确性
E. 调整后的余额相等，说明双方记账正确无误

三、判断题

1. 企业的银行存款日记账与银行对账单所记的内容是相同的，都是反映企业银行存款的增减变动情况。(　　)

2. 全面清查是对企业所有财产物资进行全面的盘点和核对，包括各种在途材料，委托外单位加工、保管的材料。(　　)

3. 对应付账款应采用询证核对法进行清查。(　　)

4. 盘点实物时，发现账面数大于实存数，即为盘盈。(　　)

5. 实物盘点后，应根据“实存账存对比表”作为调整账面余额记录的原始依据。(　　)

6. 账实不符是财产管理不善或会计人员水平不高的结果。(　　)

7. 银行存款余额调节表只是为了核对账目，并不能作为调整银行存款账面余额的原始凭证。(　　)

8. 从财产清查的对象和范围看全面清查只有在年终进行。(　　)

四、名词解释题

1. 财产清查

2. 未达账项

五、业务计算题

1. 某企业年末进行财产清查，清查结果如下：

(1)库存现金溢余 500 元，无法查明原因。

(2)盘亏材料 10 000 元，可以收回的保险赔偿和过失人赔款合计 5 000 元，剩余的净损失中有 3 000 元属于非常损失，2 000 元属于自然损耗。

(3)发现设备短缺一台，账面原价 5 000 元，已计提折旧 1 000 元。

要求：对上述业务进行账务处理(写出审批前和审批后的会计分录)。

2. 某企业 20×2 年 5 月 30 日银行存款日记账余额 238 000 元，银行对账单余额 243 000 元。经逐笔核对，发现有几笔未达账项：

(1)企业偿还 A 公司货款 25 000 元已登记入账，但银行尚未登记入账。

(2)企业收到销售商品款 35 100 元已登记入账，但银行尚未登记入账。

(3)银行已划转电费 4 900 元登记入账，但企业尚未收到付款通知单、未登记入账。

(4)银行已收到外地汇入货款 20 000 元登记入账，但企业尚未收到收款通知单，未登记入账。

要求：编制银行存款余额调节表(见表 9.1)。

表 9.1　银行存款余额调节表

20×2 年 5 月 30 日

项　目	金　额	项　目	金　额
银行存款日记账余额 加:银行已收、企业未收款 减:银行已付、企业未付款		银行对账单余额 加:企业已收、银行未收款 减:企业已付、银行未付款	
调节后余额		调节后余额	

3. 某企业 20×2 年 5 月 30 日银行存款日记账余额 476 000 元,银行对账单余额 486 000 元。经逐笔核对,发现有几笔未达账项:

(1)企业偿还 A 公司货款 50 000 元已登记入账,但银行尚未登记入账。

(2)企业收到销售商品款 70 200 元已登记入账,但银行尚未登记入账。

(3)银行已划转电费 9 800 元登记入账,但企业尚未收到付款通知单、未登记入账。

(4)银行已收到外地汇入货款 40 000 元登记入账,但企业尚未收到收款通知单、未登记入账。

要求:编制银行存款余额调节表(见表 9.2)。

表 9.2　银行存款余额调节表

20×2 年 5 月 30 日

项　目	金　额	项　目	金　额
银行存款日记账余额 加:银行已收、企业未收款 减:银行已付、企业未付款		银行对账单余额 加:企业已收、银行未收款 减:企业已付、银行未付款	
调节后余额		调节后余额	

4. 东方公司 20×2 年 8 月 31 日的银行存款日记账账面余额为 345 800 元,而银行对账单上企业存款余额为 340 800 元,经逐笔核对,发现有以下未达账项:

(1)7 月 26 日企业开出转账支票 3 000 元,持票人尚未到银行办理转账,银行尚未登账。

(2)7 月 28 日企业委托银行代收款项 4 000 元,银行已收款入账,但企业未接到银行的收款通知,因而未登记入账。

(3)7 月 29 日,企业送存购货单位签发的转账支票 10 000 元,企业已登账,银行尚未登记入账。

(4)7 月 30 日,银行代企业支付水电费 2 000 元,企业尚未接到银行的付款通知,故未登记入账。

要求:根据以上有关内容,编制“银行存款余额调节表”。

5. 某企业 20×2 年 6 月甲种材料的购、销、存情况如表 9.3 所示。

表 9.3 甲种材料的购、销、存情况

日 期	购、销、存情况	数量(件)	单价(元/件)	合计(元)
6月1日	期初结存	400	20	8 000
6月5日	第一批购进	300	22	6 600
6月8日	销售	500		
6月20日	第二批购进	600	25	15 000
6月24日	销售	280		
6月28日	第三批购进	200	26	5 200
6月30日	销售	420		

根据先进先出法,甲种材料的计价过程如表 9.4 所示。

表 9.4 原材料明细账

材料名称:甲材料

20×2年		摘 要	收 入			发 出			结 存		
月	日		数量(件)	单价(元/件)	金额(元)	数量(件)	单价(元/件)	金额(元)	数量(件)	单价(元/件)	金额(元)
6	1	月初结存	—	—	—	—	—	—	400	20	8 000
6	5	购进	300	22	6 600	—			400 300	20 22	14 600
6	8	销售	—	—	—	400 100	20 22	10 200	200	22	4 400
6	20	购进	600	25	15 000	—	—	—	200 600	22 25	19 400
6	24	销售	—	—	—	200 80	22 25	6 400	520	25	13 000
6	28	购进	200	26	5 200	—	—	—	520 200	25 26	18 200
6	30	销售	—	—	—	420	25	10 500	100 200	25 26	5 100

要求:计算发出甲材料的实际成本。

6. 某企业 20×2 年 6 月对乙种材料存货采用实地盘存制,本月乙种材料存货的资料如表 9.5所示。乙种材料存货期末实地盘点结存 280 件。

表 9.5 乙种材料存货情况

日 期	结存、购进情况	数量(件)	单价(元/件)	合计(元)
6月1日	期初结存	320	8	2 560
6月8日	购进	650	7	4 550
6月20日	购进	200	9	1 800
合 计				8 910

要求：计算发出乙材料的数量和实际成本。

7. 某企业期末进行财产清查时发现如下问题：

(1)发现现金短款 720 元，经查是由于出纳员的责任造成的。

(2)发现现金长款 1 200 元，无法查明原因。

(3)发现现金短款 220 元，经反复查对，原因不明。

(4)发现一批账外原材料 680 千克，结合同类原材料确定其总成本为 7 200 元。

(5)发现盘亏材料 1 000 元(属于责任者失职造成)，盘亏库存商品 3 100 元(属于收发计量不准确造成)。批准后，对盘亏的原材料，应由责任者赔偿，记入“其他应收款”账户；对盘亏的商品，应记入“管理费用”账户。

(6)发现盘亏机器一台，账面原值 72 000 元，已提折旧 58 000 元。

(7)发现一台账外设备，同类设备的市场价格为 20 000 元，估计六成新。

(8)应收某单位货款 100 000 元，经查确属无法收回的款项，经批准转作坏账损失。

要求：对上述业务进行批准前和批准后处理。

8. M 公司为生产加工企业，从 20×2 年初开始生产加工甲产品和乙产品。20×2 年发生部分经济业务如下：

(1)从仓库领用材料 35 000 元，其中：生产甲产品领用材料 18 000 元，生产乙产品领用材料 17 000 元。

(2)结算本月应付生产工人工资 15 000 元，按生产工时比例在甲、乙产品之间进行分配。甲、乙产品共耗用生产工时 500 小时，其中：甲产品生产工时 300 小时，乙产品生产工时 200 小时。

(3)按应付工资的 14%提取职工福利费。

(4)本期发生制造费用 8 000 元，按甲、乙产品耗用生产工时比例分配。

(5)甲产品 200 台全部完工，其生产成本总额为 33 060 元。结转已完工入库产品的实际生产成本。

(6)本期销售甲产品 180 台，开出增值税专用发票上注明的不含税单价为 210 元，该公司适用的增值税税率为 17%，价税款尚未收到。

(7)结转本期已销售甲产品 180 台的生产成本。

(8)经批准，将现金溢余 5 000 元转作营业外收入。

(9)用银行存款支付对外捐赠款 3 000 元。

(10)按照规定计算出本期应负担的产品销售税金为 1 200 元。

(11)经批准，将盘亏原材料 1 000 元的 60%转作管理费用，其余部分计入营业外支出。

(12)计算本期应交所得税(所得税税率 25%)。

(13)期末，将本期发生的主营业务收入、营业外收入结转至本年利润账户。

(14)期末，将本期发生的主营业务成本、管理费用、营业外支出、主营业务税金及附加、所得税费用结转至本年利润账户。

(15)期末，结转本期实现的净利润。

要求：根据 M 公司上述经济业务编制会计分录。

9. 星星公司采用应收账款余额百分比法提取坏账准备，提取的比例为 1%。20×1 年 12 月 1 日“应收账款”科目余额为 700 万元，“坏账准备”科目贷方余额为 7 万元。12 月发生的相关业务如下：

(1)12 月 10 日销售给新昌公司产品一批，价款为 200 万元，增值税额为 34 万元，款项 234 万元尚未收回。

(2)12 月 18 日接开户行通知，以前已核销的大庆公司账款 20 万元又重新收回。

(3)12 月 22 日经有关部门批准确认一笔坏账，金额 34 万元。

(4)12 月 26 日接开户行通知，收到上月销售给长江公司的货款 600 万元。

要求：

(1)编制 12 月 18 日收回坏账时的会计分录(金额单位用“万元”表示)。

(2)编制 12 月 22 日确认坏账的会计分录(金额单位用“万元”表示)。

(3)计算 12 月 31 日应提取的坏账准备，并编制会计分录(金额单位用“万元”表示)。

10. 新港公司采用余额百分比法对应收账款进行备抵核算，其第一年末的应收账款余额为 250 000 元，提取坏账准备的比例为 3‰；第二年客户 A 企业所欠新港公司 900 元账款已超过 3 年，确认为坏账，年末新港公司应收账款余额为 300 000 元；第三年客户 B 企业破产，所欠新港公司 2 000 元账款中有 850 元无法收回，确认为坏账，年末新港公司应收账款余额为 260 000元；第四年，A 企业所欠 900 元账款又收回，年末新港公司应收账款余额为320 000元。

要求：新港公司采用备抵法核算坏账准备，试编制各年有关计提坏账准备、发生坏账损失和收回坏账的会计分录(须列出必要的计算过程，单位：元)。

11. 甲企业采用应收账款余额百分比法核算坏账损失，坏账准备计提比例为 5‰。20×1 年 1 月 1 日，“应收账款”账户的余额为 1 000 000 元；20×1 年 12 月 31 日，“应收账款”账户的余额为 800 000 元。20×1 年度发生如下相关业务：

(1)5 月 8 日，收回 1999 年度核销的坏账 4 000 元，存入银行。

(2)11 月 9 日，因客户破产，有应收账款 2 500 元不能收回，经批准确认为坏账。

要求：

(1)编制甲企业收回已核销坏账的会计分录。

(2)编制甲企业确认坏账的会计分录。

(3)计算甲企业 20×0 年末应计提的坏账准备，并编制计提坏账准备的会计分录。

12. 甲企业采用备抵法核算坏账损失，并按应收账款年末余额的 5% 计提坏账准备。20×1年 1 月 1 日，甲企业应收账款余额为 3 000 000 元，坏账准备余额为 150 000 元。20×1 年度，甲企业发生了如下相关业务：

(1)销售商品一批，增值税专用发票上注明的价款为 5 000 000 元，增值税额为 850 000 元，货款尚未收到。

(2)因某客户破产，该客户所欠货款 10 000 元不能收回，确认为坏账损失。

(3)收回上年度已转销为坏账损失的应收账款 8 000 元并存入银行。

(4)收到某客户以前所欠的货款 4 000 000 元并存入银行。

要求：

(1)编制 20×1 年度确认坏账损失的会计分录。

(2)编制收到上年度已转销为坏账损失的应收账款的会计分录。

(3)计算 20×1 年末“坏账准备”科目余额。

(4)编制 20×1 年末计提坏账准备的会计分录。

第十章 财务会计报告

一、单项选择题

1.（　　）是指企业对外提供的反映企业某一特定日期财务状况和某一会计期间经营成果、现金流量情况的书面文件。

A. 资产负债表　　B. 利润表

C. 会计报表附注　　D. 财务会计报告

2. 在利润表上，利润总额减去（　　）后，得出净利润。

A. 管理费用　　B. 增值税

C. 营业外支出　　D. 所得税费用

3. 编制利润表主要是根据（　　）。

A. 资产、负债及所有者权益各账户的本期发生额

B. 资产、负债及所有者权益各账户的期末余额

C. 损益类各账户的本期发生额

D. 损益类各账户的期末余额

4. 下列各项中，不会影响营业利润金额增减的是（　　）。

A. 资产减值损失　　B. 财务费用

C. 投资收益　　D. 营业外收入

5. 资产负债表的下列项目中，需要根据几个总账科目的期末余额进行汇总填列的是（　　）。

A. 应付职工薪酬　　B. 短期借款

C. 货币资金　　D. 资本公积

6. 在资产负债表中，资产按照其流动性排列时，下列排列方法正确的是（　　）。

A. 存货、无形资产、货币资金、交易性金融资产

B. 交易性金融资产、存货、无形资产、货币资金

C. 无形资产、货币资金、交易性金融资产、存货

D. 货币资金、交易性金融资产、存货、无形资产

7. 某企业"应付账款"明细账期末余额情况如下："应付账款——X 企业"贷方余额为 200 000元，"应付账款——Y 企业"借方余额为 180 000 元，"应付账款——Z 企业"贷方余额为 300 000 元。假如该企业"预付账款"明细账均为借方余额。则根据以上数据计算的反映在资产负债表上"应付账款"项目的数额为（　　）元。

A. 680 000　　B. 320 000

C. 500 000　　D. 80 000

8. 编制财务报表时,以"收入－费用＝利润"这一会计等式作为编制依据的财务报表是(　　)。

A. 利润表　　B. 所有者权益变动表

C. 资产负债表　　D. 现金流量表

9."应收账款"科目所属明细科目如有贷方余额,应在资产负债表(　　)项目中反映。

A. 预付账款　　B. 预收账款

C. 应收账款　　D. 应付账款

10. 在下列各个财务报表中,属于企业对外提供的静态报表是(　　)。

A. 利润表　　B. 所有者权益变动表

C. 现金流量表　　D. 资产负债表

11. 依照我国的会计准则,资产负债表采用的格式为(　　)。

A. 单步报告式　　B. 多步报告式

C. 账户式　　D. 混合式

12. 依照我国的会计准则,利润表采用的格式为(　　)。

A. 单步式　　B. 多步式

C. 账户式　　D. 混合式

13. 按照会计报表编报会计主体的编制不同,会计报表可以分为(　　)。

A. 对内会计报表和对外会计报表　　B. 财务状况报表和财务成果报表

C. 个别会计报表和合并会计报表　　D. 部门会计报表和地区会计报表

14. 下列属于内部会计报表的是(　　)。

A. 资产负债表　　B. 利润表

C. 利润分配表　　D. 制造费用表

15. 合并报表是由(　　)编制的。

A. 上级主管部门　　B. 财政部门

C. 被投资企业　　D. 对外投资企业

16. 会计报表编制的依据是(　　)。

A. 原始凭证　　B. 记账凭证

C. 账簿记录　　D. 汇总记账凭证

17. 资产负债表左、右两方各项目的前后顺序是按其(　　)排列的。

A. 重要性　　B. 金额大小

C. 笔画　　D. 流动性

18. 资产负债表中"应收账款"项目的填列,应根据(　　)。

A."应收账款"总账账户的期末余额

B."应收账款"总账账户所属明细账户的期末余额

C."应收账款"和"预收账款"总账账户本期借方余额的合计数

D."应收账款"和"预收账款"总账所属明细账户本期借方余额的合计数

19. 资产负债表中的"存货"项目,应根据(　　)。

A.“存货”科目的期末借方余额填列

B.“生产成本”科目的期末借方余额填列

C.“原材料”、“生产成本”和“产成品”科目的期末借方余额之和填列

D.“原材料”、“生产成本”、“产成品”和“预付账款”科目的期末借方余额之和填列

20. 下列项目中,在资产负债表中属于流动负债项目的是(　　)。

A. 专项应付款　　B. 应收账款的贷方余额

C. 应付账款的借方余额　　D. 坏账准备的借贷方余额

21. 如果“预提费用”账户期末出现借方余额,应填入资产负债表的是(　　)。

A.“预提费用”项目　　B.“待摊费用”项目

C.“其他应收款”项目　　D.“其他应付款”项目

22. 资产负债表是(　　)。

A. 总括反映企业财务状况的报表　　B. 反映企业报告期末财务状况的报表

C. 反映企业报告期间财务状况的报表　　D. 反映企业财务状况的静态报表

23. 某企业年末“应收账款”账户有一明细账借方余额为 5 000 元,另有一明细账贷方余额为 3 000 元;“预收账款”账户有一明细账借方余额为 7 000 元,另一明细账贷方余额为 8 000 元。则年末资产负债表中应收账款应填列(　　)。

A. 2 000 元　　B. 1 000 元

C. 12 000 元　　D. 11 000 元

24. 资产负债表总括反映的是企业在(　　)。

A. 一定时期的财务状况　　B. 一定时期的现金流量

C. 一定日期的财务状况　　D. 特定日期的经营状况

25. 资产负债表中资产合计大于负债与所有者权益合计表示(　　)。

A. 企业资产有其他来源　　B. 编表错误

C. 反映了企业的客观情况　　D. 存在过期不用归还的负债

26. 某企业月初资产总额 500 万元,月末资产总额 900 万元,本月增加所有者权益 100 万元,该企业本月负债增加额为(　　)。

A. 300 万元　　B. 400 万元

C. 800 万元　　D. 1 000 万元

27. 下列账户余额,可能在资产负债表中用负数填列的是(　　)。

A.“待摊费用”账户　　B.“应交税费”账户

C.“累计折旧”账户　　D.“无形资产”账户

28. 资产负债表中的“待摊费用”项目数据来源是(　　)。

A. 待摊费用科目所属明细科目期末借方余额之和

B. 待摊费用科目和预提费用科目期末借方余额之和

C. 待摊费用科目期末借方余额

D. 预提费用科目期末借方余额

29. 净利润+年初未分配利润=(　　)。

A. 利润总额　　B. 可供分配利润总额

C. 利润净额　　D. 未分配利润总额

30. 某年12月31日编制的损益表中"本月数"一栏反映了(　　)。

A. 12月31日利润或亏损的形成情况

B. 1月至12月累计利润或亏损的形成情况

C. 12月利润或亏损的形成情况

D. 第4季度利润或亏损的形成情况

31. 损益表是根据损益类账户的(　　)编制的。

A. 期初余额　　B. 期末余额

C. 本期发生额　　D. 发生额或余额

32. 资产负债表与利润分配表中金额相等的项目是(　　)。

A. 税后利润　　B. 盈余公积金

C. 未分配利润　　D. 应付利润

33. 已知某企业主营业务利润100万元,管理费用20万元,财务费用10万元,销售费用5万元,营业外收入8万元,填入利润表中的营业利润是(　　)。

A. 70万元　　B. 65万元

C. 73万元　　D. 78万元

34. 确定企业会计报表的格式及编制说明的会计法规制度是(　　)。

A. 会计法　　B. 企业会计准则

C. 企业会计制度　　D. 事业单位会计准则

35. 资产负债表的下列项目中,根据几个总账账户期末余额进行汇总填列的是(　　)。

A. 固定资产　　B. 短期借款

C. 货币资金　　D. 累计折旧

36. 利润表中的"本年累计数"是指(　　)。

A. 全年合计数　　B. 年初至年末的合计数

C. 年初至本月末的合计数　　D. 某月至本年末止的合计数

37. 下列表现资金运动静止状态的会计要素是(　　)。

A. 收入　　B. 费用

C. 利润　　D. 所有者权益

38. 企业财务会计报告由(　　)组成。

A. 财务情况说明书、会计报表附注、会计报表及相关附表

B.《企业会计制度规定》规定的相关资料

C. 固定资产使用状况情况表

D. 财务会计人员基本情况表

39. 下列各项中,正确反映资产负债表中资产项目排列顺序的是(　　)。

A. 流动资产、长期投资、固定资产、无形资产及其他资产

B. 流动资产、无形资产及其他资产、固定资产、长期投资

C. 固定资产、流动资产、无形资产及其他资产、长期投资

D. 无形资产及其他资产、长期投资、固定资产、流动资产

40. 编制资产负债表的理论依据是(　　)。

A. 复式记账　　B. 记账规则

C. 会计等式　　D. 试算平衡

41. 下列报表中，不属于对外会计报表的是（　　）。

A. 资产负债表　　B. 产品生产成本表

C. 利润表　　D. 现金流量表

42. 按照会计报表所反映的内容分类，利润表属于（　　）。

A. 财务状况报表　　B. 财务成果报表

C. 成本费用报表　　D. 对内会计报表

43. 某企业期末"在建工程"、"原材料"、"生产成本"、"库存商品"总账借方余额分别为：1 200元、3 000 元、5 000 元和 2 400 元。该企业资产负债表"存货"项目期末数为（　　）。

A. 5 400 元　　B. 6 600 元

C. 10 400 元　　D. 1 1600 元

44. 下列资产负债表项目中，根据总分类账户期末余额直接填列的项目是（　　）。

A. 实收资本　　B. 货币资金

C. 存货　　D. 应付账款

45. 构成资产负债表的会计要素是（　　）。

A. 资产、负债、收入　　B. 资产、费用、利润

C. 资产、负债、费用　　D. 资产、负债、所有者权益

二、多项选择题

1. 资产负债表中的"存货"项目反映的内容包括（　　）。

A. 发出商品　　B. 材料成本差异

C. 委托加工物资　　D. 生产成本

E. 原材料

2. 资产负债表中"应收账款"项目应根据（　　）之和减去"坏账准备"账户中有关应收账款计提的坏账准备期末余额填列。

A."应收账款"科目所属明细科目的借方余额

B."应收账款"科目所属明细科目的贷方余额

C."应付账款"科目所属明细科目的贷方余额

D."预收账款"科目所属明细科目的借方余额

E."预收账款"所属明细科目的贷方余额

3. 下列属于对财务会计报告编制要求的有（　　）。

A. 真实可靠　　B. 相关可比

C. 全面完整　　D. 便于理解

E. 编制及时

4. 下列项目中，列示在资产负债表左方的有（　　）。

A. 固定资产　　B. 无形资产

C. 非流动资产　　D. 流动资产

E. 短期借款

5. 下列等式正确的有（　　）。

A. 资产＝负债＋所有者权益

B. 营业利润＝主营业务收入＋其他业务收入－主营业务成本－其他业务成本＋投资收益＋公允价值变动收益

C. 利润总额＝营业利润＋营业外收入－营业外支出

D. 净利润＝利润总额－所得税费用

E. 收入－费用＝利润

6. 下列各项中，属于资产负债表中流动资产项目的有（　　）。

A. 货币资金　　B. 预收账款

C. 应收账款　　D. 存货

E. 预付账款

7. 利润表中的"营业成本"项目填列的依据有（　　）。

A."营业外支出"发生额　　B."主营业务成本"发生额

C."其他业务成本"发生额　　D."营业税金及附加"发生额

E. 所得税费用

8. 下列报表中，反映企业财务状况及其变动情况的报表是（　　）。

A. 资产负债表　　B. 损益表

C. 利润分配表　　D. 主营业务收支明细表

E. 现金流量表

9. 下列报表中，属于月报的有（　　）。

A. 资产负债表　　B. 损益表

C. 财务状况变动表　　D. 利润分配表

E. 商品产品成本表

10. 会计报表的作用在于为以下（　　）方面提供信息资料。

A. 投资者　　B. 债权人

C. 企业经营管理者　　D. 国家各有关部门

E. 企业内部职工

11. 按照会计报表编报会计主体不同，可以分为（　　）。

A. 对外会计报表　　B. 对内会计报表

C. 个别会计报表　　D. 合并会计报表

E. 单位会计报表和汇总会计报表

12. 下列会计报表中属于对外会计报表的是（　　）。

A. 资产负债表　　B. 利润表

C. 利润分配表　　D. 制造费用表

E. 现金流量表

13. 按照财政部统一制定的格式、编制方法编制的会计报表有（　　）。

A. 资产负债表　　B. 损益表

C. 利润分配表　　D. 商品产品成本表

E. 制造费用明细表

14. 财务报告构成（　　）。

A. 年报　　B. 半年报

C. 季报　D. 月报
E. 旬报
15. 下述项目中，应计入资产负债表“存货”项目的是(　　)。
A. 期末库存材料成本　B. 期末在产品成本
C. 期末库存产成品成本　D. 待摊费用
E. 长期待摊费用
16. 资产负债表中，“未分配利润”项目期末数的填列方法是(　　)。
A. 根据“利润分配”总账科目贷方余额直接填列
B. 根据“利润分配”明细科目贷方余额直接填列
C. 年度中间，根据“本年利润”和“利润分配”总账科目期末余额分析计算填列
D. 年末，根据“利润分配”总账科目贷方余额直接填列
E. 年末，根据“利润分配”总账科目借方余额直接填列
17. 利润表是(　　)。
A. 根据有关账户发生额编制的　B. 动态报表
C. 静态报表　D. 反映财务状况的报表
E. 反映财务成果的报表
18. 下列资产负债表项目中，可以直接根据总账科目余额填列的有(　　)。
A. 固定资产原价　B. 累计折旧
C. 应付职工薪酬　D. 实收资本
E. 应收账款
19. 利润表是(　　)。
A. 对外报表　B. 静态报表
C. 动态报表　D. 反映企业财务成果的报表
E. 反映企业财务状况的报表
20. 构成利润表基本框架的会计要素为(　　)。
A. 资产　B. 负债和所有者权益
C. 收入　D. 费用
E. 利润
21. 反映财务状况的会计要素是(　　)。
A. 费用　B. 资产
C. 负债　D. 所有者权益
E. 收入
22. 企业对外报送的会计报表(　　)。
A. 种类由财政部统一制定　B. 种类由企业自行设计
C. 编制方法由企业自行规定　D. 具体格式由财政部统一制定
E. 编制方法由财政部统一制定
23. 资产负债表属于(　　)。
A. 财务状况报表　B. 对内会计报表
C. 对外会计报表　D. 财务成果报表

E. 月份会计报表

三、判断题

1. 中期财务报告是指以一年的中间日为资产负债表日编制的财务报告。（　　）

2. 实际工作中，为使财务报表及时报送，企业可以提前结账。（　　）

3. 财务报表至少应当包括资产负债表、利润表、现金流量表、所有者权益变动表和附注等部分。（　　）

4. 资产负债表中"固定资产"项目应根据"固定资产"账户余额减去"累计折旧"、"固定资产减值准备"等账户的期末余额后的金额填列。（　　）

5. 资产负债表中"货币资金"项目，应根据"银行存款"账户的期末余额填列。（　　）

6. 营业利润减去管理费用、销售费用、财务费用和所得税费用后得到净利润。（　　）

7. 资产负债表中的"长期待摊费用"项目应根据"长期待摊费用"科目的余额直接填列。（　　）

8. 季度、月度财务会计报告通常仅指财务报表，至少应该包括资产负债表、利润表和现金流量表。（　　）

9. 财务会计报告是指单位根据经过审核的会计账簿记录和有关资料编制，并对外提供的反映单位一年或连续几年财务状况和经营成果的文件。（　　）

10. 生产成本不在资产负债表项目中单独列示。（　　）

11. 利润表各项目的数据主要来源于各损益类账户的本期发生额。（　　）

四、名词解释题

1. 财务报告

2. 资产负债表

3. 利润表

五、简答题

1. 什么是会计报表？会计报表按所反映的经济内容分为哪几类？

2. 简述账户式资产负债表的结构。

六、业务计算题

1. 大华企业（一般纳税人）20×2 年 8 月发生下列经济业务：

(1)企业销售甲产品 1 000 件，每件售价 80 元，货款已经通过银行收讫。

(2)企业同城销售给红星厂乙产品 900 件，每件售价 50 元，但是货款尚未收到。

(3)结转已售甲、乙产品的生产成本。其中：甲、乙产品生产成本分别为 65 400 元、36 000元。

(4)以银行存款支付本月销售甲、乙两种产品的销售费用 1 520 元。

(5)根据规定计算应缴纳城市维护建设税 8 750 元。

(6)王××外出归来报销因公务出差的差旅费 350 元（原已预支 400 元）。

(7)以现金 1 000 元支付厂部办公费。

(8)企业收到红星厂前欠货款 45 000 元并存入银行。

(9)没收某单位逾期未退回的包装物押金 6 020 元。

(10)年初，用银行存款支付车间全年材料仓库的租赁费 2 400 元。

(11)摊销应由本月负担的预付材料仓库租赁费。

(12)根据上述有关经济业务,结转本期营业收入、营业外收入。

(13)根据上述有关经济业务,结转本月营业成本、销售费用、营业税费、管理费用。

(14)根据本期实现的利润总额,按25%税率计算应交所得税。

(15)以银行存款上交税金,其中城市维护建设税8 750元,所得税4 450元。

要求:根据上述经济业务编制相关的会计分录及利润表(见表10.1)。

表10.1 利 润 表

编制单位:大华企业　　　　20×2年8月　　　　单位:元

项　　目	本期金额
一、营业收入	
减:营业成本	
营业税金及附加	
销售费用	
管理费用	
财务费用	
资产减值损失	
加:公允价值变动损益	
投资收益	
二、营业利润	
加:营业外收入	
减:营业外支出	
其中:非流动资产处置损失	
三、利润总额	
减:所得税费用	
四、净利润	

2. 鑫欣公司20×2年12月31日全部总账和有关明细账余额如表10.2所示。

表10.2 鑫欣公司总账和有关明细账余额

20×2年12月31日　　　　单位:元

总　账	明细账户	借方余额	贷方余额	总　账	明细账户	借方余额	贷方余额
库存现金		6 000		短期借款			360 000
银行存款		90 000		应付账款			60 000
交易性金融资产		84 000			F企业		42 000
应收账款		138 000			H企业	30 000	
	A企业	60 000			W企业		48 000
	B企业		12 000	预收账款			6 000
	C企业	90 000			U企业		24 000
预付账款		28 200			V企业	18 000	
	D企业	30 000		其他应付款			72 000

续表

总　　账	明细账户	借方余额	贷方余额	总　　账	明细账户	借方余额	贷方余额
	E企业		1 800	应付职工薪酬			208 200
其他应收款		60 000		应交税费			360 000
原材料		162 000		应付利润			120 000
生产成本		48 000		长期借款			384 000
库存商品		120 000		实收资本			1 680 000
长期股权投资		1 362 000		盈余公积金			132 480
固定资产		2 400 000		利润分配			
累计折旧			360 000		未分配利润		959 520
无形资产		180 000					
长期待摊费用		24 000					

要求：根据相关资料填列资产负债表。

3. 大橡公司20×2年8月有关账户发生额数据如下(单位:元)：

主营业务收入　　3 600 000
其他业务收入　　200 000
主营业务成本　　2 040 000
其他业务成本　　80 000
营业税金及附加　　120 000
管理费用　　288 000
财务费用　　72 000
销售费用　　180 000
投资收益　　240 000
营业外收入　　45 000
营业外支出　　28 500
所得税费用　　319 125

该企业20×2年7月的利润表中的"本期累计金额"栏内有关数据如表10.3所示。

表10.3　利　润　表

编制单位:大橡公司　　20×2年7月　　单位:元

项　　目	本期累计金额
一、营业收入	6 150 000
减:营业成本	2 520 000
营业税金及附加	450 000
销售费用	390 000
管理费用	462 000
财务费用	258 000
资产减值损失	0

续表

项　　目	本期累计金额
加:公允价值变动净收益	0
投资净收益	360 000
二、营业利润	2 430 000
加:营业外收入	135 000
减:营业外支出	43 500
三、利润总额	2 521 500
减:所得税费用	630 375
四、净利润	1 891 125
五、每股收益	
(一)基本每股收益	
(二)稀释每股收益	

要求:根据上述20×1年7月利润表及8月的有关资料,编制大橡公司20×1年8月的利润表。

第十一章　会计工作的组织

一、单项选择题

1. 定期保管的会计档案期限最长为（　　）。

A. 20 年　　B. 15 年

C. 25 年　　D. 10 年

2. 国家机关销毁会计档案时，应由（　　）派员参加监销。

A. 同级财政部门　　B. 同级财政部门和审计部门

C. 同级审计部门　　D. 上级财政部门和审计部门

3. 银行存款余额调节表、银行对账单应当保存（　　）。

A. 3 年　　B. 永久

C. 5 年　　D. 15 年

4. 各单位每年形成的会计档案，都应由（　　）负责整理立卷，装订成册，编制会计档案保管清册。

A. 会计机构　　B. 档案部门

C. 人事部门　　D. 指定专人

5. 会计档案的保管期限是从（　　）算起。

A. 会计年度终了后第一天　　B. 审计报告之日

C. 移交档案管理机构之日　　D. 会计资料的整理装订日

6. 各种会计档案的保管期限，根据其特点分为永久、定期两类。定期保管期限分为（　　）。

A. 3 年、10 年、20 年、30 年、40 年 5 种

B. 1 年、5 年、10 年、15 年、20 年 5 种

C. 3 年、5 年、10 年、15 年、20 年 5 种

D. 3 年、5 年、10 年、15 年、25 年 5 种

7. 企业年度财务报告的保管期限为（　　）。

A. 5 年　　B. 15 年

C. 25 年　　D. 永久

8. 以下会计资料中不属于会计档案的是（　　）。

A. 现金日记账　　B. 总账

C. 购销合同　　D. 购货发票

9. 会计档案是指(　　)、会计账簿和财务报告等会计核算专业材料。

A. 原始凭证　　B. 会计凭证

C. 转账凭证　　D. 科目汇总表

10. 按照现行会计法规的规定，需要永久保存的会计档案是(　　)。

A. 年度财务报告(决算)　　B. 总账

C. 原始凭证　　D. 现金、银行存款日记账

二、多项选择题

1. 按照会计档案管理办法的规定，(　　)的保管期限为 15 年。

A. 原始凭证　　B. 记账凭证

C. 银行对账单　　D. 汇总凭证

E. 月份会计报表

2. 按照《会计档案管理办法》的规定，下列说法中正确的有(　　)。

A. 会计档案的保管期限分为 3 年、5 年、10 年、15 年、25 年 5 类

B. 单位合并后原各单位仍存续的，其会计档案仍应由原各单位保管

C. 企业银行存款余额调节表、银行对账单和固定资产卡片于固定资产报废清理后保管 5 年

D. 我国境内所有单位的会计档案不得携带出境

E. 会计档案的保管期限从会计年度终了后第一天算起

3. 企业的下列会计档案中，保管期限为 15 年的应有(　　)。

A. 往来款项明细账　　B. 存货总账

C. 银行存款明细账　　D. 长期投资总账

E. 现金日记账

4. 保管期限为 3 年的会计档案有(　　)。

A. 月度财务报告　　B. 季度财务报告

C. 行政单位月度报表　　D. 财政总预算会计旬报

E. 银行对账单

5. 企业会计档案中保管 15 年的有(　　)。

A. 明细账　　B. 原始凭证

C. 总账　　D. 现金日记账

E. 记账凭证和汇总凭证

三、判断题

1. 银行存款余额调节表、银行对账单是会计档案。(　　)

2. 保管期满但尚未结清的债权债务原始凭证，不得销毁，应单独抽出立卷。(　　)

3. 各单位保存的会计档案如有特殊需要，经本单位负责人批准，可以提供查阅或者复制，并办理登记手续。(　　)

4. 正在项目建设期间的建设单位，其保管期满的会计档案也不得销毁。(　　)

5. 财会部门或经办人，必须在会计年度终了后的第一天，将应归档的会计档案全部移交档案部门，保证会计档案齐全完整。(　　)

6. 企业年度会计决算(包括文字分析)保管期限为永久。(　　)

7. 企业和其他组织的银行存款余额调节表、银行对账单和固定资产报废清理后的固定资产卡片等会计档案保管期限应当为 3 年。（　　）

8. 会计账簿类会计档案的保管期限均为 15 年。（　　）

9. 各单位对会计凭证、会计账簿、财务会计报告和其他会计资料应当建立档案，妥善保管。（　　）

10. 定期保管期限分为 3 年、5 年、10 年、15 年、25 年 5 种。会计档案的保管期限，从会计年度终了后的第一天算起。（　　）

11. 对于保管期满但未结清的会计档案，不得销毁。（　　）

12. 出纳人员不得兼管会计档案。（　　）

第十二章　会计核算组织程序

一、单项选择题

1. (　　)核算形式是最基本的一种会计核算形式。

A. 日记总账　　B. 汇总记账凭证

C. 科目汇总表　　D. 记账凭证

2. 下列属于记账凭证核算程序主要缺点的是(　　)。

A. 不能体现账户的对应关系

B. 不便于会计合理分工

C. 方法不易掌握

D. 登记总账的工作量较大

3. 各种账务处理程序之间的区别主要在于(　　)。

A. 总账的格式不同

B. 编制会计报表的依据不同

C. 登记总账的程序和方法不同

D. 会计凭证的种类不同

4. 汇总记账凭证账务处理程序与科目汇总表账务处理程序的相同点是(　　)。

A. 登记总账的依据相同

B. 记账凭证的汇总方法相同

C. 保持了账户间的对应关系

D. 简化了登记总分类账的工作量

5. 下列不属于科目汇总表账务处理程序优点的是(　　)。

A. 科目汇总表的编制和使用较为简便,易学易做

B. 可以清晰地反映科目之间的对应关系

C. 可以大大减少登记总分类账的工作量

D. 科目汇总表可以起到试算平衡的作用,保证总账登记的正确性

6. 关于记账凭证账务处理程序,下列说法不正确的是(　　)。

A. 根据记账凭证逐笔登记总分类账,是最基本的账务处理程序

B. 简单明了,易于理解,总分类账可以较详细地反映经济业务的发生情况

C. 登记总分类账的工作量较大

D. 适用于规模较大、经济业务量较多的单位

7. 科目汇总表的直接依据是(　　)。

A. 原始凭证　　B. 原始凭证汇总表

C. 记账凭证　　D. 汇总记账凭证

8. 直接根据记账凭证逐笔登记总分类账户的核算形式是(　　)。

A. 记账凭证核算形式　　B. 科目汇总表核算形式

C. 汇总记账凭证核算形式　　D. 日记总账核算形式

9. 采用科目汇总表会计核算形式主要是为了(　　)。

A. 进行试算平衡　　B. 便于查对账目

C. 简化总分类账的登账工作　　D. 简化明细分类账的登账工作

10. 科目汇总表核算形式(　　)。

A. 加大了登记总账的工作量　　B. 便于查对账目

C. 不便于查对账目　　D. 适用于经济业务量很少的单位

11. 一定时期内的全部记账凭证,按照会计科目对应关系进行归类汇总,并据以登记总分类账,这一会计核算形式称为(　　)。

A. 汇总记账凭证核算形式　　B. 记账凭证核算形式

C. 日记总账核算形式　　D. 科目汇总表核算形式

12. 科目汇总表核算形式的主要特点是(　　)。

A. 根据原始凭证编制原始凭证汇总表

B. 根据原始凭证汇总表编制记账凭证

C. 根据科目汇总表登记总分类账

D. 根据科目汇总表编制会计报表

13. 科目汇总表核算形式的缺点之一是(　　)。

A. 只适用于经济业务量小的单位　　B. 不能简化登记总账的工作量

C. 不能试算平衡　　D. 不能反映经济业务的来龙去脉

14. 汇总记账凭证账务处理程序适用于(　　)的企业采用。

A. 规模小、业务少　　B. 规模大、业务多

C. 规模较大、业务较少　　D. 收付款业务多、会计科目使用少

15. 在汇总记账凭证账务处理中,登记总账的直接依据是(　　)。

A. 付款凭证　　B. 汇总记账凭证

C. 记账凭证　　D. 收款凭证

二、多项选择题

1. 在常见的会计核算程序中,共同的账务处理工作有(　　)。

A. 均应填制和取得原始凭证

B. 均应编制记账凭证

C. 均应填制汇总记账凭证

D. 均应设置和登记总账

E. 均应设置和登记日记账

2. 在不同的会计核算组织程序下,登记总账的依据可以有(　　)。

A. 记账凭证　　B. 汇总记账凭证

C. 科目汇总表　　D. 汇总原始凭证

E. 原始凭证

3. 账务处理程序也称会计核算程序，它是指(　　)相结合的方式。

A. 会计凭证　　B. 会计账簿

C. 会计报表　　D. 会计科目

E. 凭证传递

4. 在我国，常用的账务处理程序主要有(　　)。

A. 记账凭证账务处理程序　　B. 汇总记账凭证账务处理程序

C. 多栏式日记账账务处理程序　　D. 科目汇总表账务处理程序

E. 三栏式日记账账务处理程序

5. 以下属于记账凭证会计核算程序优点的有(　　)。

A. 简单明了、易于理解

B. 总分类账可较详细地记录经济业务发生情况

C. 便于进行会计科目的试算平衡

D. 减轻了登记总分类账的工作量

E. 反映了账户之间的对应关系

6. 汇总记账凭证(　　)。

A. 根据记账凭证归类编制　　B. 根据原始凭证归类编制

C. 可作为登记总账的依据　　D. 应按照科目对应关系归类

E. 可作为登记现金和银行存款日记账的依据

7. 在汇总记账凭证核算形式下，明细分类账登记的依据是(　　)。

A. 原始凭证　　B. 汇总原始凭证

C. 收款凭证　　D. 付款凭证

E. 转账凭证

8. 汇总记账凭证核算形式的优点是(　　)。

A. 反映科目的对应关系　　B. 编制汇总转账凭证的工作量较小

C. 减少登记总账的工作量　　D. 有利于会计核算工作的分工

E. 可以了解经济业务的来龙去脉

9. 在科目汇总表核算形式下，各种明细账登记的依据有(　　)。

A. 原始凭证　　B. 汇总原始凭证

C. 收款凭证　　D. 付款凭证

E. 转账凭证

10. 科目汇总表(　　)。

A. 按总账科目汇总编制　　B. 根据原始凭证归类编制

C. 汇总总账科目的发生额　　D. 可作为登记总账的依据

E. 起到试算平衡的作用

三、判断题

1. 科目汇总表不仅可以起到试算平衡的作用，还可以反映账户之间的对应关系。(　　)

2. 汇总记账凭证账务处理程序的缺点在于保持账户之间的对应关系。(　　)

3. 记账凭证账务处理程序的特点是直接根据记账凭证逐笔登记总分类账，是最基本的账务处理程序。（　　）

4. 会计报表是根据总分类账、明细分类账和日记账的记录定期编制的。（　　）

5. 库存现金日记账和银行存款日记账不论在何种会计核算形式下，都是根据收款凭证和付款凭证逐日逐笔顺序登记的。（　　）

6. 科目汇总表账务处理程序能科学地反映账户的对应关系，且便于账目核对。（　　）

7. 汇总记账凭证账务处理程序和科目汇总表账务处理程序都适用于经济业务较多的单位。（　　）

8. 记账凭证账务处理程序的主要特点就是直接根据各种记账凭证登记总账。（　　）

四、名词解释题

1. 账务处理程序

2. 科目汇总表

五、简答题

1. 试列举五种会计核算形式。

2. 简述科目汇总表核算形式和汇总记账凭证核算形式的区别。

模拟试题(一)

一、单项选择题

1. 按用途和结构分类,“本年利润”账户属于(　　)。

A. 所有者权益类账户　　B. 财务成果类账户

C. 损益类账户　　D. 收入类账户

2. 会计工作交接完毕,需要在移交清册上签名盖章的是(　　)。

A. 接管人员　　B. 移交人员

C. 移交人员、接管人员　　D. 移交人员、接管人员和监交人员

3. 下列各项中,需要进行全面清查的是(　　)。

A. 更换出纳员　　B. 库存商品遭受火灾

C. 企业改变隶属关系　　D. 应收账款发生坏账

4. 原始凭证按其来源不同,可分为(　　)。

A. 自制原始凭证和外来原始凭证　　B. 一次凭证和累计凭证

C. 收款凭证和付款凭证　　D. 汇总原始凭证和记账编制凭证

5. 填制记账凭证时,下列作法中不正确的是(　　)。

A. 编制更正错误的记账凭证未附原始凭证

B. 编制多借一贷的会计分录

C. 一个月内的记账凭证连续编号

D. 从银行提取现金,填制现金收款凭证

6. 本期发生的下列业务中,根据权责发生制原则,应确认为本期收入的是(　　)。

A. 销售商品一批,价款 100 000 元尚未收到

B. 收到出租固定资产押金 3 500 元存入银行

C. 预收货款 80 000 元存入银行

D. 收到上月销货款 20 000 元存入银行

7. 下列各项应在账户贷方登记的是(　　)。

A. 应收账款的减少　　B. 应收账款的增加

C. 预付账款的增加　　D. 预收账款的减少

8. 结账前,若发现记账凭证中所记金额大于应记金额,但应借应贷的会计科目正确,并已过账。更正此账应采用的方法是(　　)。

A. 补充登记法　　B. 红字更正法

C. 划线更正法　　D. 抵减更正法

9. 下面所列凭证中，不能作为登记总账依据的是(　　)。

A. 原始凭证　　B. 记账凭证

C. 科目汇总表　　D. 汇总记账凭证

10. 为核算企业生产经营活动所规定的起讫日期，会计上称为(　　)。

A. 会计主体　　B. 一贯性原则

C. 会计期间　　D. 配比原则

11. 某企业20×1年3月末的资产总额为2 000 000元，4月份发生下列业务：取得短期借款50 000元存入银行；收回应收账款20 000元存入银行；用银行存款偿还前欠货款20 000元。该企业4月末的资产总额应为(　　)。

A. 2 030 000元　　B. 2 050 000元

C. 2 070 000元　　D. 2 090 000元

12. 总账和序时账一般应采用(　　)。

A. 备查账簿　　B. 卡片式账簿

C. 订本式账簿　　D. 活页式账簿

13. 下列关于会计科目的表述中，正确的是(　　)。

A. 会计科目是对会计对象进行分类核算的项目

B. 会计科目设置的依据是会计账户

C. 会计科目有一定的结构

D. 所有会计科目必须设置明细科目

14. 下列各项中，体现谨慎性原则要求的是(　　)。

A. 存货采用历史成本计价　　B. 费用应与当期收入相配比

C. 固定资产采用加速折旧法　　D. 收入确认采用权责发生制

15. 汇总付款凭证的贷方科目是(　　)。

A. 应付账款　　B. 银行存款

C. 实收资本　　D. 管理费用

16. "累计折旧"账户期初贷方余额80 000元，本期借方发生额20 000元，本期贷方发生额15 000元，则该账户期末余额是(　　)。

A. 借方余额5 000元　　B. 借方余额60 000元

C. 贷方余额75 000元　　D. 贷方余额85 000元

17. 对银行存款进行清查时，应在查明未达账项的基础上编制(　　)。

A. 银行存款实存账存对比表　　B. 银行存款盘点报告表

C. 银行存款余额调节表　　D. 银行存款试算平衡表

18. 下列各项中，账户之间可能存在对应关系的是(　　)。

A. "制造费用"与"利润分配"　　B. "固定资产"与"实收资本"

C. "财务费用"与"管理费用"　　D. "预收账款"与"盈余公积金"

19. 下列资产负债表项目的期末数，可以根据相关总账期末余额直接填列的是(　　)。

A. 应收账款　　B. 预付账款

C. 实收资本　　D. 长期股权投资

20. 借贷记账法下，对账户记录进行试算平衡所涉及的账户是(　　)。
A. 资产类账户
B. 负债类账户
C. 损益类账户
D. 全部账户

二、多项选择题

1. 下列各项中，属于与会计确认计量要求有关的一般原则有(　　)。
A. 可比性原则
B. 权责发生制原则
C. 客观性原则
D. 配比原则
E. 相关性原则

2. 与单式记账法相比，复式记账法的优点有(　　)。
A. 记账方法简单
B. 有便于记忆的记账规则
C. 对经济业务进行双重记录，可了解每项业务的来龙去脉
D. 可以进行试算平衡，从而检查账户记录的正确性
E. 重点考虑货币资金及债权债务经济业务

3. 对总分类账与所属明细分类账进行平行登记的规则是(　　)。
A. 两者记账期间相同
B. 两者记账依据相同
C. 两者记账方向一致
D. 两者登记金额相等
E. 两者记账人员相同

4. 下列各项中，属于期间费用的有(　　)。
A. 生产车间使用机器的折旧费
B. 生产工人的工资
C. 行政办公楼的折旧费
D. 行政管理人员的工资
E. 销售产品的广告费

5. 正确组织会计凭证传递时应考虑的因素有(　　)。
A. 企业经济业务的特点
B. 企业内部机构的设置
C. 提高会计核算工作效率
D. 会计凭证的保管期限
E. 会计人员的分工

6. 下列费用中，应计入产品生产成本的有(　　)。
A. 产品销售费用
B. 直接材料费用
C. 车间管理费用
D. 直接人工费用
E. 短期借款利息

7. 年终结算后，下列账户可能存在余额的有(　　)。
A. 本年利润
B. 利润分配
C. 盈余公积金
D. 生产成本
E. 主营业务收入

8. 下列错账不能通过试算平衡发现的有(　　)。
A. 某笔经济业务重复登记
B. 某笔会计分录的借贷双方均多记相同金额
C. 编制会计分录时，账户借贷方向互相颠倒
D. 过账时，借方或贷方账户多记一定金额

E. 某笔经济业务被漏记

9. 对下列项目的清查应采用函证核对法的有( )。

A. 固定资产的清查　　B. 库存现金的清查

C. 银行存款的清查　　D. 应付账款的清查

E. 应收账款的清查

10. 按编报的会计主体不同,会计报表可分为( )。

A. 个别会计报表　　B. 合并会计报表

C. 单位会计报表　　D. 汇总会计报表

E. 对外会计报表

三、名词解释题

1. 调整账户
2. 流动资产
3. 累计凭证
4. 借贷记账法
5. 会计科目

四、简答题

1. 企业进行会计核算,有了原始凭证为什么还要编制记账凭证?

2. 什么是会计核算形式?简述记账凭证核算形式的特点及适用范围。

五、业务计算题

1. 光华公司 20×2 年 3 月发生以下经济业务:

(1)5 日,从 A 公司购进甲材料 10 吨,每吨 1 600 元,增值税进项税额 2 720 元。材料尚在运输途中。发票已到,全部款项尚未支付。

(2)7 日,上项甲材料验收入库,结转材料的采购成本。

(3)10 日,收到某公司作为投资投入的新设备一台,确认价值为 20 000 元。

(4)15 日,用银行存款偿还前欠 A 公司货款 5 000 元。

(5)20 日,上月投入需安装的设备本月安装完毕,经验收合格交付使用,其实际成本为 50 000元。

(6)26 日,从银行取得二年期借款 200 000 元存入银行。

(7)28 日,收到 B 公司销货发票,其中材料价款 38 000 元,增值税进项税额 6 460 元,代垫运费 140 元,共计 44 600 元。材料已验收入库,去年已预付货款 40 000 元,其不足部分尚未支付。

(8)31 日,盘盈材料一批,估计价值为 5 000 元,原因待查。

(9)31 日,盘亏机器一台,原值 10 000 元,已提折旧 7 000 元,原因待查。

(10)31 日,经查发现,上月购入设备一台,价款 40 000 元已用银行存款支付,记账凭证中应借应贷的会计科目正确,但将金额误记为 4 000 元,并已登记入账。现予以更正。

要求:逐笔编制上述经济业务的会计分录(只要求写出总账科目)。

2. 光华公司 20×2 年 1 月至 11 月实现利润总额 400 000 元,累计已交所得税 100 000 元。12 月发生的经济业务如下:

(1)销售乙产品 30 件,价款总额 90 000 元,增值税销项税额 15 300 元;以银行存款支付代垫运费 800 元。全部款项尚未收到。

(2)以银行存款支付 12 月短期借款利息 5 000 元(该企业未预提借款利息)。

(3)结转本月已销产品的生产成本 40 000 元。

(4)计提本月行政管理部门使用固定资产的折旧费 20 000 元。

12 月,公司主营业务税金及附加 7 000 元,营业外收入 3 000 元,营业外支出 1 000 元,未发生营业费用和投资收益,利润总额为 20 000 元,所得税税率 25%。除上述资料外,不考虑其他因素。

要求:

(1)编制 12 月上述经济业务(1)至业务(4)的会计分录(只要求写出总账科目)。

(2)计算 20×2 年光华公司的利润总额、应交所得税总额及净利润。

(3)编制 12 月应交所得税的会计分录。

(4)根据上述资料,将正确数字填入下表所示的利润表相关项目的括号内。

利润表

编报单位:光华公司　　　　20×2 年 12 月　　　　单位:元

项　目	本 月 数	本年累计数
一、主营业务收入	(　)	
减:主营业务成本	(　)	
主营业务税金及附加	7 000	
销售费用	0	
管理费用	(　)	
财务费用	(　)	
二、营业利润	(　)	(略)
加:投资收益	0	
营业外收入	3 000	
减:营业外支出	1 000	
三、利润总额	(　)	
减:所得税费用	(　)	
四、净利润	(　)	

模拟试题(二)

一、单项选择题

1. 企业发生的下列交易或事项中,会引起会计等式两边同增的是(　　)。

A. 预付材料款　　B. 赊购原材料

C. 偿还银行借款　　D. 收回应收账款

2. 在借贷记账法下,所有者权益类账户的结构是(　　)。

A. 借方登记增加额,贷方登记减少额,余额在借方

B. 借方登记减少额,贷方登记增加额,余额在贷方

C. 借方登记增加额,贷方登记减少额,期末无余额

D. 借方登记减少额,贷方登记增加额,期末无余额

3. 以融资租赁方式租入的固定资产,在会计核算上将其视为承租企业的资产,遵循的会计原则是(　　)。

A. 配比原则　　B. 谨慎性原则

C. 权责发生制原则　　D. 实质重于形式原则

4. 下列账户中,不属于调整账户的是(　　)。

A."利润分配"　　B."累计折旧"

C."材料采购"　　D."坏账准备"

5. 对会计对象的具体内容按其经济特征所做的分类称为(　　)。

A. 会计假设　　B. 会计方法

C. 会计要素　　D. 会计账户

6. 现金日记账应采用(　　)。

A. 订本式账簿　　B. 卡片式账簿

C. 活页式账簿　　D. 数量金额式账簿

7. 财产清查时,结算往来款项采用的清查方法是(　　)。

A. 抽查检验法　　B. 技术推算法

C. 函证核对法　　D. 实地盘存法

8. 下列账户中,期末须将其本期发生额结转至"本年利润"账户的是(　　)。

A."财务费用"　　B."制造费用"

C."生产成本"　　D."待处理财产损溢"

9. 下列账户中,其明细分类账适宜采用多栏式格式的是(　　)。

A.“原材料” B.“库存商品”
C.“应付账款” D.“本年利润”

10. 将会计凭证划分为原始凭证和记账凭证两大类的依据是(　　)。
A. 填制的时间 B. 填制的方法
C. 填制的程序和用途 D. 凭证反映的经济内容

11. 下列会计报表中,属于对内报送的会计报表是(　　)。
A. 利润表 B. 资产负债表
C. 现金流量表 D. 期间费用明细表

12. 在记账凭证核算形式下,登记总分类账的依据是(　　)。
A. 原始凭证 B. 科目汇总表
C. 记账凭证 D. 汇总记账凭证

13. 下列各项中,属于外来原始凭证的是(　　)。
A. 银行对账单 B. 限额领料单
C. 增值税专用发票 D. 银行存款余额调节表

14. 下列各项中,属于我国会计核算法规制度体系最高层次的是(　　)。
A. 会计准则 B. 会计法
C. 会计制度 D. 会计工作规范

15. 某企业20×1年12月1日所有者权益为1 000万元,12月实现净利润200万元,提取盈余公积金20万元,向投资者分配利润50万元。该企业12月31日所有者权益为(　　)。
A. 1 130万元 B. 1 150万元
C. 1 200万元 D. 1 220万元

16. 下列各项中,应当采用划线更正法更正的是(　　)。
A. 原始凭证上的文字、数字无法辨认
B. 记账后发现记账凭证上的会计科目有错误
C. 记账凭证无误,账簿登记发生错误
D. 因记账凭证的错误而引起的账簿金额错误

17. 某企业20×1年7月1日从银行取得借款600 000元,期限为6个月,年利率为8%,利息每季结算一次。该企业7月应负担的借款利息为(　　)。
A. 4 000元 B. 12 000元
C. 24 000元 D. 48 000元

18. 下列形式的会计分录中,属于简单会计分录的是(　　)。
A. 一借一贷的分录 B. 一借多贷的分录
C. 多借一贷的分录 D. 多借多贷的分录

19. 按照用途和结构分类,“制造费用”账户属于(　　)。
A. 费用类账户 B. 集合分配类账户
C. 跨期摊提类账户 D. 成本计算类账户

20. 将账簿划分为序时账簿、分类账簿和备查账簿的依据是(　　)。
A. 账簿的登记方式 B. 账簿的用途
C. 账簿的登记内容 D. 账簿的外表形式

二、多项选择题

1.“资产＝负债＋所有者权益”这一会计基本等式是(　　)。

A. 设置会计科目的理论依据
B. 复式记账的理论依据
C. 编制会计报表的理论依据
D. 进行账户平行登记的理论依据
E. 财产清查的理论依据

2. 在借贷记账法下,账户的借方登记(　　)。

A. 收入、利润的增加数
B. 费用的增加数
C. 收入、利润的减少或结转数
D. 费用的减少或结转数
E. 所有者权益的增加数

3. 银行存款日记账与银行对账单的余额不一致,其原因可能有(　　)。

A. 银行记账错误
B. 企业记账错误
C. 双方记账均有错误
D. 存在未付账项
E. 存在未达账项

4. 下列各项中,属于会计核算基本前提的有(　　)。

A. 会计反映
B. 会计主体
C. 会计分期
D. 会计计量
E. 会计监督

5. 与单式记账凭证相比,复式记账凭证的优点主要表现在(　　)。

A. 便于查账
B. 便于分工记账
C. 账户对应关系清楚
D. 便于按科目汇总发生额
E. 减少记账凭证的数量

6. 原始凭证按填制方法不同,可以分为(　　)。

A. 一次凭证
B. 累计凭证
C. 付款凭证
D. 记账编制凭证
E. 汇总原始凭证

7. 下列账户中,属于债务结算账户的有(　　)。

A.“预付账款”
B.“应付股利”
C.“应付账款”
D.“应收账款”
E.“预收账款”

8. 企业确定财产物资账面结存数量的方法有(　　)。

A. 实地盘存制
B. 加权平均法
C. 权责发生制
D. 永续盘存制
E. 先进先出法

9. 下列账户之间可能形成对应关系的有(　　)。

A.“本年利润”与“利润分配”
B.“财务费用”与“管理费用”
C.“实收资本”与“银行存款”
D.“生产成本”与“库存商品”
E.“制造费用”与“原材料”

10. 按照不同的标准进行分类,利润表属于(　　)。

A. 月份报表
B. 对内会计报表

C. 对外会计报表　　　　　　　　　　D. 反映财务成果报表

E. 反映财务状况报表

三、名词解释题

1. 会计凭证

2. 会计报表

3. 复式记账法

4. 会计档案

5. 财产清查

四、简答题

1. 简述科目汇总表核算形式的特点以及与记账凭证核算形式相比的优点和不足。

2. 什么是账簿？简述设置和登记账簿的意义。

五、业务计算题

1. 某企业20×2年4月发生的部分经济业务如下：

(1)1日，收到W公司投入货币资金360 000元，存入银行。

(2)3日，从银行借入资金500 000元存入银行，其中借款期限10个月的为200 000元，3年期的为300 000元。

(3)5日，从长虹工厂购买丁材料10吨，不含税单价800元，运杂费300元，增值税进项税额1 360元，企业开出并承兑商业汇票一张，材料尚未运达企业。

(4)8日，收到光明公司购买A产品的预付货款46 000元，已存入银行。

(5)12日，以现金300元购买厂部办公用品，并直接交付使用。

(6)15日，以现金380 000元发放职工工资。

(7)18日，向北源公司销售乙产品，价款总额240 000元，增值税销项税额40 800元，以银行存款代垫运费2 000元。价税款及代垫运费均未收到。

(8)19日，用银行存款归还前欠M公司购料款20 000元。

(9)21日，向上述已预付货款的光明公司发出A产品，价款总额为45 000元，增值税销项税额7 650元。当日收到光明公司补付货款并存入银行。

(10)23日，用银行存款支付社会捐赠1 840元。

(11)24日，经批准盘亏的原材料6 000元中，3 500元为自然灾害损失，其余部分应由责任者赔偿。

(12)30日，计算出本月应付城市维护建设税3 000元。

(13)30日，查明19日用银行存款归还前欠M公司购料款的正确金额为2 000元，予以更正。

(14)30日，结转本月发生的各项收入和费用，其中：主营业务收入360 000元、其他业务收入80 000元、营业外收入40 000元；主营业务成本240 000元、销售费用14 000元、管理费用20 000元、其他业务成本60 000元、营业外支出16 000元。

要求：根据以上经济业务，编制会计分录(只要求写出总分类科目)。

2. 某企业20×1年12月发生的部分经济业务及有关资料如下：

(1)本月生产甲、乙产品耗用原材料12 500元，其中：甲产品10 000元，乙产品2 500元。发生工资费用9 600元，其中：甲产品6 000元，乙产品3 600元。甲、乙产品均无期初在产品。

(2)本月制造费用 1 600 元,按甲、乙产品的生产工时比例分配,其中:甲产品 120 工时,乙产品 80 工时。

(3)本月生产的甲、乙产品均已完工,全部销售给 M 公司,其中:甲产品价款总计 35 000 元,乙产品价款总计 12 000 元,甲、乙产品增值税销项税额总计 7 990 元。收到 M 公司签发的 54 990 元的商业汇票一张。

(4)本月发生管理费用 5 000 元,财务费用 3 000 元,销售费用 2 000 元,主营业务税金及附加 200 元,营业外收入 6 500 元,营业外支出 500 元,所得税 4 775 元。

要求:

(1)计算本月制造费用分配率以及甲、乙产品应分配的制造费用。

(2)计算本月甲、乙产品总成本。

(3)编制销售甲、乙产品及结转其销售成本的会计分录(只要求写出总分类科目)。

(4)计算本月营业利润、利润总额和净利润。

模拟试题(三)

一、单项选择题

1. 企业定期编制财务报告所依据的会计假设是(　　)。

A. 会计主体　　B. 会计分期

C. 持续经营　　D. 货币计量

2. 期末结账后,费用类账户的余额(　　)。

A. 等于零　　B. 一定在借方

C. 一定在贷方　　D. 有时在借方,有时在贷方

3. 资产负债表中"货币资金"项目填列的依据是(　　)。

A."库存现金"账户期末余额

B."银行存款"账户期末余额

C."其他货币资金"账户期末余额

D."库存现金"、"银行存款"、"其他货币资金"账户期末余额之和

4. 按原始凭证填制手续的不同分类,限额领料单属于(　　)。

A. 一次凭证　　B. 累计凭证

C. 记账编制凭证　　D. 汇总原始凭证

5. 记账后发现记账凭证中会计科目、记账方向正确,但所记金额大于应记金额,更正此错误应采用(　　)。

A. 划线更正法　　B. 红字更正法

C. 补充登记法　　D. 蓝字更正法

6. 下列账户的明细分类账中,宜采用借方多栏式的是(　　)。

A."原材料"　　B."库存商品"

C."管理费用"　　D."主营业务收入"

7. 汇总转账凭证上的账户对应关系是(　　)。

A. 一个借方账户与几个贷方账户相对应

B. 两个借方账户与几个贷方账户相对应

C. 一个贷方账户与一个或几个借方账户相对应

D. 两个贷方账户与一个或几个借方账户相对应

8. 期末进行账项调整的会计基础是(　　)。

A. 收付实现制　　B. 权责发生制

C. 永续盘存制　　D. 实地盘存制

9. 按财产清查的范围和时间分类,更换出纳员时对库存现金的清查属于(　　)。

A. 全面清查和定期清查　　B. 局部清查和定期清查

C. 全面清查和不定期清查　　D. 局部清查和不定期清查

10. "预收账款"账户的期初贷方余额 200 000 元,本期借方发生额 100 000 元,本期贷方发生额 50 000 元。该账户期末余额为(　　)。

A. 50 000 元　　B. 100 000 元

C. 150 000 元　　D. 250 000 元

11. 按用途和结构分类,"在途物资"账户属于(　　)。

A. 盘存类账户　　B. 资产类账户

C. 调整类账户　　D. 成本计算类账户

12. 购置固定资产支付的总价款,称为该资产的(　　)。

A. 历史成本　　B. 重置成本

C. 可变现净值　　D. 公允价值

13. 借贷记账法下,账户的借方登记(　　)。

A. 费用的减少额　　B. 资产的增加额

C. 负债的增加额　　D. 所有者权益的增加额

14. 某商品期初余额 40 000 元,本期增加额 20 000 元,本期减少额 48 000 元。若采用永续盘存制,该商品的期末余额是(　　)。

A. 12 000 元　　B. 20 000 元

C. 40 000 元　　D. 60 000 元

15. 用银行存款偿还应付账款,对会计要素的影响是(　　)。

A. 资产与负债同时增加　　B. 资产与负债同时减少

C. 资产增加、负债减少　　D. 资产减少、负债增加

16. 企业与银行对账时如果存在未达账项,应编制(　　)。

A. 盘存单　　B. 实存账存对比表

C. 银行存款余额调节表　　D. 往来款项对账单

17. 根据《会计档案管理办法》的规定,企业年度财务报告的保管期限为(　　)。

A. 3 年　　B. 15 年

C. 25 年　　D. 永久

18. 往来款项的清查一般采用(　　)。

A. 账目核对法　　B. 实地盘点法

C. 发函询证法　　D. 技术推算法

19. 编制财务报表的主要依据是(　　)。

A. 原始凭证　　B. 记账凭证

C. 账簿记录　　D. 会计档案

20. 企业结账的时间应是(　　)。

A. 各个会计期末　　B. 账项调整之前

C. 核对账簿记录之前　　D. 财务报表编制之后

二、多项选择题

1. 下列各项中,组成财务报表的有( )。

A. 利润表
B. 资产负债表
C. 现金流量表
D. 财务报表附注
E. 所有者权益变动表

2. 下列账户中,属于损益类账户的有( )。

A.“销售费用”
B.“财务费用”
C.“主营业务收入”
D.“主营业务成本”
E.“营业税金及附加”

3. 按填制方式不同,记账凭证可分为( )。

A. 复式记账凭证
B. 单式记账凭证
C. 汇总记账凭证
D. 非汇总记账凭证
E. 专用记账凭证

4. 财产清查时,盘点实物财产的方法有( )。

A. 实地盘点法
B. 收付实现制
C. 权责发生制
D. 技术推算法
E. 永续盘存制

5. 下列账户中,属于按用途和结构分类的有( )。

A. 结算账户
B. 期间账户
C. 资本账户
D. 计价对比账户
E. 财务成果账户

6. 按外表形式分类,账簿可分为( )。

A. 订本式账簿
B. 序时账簿
C. 活页式账簿
D. 分类账簿
E. 卡片式账簿

7. 银行存款日记账的登记依据有( )。

A. 转账凭证
B. 现金付款凭证
C. 现金收款凭证
D. 银行存款付款凭证
E. 银行存款收款凭证

8. 账项调整的主要内容包括( )。

A. 已经收款但不属于本期的收入
B. 已经付款但不属于本期的费用
C. 本期已实现并收到款项的收入
D. 本期已实现但尚未收到款项的收入
E. 本期已发生但尚未支付款项的费用

9. 汇总记账凭证账务处理程序下,总账的登记依据有( )。

A. 科目汇总表
B. 汇总原始凭证
C. 汇总收款凭证
D. 汇总付款凭证
E. 汇总转账凭证

10. 下列表述中,符合《会计档案管理办法》规定的有(　　)。
A. 出纳人员不得兼管会计档案
B. 会计档案的保管期限分为永久和定期两类
C. 会计档案经本单位负责人批准后可以借出
D. 部门之间移交会计档案应编制会计档案移交清册
E. 会计电算化档案包括存储在计算机及其打印的会计数据

三、名词解释题

1. 会计科目
2. 收付实现制
3. 会计职业道德
4. 利润
5. 现金日记账

四、简答题

1. 什么是多步式利润表?其主要作用有哪些?
2. 什么是原始凭证?简述原始凭证审核的内容。

五、业务计算题

1. 通达公司 20×2 年 6 月发生部分经济业务如下(不考虑增值税):
(1)上月已付款的在途材料 150 000 元验收入库,结转其采购成本。
(2)用银行存款交纳上月应交的营业税 15 000 元。
(3)确认本月应收银行存款利息收入 500 元。
(4)预收货款 60 000 元存入银行。
(5)生产产品领用原材料 12 000 元。
(6)接受投资者投入设备一台,公允价值 250 000 元。
(7)用银行存款支付广告费 50 000 元。
(8)计提本月固定资产折旧费 11 000 元,其中:生产车间 8 000 元,行政管理部门3 000元。
(9)月末结转主营业务收入 600 000 元、营业外收入 1 000 元。
(10)月末结转各项费用支出 479 000 元,其中:主营业务成本 250 000 元,营业税金及附加 3 000 元,销售费用 50 000 元,管理费用 100 000 元,财务费用 40 000 元,营业外支出 6 000 元,所得税费用 30 000 元。

要求:根据上述经济业务编制会计分录(只要求写出总账科目)。

2. 红雨公司 20×2 年 6 月发生部分经济业务如下:
(1)接受投资 25 000 元存入银行。
(2)用银行存款偿还应付账款 3 000 元。
(3)从银行提取现金 15 000 元准备发放工资。
(4)用银行存款归还短期借款 10 000 元。
(5)购入原材料 6 600 元,货款未付。

要求:根据上述资料,将正确结果填入下表所示的试算平衡表中的括号内。

试算平衡表

20×2 年 6 月 30 日　　　　单位:元

账　　户	期初余额		本期发生额		期末余额	
	借方	贷方	借方	贷方	借方	贷方
库存现金	5 000				(　)	
银行存款	55 000				(　)	
原材料	35 000				(　)	
固定资产	192 000				192 000	
短期借款		46 000				(　)
应付账款		16 800				(　)
实收资本		80 000				
盈余公积金		144 200				144 200
合　　计	287 000	287 000	(　)	(　)	(　)	(　)

模拟试题(四)

一、单项选择题

1. 企业会计进行确认、计量和报告的基础是(　　)。

A. 收付实现制　　B. 权责发生制

C. 实地盘存制　　D. 永续盘存制

2. 固定资产盘亏所发生的净损失,应计入(　　)。

A. 管理费用　　B. 其他应收款

C. 营业外支出　　D. 其他业务成本

3. 借贷记账法下的发生额试算平衡的结果是(　　)。

A. 同一账户的本期借方发生额与贷方发生额相等

B. 资产类账户的本期借方发生额与贷方发生额相等

C. 资产类账户的本期借方发生额与负债类账户的本期贷方发生额相等

D. 所有账户的本期借方发生额合计与所有账户的本期贷方发生额合计相等

4.“应付账款”账户期初贷方余额 8 000 元,本期贷方发生额 12 000 元,本期借方发生额 14 000 元。该账户的期末余额为(　　)。

A. 2 000 元　　B. 4 000 元

C. 6 000 元　　D. 10 000 元

5. 甲公司收到乙公司追加投资 500 000 元存入银行,该项经济业务引起甲公司(　　)。

A. 资产和负债均增加 500 000 元

B. 资产和所有者权益均增加 500 000 元

C. 资产增加 500 000 元,利润增加 500 000 元

D. 资产增加 500 000 元,收入增加 500 000 元

6. 登记普通日记账前不需要填制(　　)。

A. 一次凭证　　B. 累计凭证

C. 原始凭证　　D. 记账凭证

7. 库存商品明细账采用的账簿格式一般是(　　)。

A. 三栏式　　B. 借方多栏式

C. 贷方多栏式　　D. 数量金额式

8. 赊销产生的货款,应列入资产负债表的项目是(　　)。

A. 应收账款　　B. 应付账款

C. 预收账款　　D. 预付账款

9. 科目汇总表账务处理程序一般适用于(　　)。

A. 经营规模较小、经济业务较少、原始凭证量小的单位

B. 经营规模较大、经济业务较多、原始凭证量大的单位

C. 经营规模较小、经济业务较少、记账凭证量小的单位

D. 经营规模较大、经济业务较多、记账凭证量大的单位

10. 按用途和结构分类,"固定资产"账户属于(　　)。

A. 资产类账户　　B. 盘存类账户

C. 结算类账户　　D. 成本计算类账户

11. 备抵账户与被调整账户的关系是(　　)。

A. 结构相同　　B. 用途相同

C. 余额方向相反　　D. 反映的经济内容不同

12. 编制记账凭证的依据是审核无误的(　　)。

A. 转账凭证　　B. 原始凭证

C. 收款凭证　　D. 付款凭证

13. 填制收款凭证时,该凭证左上角"借方科目"应填列(　　)。

A. 银行存款　　B. 在途物资

C. 预收账款　　D. 应收账款

14. 赊购原材料并验收入库,应填制的记账凭证是(　　)。

A. 收款凭证　　B. 付款凭证

C. 转账凭证　　D. 一次凭证

15. 库存现金送存银行,一般只填制(　　)。

A. 银行存款收款凭证　　B. 现金收款凭证

C. 银行存款付款凭证　　D. 现金付款凭证

16. 某企业本月预收货款 20 000 元;出售产品 70 000 元,其中 30 000 元已收到现金。若采用收付实现制,该企业本月应确认收入(　　)。

A. 20 000 元　　B. 30 000 元

C. 50 000 元　　D. 70 000 元

17. 下列经济业务中,能直接引起资产负债表和利润表项目同时发生变动的是(　　)。

A. 预提短期借款利息　　B. 购进材料货款未付

C. 计提生产设备折旧　　D. 预收货款存入银行

18. 下列各项中,属于定期财产清查的是(　　)。

A. 遭受火灾损失　　B. 单位撤销评估

C. 更换保管员盘点物资　　D. 现金日清月结

19. 下列经济业务中,应在备查账簿中登记的是(　　)。

A. 临时租入设备　　B. 采购员预借差旅费

C. 用银行存款支付广告费　　D. 接受股东实物投资

20. 从事会计职业的法定资质是(　　)。

A. 具有会计从业资格证书　　B. 具有初级会计资格证书

C. 具有中级会计资格证书　　D. 具有中专以上会计专业毕业证书

二、多项选择题

1. 借贷记账法下,账户贷方登记的内容有(　　)。
A. 收入增加额　　B. 负债减少额
C. 资产减少额　　D. 费用减少额
E. 所有者权益增加额

2. 下列经济业务中,会引起会计基本等式两边同时发生变动的有(　　)。
A. 赊购原材料　　B. 提取盈余公积金
C. 从银行提取现金　　D. 计提生产设备折旧
E. 用银行存款偿还前欠货款

3. 下列账户中,属于负债类账户的有(　　)。
A."应收票据"　　B."预付账款"
C."应付账款"　　D."预收账款"
E."累计折旧"

4. 按用途分类,账簿可分为(　　)。
A. 序时账簿　　B. 分类账簿
C. 备查账簿　　D. 卡片式账簿
E. 订本式账簿

5. 下列属于记账凭证审核内容的有(　　)。
A. 登记账簿是否及时　　B. 凭证编号是否连续
C. 会计科目的使用是否正确　　D. 是否附有原始凭证
E. 所附原始凭证张数是否正确

6. 下列各项中,属于会计信息质量要求的有(　　)。
A. 重要性　　B. 可比性
C. 相关性　　D. 及时性
E. 可靠性

7. 下列属于结账内容的有(　　)。
A. 进行账项调整　　B. 结转损益类账户
C. 提取法定盈余公积金　　D. 将本期经济业务全部登记入账
E. 结算出各账户本期发生额和余额,并将余额结转下期

8. 构成我国企业会计准则体系内容的有(　　)。
A. 基本会计准则　　B. 企业会计制度
C. 具体会计准则　　D. 事业单位会计准则
E. 企业会计准则应用指南和解释公告

9. 企业接受投资时,与实收资本增加 100 000 元可能存在对应关系的有(　　)。
A. 本年利润增加 100 000 元　　B. 银行存款增加 100 000 元
C. 固定资产增加 100 000 元　　D. 短期借款增加 100 000 元
E. 主营业务收入增加 100 000 元

10. 下列各项中,影响企业营业利润的有(　　)。

A. 管理费用　　　　　　　　　　B. 投资收益
C. 营业外收入　　　　　　　　　D. 所得税费用
E. 主营业务收入

三、名词解释题

1. 总分类账簿
2. 账项调整
3. 外来原始凭证
4. 平行登记
5. 资产负债表

四、简答题

1. 什么是会计循环？每一会计循环主要由哪些环节构成？
2. 简述会计的监督职能及其特点。

五、业务计算题

1. 宏宇公司20×2年12月发生部分经济业务如下(不考虑增值税)：

(1)收到上月应收货款80 000元存入银行。

(2)从大华公司购进甲材料9 600元、乙材料30 000元，共发生运费2 500元。全部款项用银行存款付讫，材料验收入库。

(3)从银行取得期限为3个月、年利率为6%、到期一次还本付息的借款100 000元，款项已划入公司的存款账户。

(4)用银行存款支付本月水电费5 000元，其中：生产车间3 600元，行政管理部门1 400元。

(5)本月工资费用分配如下：生产人员14 000元，车间管理人员1 200元，行政管理部门人员4 600元。

(6)结转本月完工产品成本200 000元。

(7)销售产品一批，售价150 000元，该批产品货款已于本年10月全部预收。

(8)结转产品的销售成本90 000元。

(9)计算并确认本月的营业税金及附加20 000元。

(10)将本年实现的净利润800 000元结转至"利润分配"账户。

要求：根据上述经济业务编制会计分录(只要求写出总账科目)。

2. 20×2年12月1日，腾达公司部分账户余额如下表所示。

腾达公司部分账户余额

单位：元

账户名称	总账余额	明细账余额
应收账款	250 000(借方)	A公司280 000(借方)
预收账款	90 000(贷方)	B公司30 000(贷方) C公司90 000(贷方)
坏账准备	10 000(贷方)	
在途物资	50 000(借方)	
原材料	150 000(借方)	

续表

账户名称	总账余额	明细账余额
周转材料	30 000(借方)	
库存商品	120 000(借方)	
固定资产	600 000(借方)	
累计折旧	250 000(贷方)	

12 月腾达公司发生部分经济业务如下(不考虑增值税):

(1)盘盈原材料一批,原因待查,该批材料的重置价值 600 元。

(2)盘亏机器一台,原因待查,该机器原值 20 000 元、累计折旧 15 000 元。

(3)按合同规定,预收 C 公司货款 20 000 元存入银行。

(4)向 A 公司赊销产品 150 000 元,该产品的销售成本为 80 000 元。

(5)经批准,将应收 A 公司货款 4 000 元确认为坏账损失。

要求:

(1)依据上述(1)、(2)、(5)三笔经济业务编制会计分录。

(2)计算腾达公司 20×2 年 12 月 31 日资产负债表中下列项目的数额:应收账款、预收账款、存货、固定资产。

3. 20×2 年 3 月 31 日,阳光公司银行存款日记账余额为 355 200 元,银行对账单余额为 369 700 元。经逐笔核对,发现有如下未达账项及错账记录:

(1)3 月 20 日,将股东追加的投资 32 000 元送存银行,公司已入账,银行尚未入账。

(2)3 月 25 日,公司将存入银行的销货款 2 000 元错记为 200 元。

(3)3 月 28 日,开出 26 000 元的转账支票支付货款,公司已入账,银行尚未入账。

(4)银行已入账、公司尚未入账的委托银行收款 19 000 元。

(5)银行代公司支付水费 300 元,银行已入账,公司尚未入账。

要求:

(1)根据业务(2)编制更正错账的会计分录,并重新计算银行存款日记账余额。

(2)编制“银行存款余额调节表”(见下表),将正确数字填入表中的括号内。

银行存款余调节表

20×2 年 3 月 31 日

项　目	金　额	项　目	金　额
银行存款日记账余额 加:银行已收,企业未收款 减:银行已付、企业未付款		银行对账单余额 加:企业已收、银行未收款 减:企业已付、银行未付款	
调节后余额		调节后余额	

模拟试题(五)

一、单项选择题

1. 下列关于会计核算基本前提表述正确的是(　　)。
A. 会计主体明确了会计核算的空间范围
B. 货币计量明确了会计核算的时间范围
C. 会计分期是货币计量假设的必然结果
D. 持续经营是对会计核算时间范围的具体划分

2. 下列关于收入类账户表述正确的是(　　)。
A. 借方表示增加　　B. 贷方表示增加
C. 期初余额在借方　　D. 期末余额在贷方

3. 下列业务中,会引起负债项目一增一减的是(　　)。
A. 将销货款存入银行　　B. 用银行存款购买材料
C. 用银行借款偿还应付账款　　D. 用银行存款偿还银行借款

4. 以实际发生的交易为依据进行会计确认与计量,体现的会计信息质量要求是(　　)。
A. 相关性　　B. 可靠性
C. 重要性　　D. 及时性

5. 将银行借款 50 000 元存入银行,对会计要素产生的影响是(　　)。
A. 资产与负债同时增加 50 000 元
B. 资产与所有者权益同时增加 50 000 元
C. 负债与所有者权益同时增加 50 000 元
D. 一项资产增加 50 000 元,另一项资产减少 50 000 元

6. 借贷记账法下,成本类账户借方登记的是(　　)。
A. 上期转出额　　B. 本期转出额
C. 本期增加额　　D. 本期减少额

7. 汇总记账凭证账务处理程序登记总分类账的依据是(　　)。
A. 原始凭证　　B. 记账凭证
C. 科目汇总表　　D. 汇总记账凭证

8. 下列账户中,属于财务成果账户的是(　　)。
A."本年利润"　　B."利润分配"
C."主营业务收入"　　D."其他业务收入"

9. 按用途和结构分类,“材料采购”账户属于(　　)。

A. 期间类账户　　B. 资产类账户

C. 债权债务类账户　　D. 成本计算类账户

10. 记账凭证账务处理程序一般适用于(　　)。

A. 规模小、经济业务较少、记账凭证不多的单位

B. 规模大、经济业务较多、记账凭证较多的单位

C. 规模小、经济业务复杂、记账凭证较多的单位

D. 规模大、经济业务复杂、记账凭证较多的单位

11. 必须由会计人员填制的凭证是(　　)。

A. 收料单　　B. 转账凭证

C. 发货单　　D. 商品销售汇总表

12. 用于登记以经营租赁方式租入固定资产的账簿属于(　　)。

A. 序时账簿　　B. 分类账簿

C. 备查账簿　　D. 日记账簿

13. 一定时期内多次记录重复发生的同类经济业务的原始凭证是(　　)。

A. 通用凭证　　B. 累计凭证

C. 记账编制凭证　　D. 汇总原始凭证

14. 根据账簿记录计算期末存货账面结存数量的方法是(　　)。

A. 实地盘存制　　B. 权责发生制

C. 收付实现制　　D. 永续盘存制

15. 一笔经济业务需要编制两张记账凭证,若凭证顺序为 30 号,则记账凭证编号分别为(　　)。

A. 30,31　　B. 30,30

C. 30-1,30-2　　D. 30 1/2,30 2/2

16. 将序时账簿和总分类账簿结合在一起的联合账簿称为(　　)。

A. 日记总账　　B. 特种日记账

C. 普通日记账　　D. 科目汇总表

17. 企业当期应交纳的增值税为 50 000 元、所得税 10 000 元、城市维护建设税和教育费附加 5 000 元,无其他税费,则利润表上的“营业税金及附加”项目金额为(　　)。

A. 5 000 元　　B. 10 000 元

C. 50 000 元　　D. 65 000 元

18. 按照凭证的来源分类,“制造费用分配表”属于(　　)。

A. 一次凭证　　B. 记账编制凭证

C. 自制原始凭证　　D. 外来原始凭证

19. 经估算,10 月银行存款应计利息收入为 500 元,该业务应记入的借方账户是(　　)。

A.“银行存款”　　B.“财务费用”

C.“应收利息”　　D.“应付利息”

20. 经批准的固定资产盘亏损失,应借记的账户是(　　)。

A.“固定资产”　　B.“管理费用”

C."营业外支出"　　D."待处理财产损溢"

二、多项选择题

1. 下列各项中，属于会计核算方法的有(　　)。

A. 复式记账　　B. 成本计算

C. 编制财务报表　　D. 填制和审核会计凭证

E. 设置会计科目和账户

2. 下列各项中，属于负债基本特征的有(　　)。

A. 企业承担的现时义务　　B. 由过去的交易或事项形成

C. 是企业拥有或控制的　　D. 预期会导致经济利益流出企业

E. 能够给企业带来未来经济利益

3. 下列各项中，会引起会计等式两边同时发生变动的有(　　)。

A. 车间领用材料　　B. 购进材料未付款

C. 从银行提取现金　　D. 从银行借款存入银行

E. 用银行存款偿还前欠购料款

4. 下列账户中，属于调整账户的有(　　)。

A."坏账准备"　　B."累计折旧"

C."利润分配"　　D."累计摊销"

E."材料成本差异"

5. 编制财务报表之前，账项调整的主要内容有(　　)。

A. 本期已实现但尚未收到款项的收入

B. 本期已发生但尚未支付款项的费用

C. 已经收款的收入和已经付款的费用

D. 已经收款但不属于本期或部分属于本期的收入

E. 已经付款但不属于本期或部分属于本期的费用

6. 下列各项中，属于会计核算基础的有(　　)。

A. 历史成本法　　B. 公允价值法

C. 权责发生制　　D. 收付实现制

E. 重置成本法

7. 下列关于银行存款日记账表述正确的有(　　)。

A. 每日终了结出余额

B. 应采用订本式账簿

C. 账页可以采用三栏式或多栏式

D. 按开立的银行账户和币种分别设置日记账

E. 记账依据为付款凭证、收款凭证和转账凭证

8. 下列各项中，影响企业营业利润的有(　　)。

A. 营业收入　　B. 管理费用

C. 所得税费用　　D. 营业外支出

E. 资产减值损失

9. 会计人员的主要职责有(　　)。

A. 进行会计核算　　B. 实行会计监督
C. 招聘财务人员　　D. 办理其他会计事项
E. 拟定本单位办理会计事务的具体办法

10. 下列各项资产中,属于流动资产的有(　　)。
A. 无形资产　　B. 银行存款
C. 固定资产　　D. 库存商品
E. 其他应收款

三、名词解释题

1. 会计要素
2. 财务报告
3. 会计职业道德
4. 会计凭证传递
5. 特种日记账

四、简答题

1. 什么是结算账户?结算账户可分为哪几类?
2. 什么是账实核对?账实核对包括哪些具体内容?

五、业务计算题

1. 兴隆公司本月发生的产品生产业务如下:

(1)本月发出材料如下表所示。

发料凭证汇总表　　单位:元

用途及领料部	甲 材 料	乙 材 料	合 计
生产A产品	100 000	50 000	150 000
B产品	40 000	60 000	100 000
车间一般耗用		35 000	35 000
行政管理部门耗用		5 000	5 000
合 计	140 000	150 000	290 000

(2)本月应付职工薪酬总额为134 000元,其中:A产品生产工人薪酬80 000元,B产品生产工人薪酬20 000元,车间管理人员薪酬14 000元,行政管理人员薪酬20 000元。

(3)本月计提固定资产折旧15 000元,其中:生产车间11 000元,行政管理部门4 000元。

(4)用银行存款支付生产车间水电费9 200元。

(5)用现金支付生产车间办公费800元。

(6)月末,结转完工产品成本415 000元。

要求:

(1)依据上述业务编制会计分录(不考虑增值税和明细科目)。

(2)本月制造费用总额为70 000元,生产A产品工人工时为1 500小时,生产B产品工人工时为1 000小时,按生产工人工时比例分配制造费用,并编制制造费用结转分录。

2. 兴隆公司20×1年9月各总分类账户发生额及余额部分数据如下表所示。

总分类账户发生额及余额试算平衡表　　单位:元

账户名	期初余额		本期发生额		期末余额	
	借方	贷方	借方	贷方	借方	贷方
库存现金	2 000		20 000	( )	20 000	
银行存款	( )		1 500 000	230 000	1 470 000	
原材料	10 000		12 000	—	( )	
短期借款		92 000	204 000	504 000		( )
实收资本		( )	—	1 000 000		1 120 000
合　计	( )	( )	1 736 000	( )	( )	( )

要求:根据上表资料,补充填写括号内的数据,完成试算平衡表。

3.(1)兴隆公司20×1年12月31日资产负债表(简表)如下表所示。

资产负债表(简表)

编制单位:兴隆公司　　20×1年12月31日　　单位:元

资　产	期 末 数	负债和所有者权益	期 末 数
货币资金	105 000	短期借款	210 000
交易性金融资产	30 000	应付账款	85 000
应收账款	30 000	预收账款	20 000
预付账款	25 000	应付职工薪酬	65 000
其他应收款	10 000	应交税费	30 000
存货	300 000	实收资本	600 000
固定资产	700 000	盈余公积金	50 000
		未分配利润	140 000
总　计	1 200 000	总　计	1 200 000

(2)该公司"应收账款"所属明细账户期末余额均在借方;"预收账款"所属明细账户期末余额均在贷方;"坏账准备"账户期末贷方余额为1 000元。

(3)该公司"累计折旧"总分类账户贷方余额为180 000元,"固定资产减值准备"总分类账户贷方余额为20 000元。

(4)该公司年初未分配利润10 000元,本年实现净利润200 000元。

要求:

(1)计算"应收账款"总分类账户的期末余额。

(2)计算"固定资产"总分类账户的期末余额。

(3)计算本年已分配利润数额。

(4)计算流动资产项目合计金额。

(5)计算所有者权益项目合计金额。

客观试题综合习题(一)

一、单项选择题

1 会计是以(　　)为主要计量单位,反映与监督一个单位的经济活动的一种经济管理工作。

A. 实物　　B. 货币

C. 工时　　D. 劳动耗费

2. 下列项目中,属于会计基本职能的是(　　)。

A. 计划职能、核算职能　　B. 预测职能、监督职能

C. 核算职能、监督职能　　D. 决策职能、监督职能

3. 会计对象是企事业单位的(　　)。

A. 资金运动　　B. 经济活动

C. 经济资源　　D. 劳动成果

4. (　　)是将一个会计主体持续经营的生产经营活动人为划分成若干个相等的会计期间。

A. 会计时段　　B. 会计分期

C. 会计区间　　D. 会计年度

5. 下列各项中属于企业资产的是(　　)。

A. 应付账款　　B. 实收资本

C. 销售收入　　D. 原材料

6. 最基本的会计等式是(　　)。

A. 收入－费用＝利润　　B. 收入－成本＝利润

C. 资产＝负债＋所有者权益　　D. 资产＋负债＝所有者权益

7. 企业期末所有者权益总额等于(　　)。

A. 期末资产－期末负债　　B. 本期收入－本期费用

C. 期末资产－本期费用　　D. 期末负债＋本期费用

8. 某企业 20×1 年 6 月初的资产总额为 60 000 元,负债总额为 25 000 元。6 月初取得收入共计 28 000 元,发生费用共计 18 000 元,则 6 月末该企业的所有者权益总额为(　　)。

A. 85 000 元　　B. 35 000 元

C. 10 000 元　　D. 45 000 元

9. 某企业年初资产总额为 126 000 元,负债总额为 48 000 元。本年度取得收入共计

89 000元，发生费用共计 93 000 元，月末负债总额为 50 000 元，则该企业年末资产总额为(　　)。

A. 124 000 元　　B. 122 000 元

C. 128 000 元　　D. 131 000 元

10. 企业月初资产总额 300 万元，本月产生下列经济业务：赊购材料 10 万元；用银行存款偿还短期借款 20 万元；收到购货单位偿还欠款 15 万元存入银行。月末资产总额为(　　)。

A. 310 万元　　B. 290 万元

C. 295 万元　　D. 305 万元

11. 下列项目中不属于有价证券的是(　　)。

A. 国库券　　B. 股票

C. 信用证存款　　D. 企业债券

12. 下列项目中不属于企业款项范围的是(　　)。

A. 库存现金　　B. 银行存款

C. 外埠存款　　D. 企业债券

13. (　　)增减的核算，一般都应以具有法律效力的文书为依据，具有政策性强的特点。

A. 资本　　B. 债权、债务

C. 现金、银行存款　　D. 财物

14. 下列项目中，利益关系比较明确，用途基本定向的有(　　)。

A. 无形资产　　B. 资本

C. 财物　　D. 款项

15. (　　)是指公司、企业在销售商品、提供劳务及让渡资产使用权等日常活动中形成的经济利益总流入。

A. 现金　　B. 银行存款

C. 货币资金　　D. 收入

16. (　　)是企业在销售商品、提供劳务等日常活动中所发生的经济利益流出。

A. 支出　　B. 应付账款

C. 成本　　D. 费用

17. 单位的债权一般包括各种(　　)等。

A. 短期借款　　B. 应付和预收款

C. 应收和预付款　　D. 债券

18. (　　)是企业为生产某种产品而发生的费用，与一定数量的产品相联系。

A. 生产费用　　B. 期间费用

C. 成本　　D. 经营费用

19. 投资者为开展经营活动而投入的本钱称为(　　)。

A. 投资　　B. 基金

C. 资本　　D. 股本

20. 下列表述中，符合《会计法》对使用会计记录文字基本要求的是(　　)。

A. 民族自治地方，会计记录可以使用当地通用的一种民族文字

B. 在我国境内的外商投资企业，会计记录在使用中文的前提下，可以同时使用一种外国

文字

C. 在我国境内的外国企业,会计记录可以使用其本国文字

D. 我国设立在境外的企业,会计记录必须使用中文

21. 会计科目是对(　　)的具体内容进行分类核算的项目。

A. 会计对象　　B. 会计要素

C. 资金运动　　D. 会计账户

22. 设置账户是(　　)的重要方法之一。

A. 会计监督　　B. 会计决策

C. 会计分析　　D. 会计核算

23. 会计科目按其所属会计要素不同进行分类可分为(　　)。

A. 资产、负债、所有者权益、共同、收入、费用等六类

B. 资产、负债、所有者权益、共同、成本、利润等六类

C. 资产、负债、所有者权益、共同、利润、损益等六类

D. 资产、负债、所有者权益、共同、成本、损益等六类

24. 账户是根据(　　)设置的,具有一定的格式和结构,用于分类反映会计要素增减变动情况及其结果的载体。

A. 会计对象　　B. 会计要素

C. 会计科目　　D. 会计账簿

25. 账户分为左方、右方两个方向,当某一账户左方登记增加数时,则该账户的右方(　　)。

A. 登记增加数　　B. 登记减少数

C. 登记增加数或减少数　　D. 不登记任何数

26. 会计账户四个金额要素是(　　)。

A. 期末余额、本期发生额、期初余额、本期余额

B. 期初余额、本期增加发生额、本期减少发生额、期末余额

C. 期初余额、期末余额、本期借方增加额、本期借方减少额

D. 期初余额、本期增加发生额、本期减少发生额、本期发生额

27. 账户的"期末余额"一般在(　　)。

A. 账户在左方　　B. 账户的右方

C. 增加方　　D. 减少方

28. 会计科目的实质是(　　)。

A. 反映会计对象的具体内容　　B. 为设置账户奠定基础

C. 记账的理论依据　　D. 会计要素的进一步分类

29. 下列对会计账户的四个金额要素之间基本关系表述正确的是(　　)。

A. 期初余额＝期末余额＋本期增加发生额－本期减少发生额

B. 期末余额＝期初余额＋本期增加发生额－本期减少发生额

C. 期初余额＝本期增加发生额－本期减少发生额－期末余额

D. 期末余额＝本期增加发生额－本期减少发生额－期初余额

30. 二级会计科目要不要设置,设置多少,主要取决于(　　)的需要。

A. 总分类科目　　B. 企业效益

C. 企业经营管理　　D. 领导意图

31. "生产成本"科目属于(　　)。

A. 资产类　　B. 负债类

C. 成本类　　D. 损益类

32. 在复式记账法下,对每项经济业务都可以相等的金额,在(　　)。

A. 一个或一个以上账户中登记　　B. 两个账户中登记

C. 两个或两个以上账户中登记　　D. 相互关联的两个或两个以上账户中登记

33. 一项资产增加,不可能引起(　　)。

A. 另一项资产的减少　　B. 一项负债的增加

C. 一项所有者权益的增加　　D. 一项负债的减少

34. 企业以银行存款支付应付账款,表现为(　　)。

A. 一项资产增加,另一项资产的减少　　B. 一项资产减少,一项负债增加

C. 一项资产减少,一项负债减少　　D. 一项负债减少,另一项负债增加

35. 我国《企业会计准则》规定,企业应采用(　　)。

A. 增减记账法　　B. 借贷记账法

C. 收付记账法　　D. 单式记账法

36. 借贷记账法起源于 13 世纪的(　　)。

A. 德国　　B. 意大利　　C. 法国　　D. 英国

37. 在借贷记账法下,将账户划分为借、贷两方,哪一方登记增加,哪一方登记减少的依据是(　　)。

A. 凡借方都登记增加,贷方都登记减少　　B. 记账方法

C. 核算方法　　D. 账户的性质及结构

38. 在账户中,用借方和贷方登记资产、负债、所有者权益的增加、减少数额,说法正确的是(　　)。

A. 借方登记资产、负债及所有者权益的增加,贷方登记其减少

B. 借方登记资产、负债及所有者权益的减少,贷方登记其增加

C. 借方登记资产的增加、负债及所有权益的减少,贷方反之

D. 借方登记负债的减少、资产及所有者权益的增加,贷方反之

39. 采用借贷记账法时,资产账户的结构特点是(　　)。

A. 借方登记增加,贷方登记减少,期末余额在借方

B. 借方登记减少,贷方登记增加,期末余额在贷方

C. 借方登记增加,贷方登记减少,期末一般无余额

D. 借方登记减少,贷方登记增加,期末一般无余额

40. 采用借贷记账法时,负债账户的结构特点是(　　)。

A. 借方登记增加,贷方登记减少,期末余额在借方

B. 借方登记减少,贷方登记增加,期末余额在贷方

C. 借方登记增加,贷方登记减少,期末一般无余额

D. 借方登记减少,贷方登记增加,期末一般无余额

41. 采用借贷记账法时,损益支出类账户的结构特点是(　　)。

A. 借方登记增加,贷方登记减少,期末余额在借方

B. 借方登记减少,贷方登记增加,期末余额在贷方

C. 借方登记增加,贷方登记减少,期末一般无余额

D. 借方登记减少,贷方登记增加,期末一般无余额

42. 某企业"原材料"账户月初余额为 380 000 元,本月验收入库的原材料共计 240 000 元,发出材料共计 320 000 元。则该企业"原材料"月末余额为(　　)。

A. 余额在借方,金额为 460 000 元　　B. 余额在贷方,金额为 460 000 元

C. 余额在借方,金额为 300 000 元　　D. 余额在贷方,金额为 300 000 元

43. 复合会计分录是指(　　)。

A. 涉及四个账户的会计分录

B. 涉及两个或两个以上账户的会计分录

C. 涉及三个或三个以上账户的会计记录

D. 涉及四个或四个以上账户的会计记录

44. 简单会计分录是指(　　)。

A. 一借一贷的会计分录　　B. 一借多贷的会计分录

C. 一贷多借的会计分录取　　D. 多借多贷的会计分录

45. 在借贷记账法下,余额试算平衡法的平衡公式是(　　)。

A. 全部总分类账户的借方发生额合计=全部总分类账户的贷方发生额合计

B. 全部总分类账户借方期初余额合计=全部总分类账户借方期末余额合计

C. 全部总分类账户贷方期初余额合计=全部总分类账户贷方期末余额合计

D. 全部总分类账户借方期末余额合计=全部总分账户贷方期末余额合计

46. 按照平行登记法的原则,发生的经济业务在相关的总账和明细账中的登记方法是(　　)。

A. 根据总账登记明细账　　B. 根据明细账登记总账

C. 先登记总账后登记明细账　　D. 根据相同的原始依据各自独立登记

47. "累计折旧"账户按照会计要素分类属于(　　)。

A. 资产类账户　　B. 损益类账户

C. 负债类账户　　D. 成本类账户

48. "长期待摊费用"账户按照会计要素分类属于(　　)。

A. 资产类账户　　B. 损益类账户

C. 负债类账户　　D. 成本类账户

49. "制造费用"账户按照会计要素分类属于(　　)。

A. 资产类账户　　B. 损益类账户

C. 负债类账户　　D. 成本类账户

50. 下列属于资产类账户的有(　　)。

A. "预付账款"　　B. "应付股利"

C. "营业外收入"　　D. "生产成本"

51. "生产成本"账户的期末借方余额表示(　　)。

A. 生产成本的增加数　　B. 生产费用总和

C. 未完工的在产品和半成品的成本　　D. 完工产品的实际成本

52. "应付利息"账户的期末贷方余额表示(　　)。

A. 利息收入

B. 已在本期支付应由本期和以后各期负担的利息费用

C. 一定时期内的利息费用支出

D. 已在本期及以前各期预提但尚未支付的利息费用

53. "长期待摊费用"账户的期末借方余额表示(　　)。

A. 已经分摊但尚未支付的费用　　B. 已经支付但尚未分摊的费用

C. 已经支付且已经分摊的费用　　D. 已经计入产品成本中的费用

54. 企业在生产经营过程中所发生的各项费用,按其经济用途分类不包括(　　)。

A. 直接费用　　B. 间接费用

C. 管理费用　　D. 期间费用

55. 企业生产过程中的期间费用不包括(　　)。

A. 管理费用　　B. 制造费用

C. 销售费用　　D. 财务费用

56. (　　)是企业所实际发生的各项支出和损失。

A. 收入　　B. 费用

C. 支出　　D. 成本

57. 企业收到所有者投入 50 万元货币资金存入银行,应贷记(　　)科目。

A. "银行存款"　　B. "实收资本"

C. "长期股权投资"　　D. "交易性金融资产"

58. 企业取得 6 个月借款 20 万元存入银行,下述分录正确的是(　　)。

A. 借:银行存款　　20 万
　　贷:短期借款　　20 万

B. 借:银行存款　　200 000
　　贷:短期借款　　200 000

C. 借:短期借款　　20 000
　　贷:银行存款　　20 000

D. 借:短期借款　　200 000
　　贷:银行存款　　200 000

59. 企业购入一批材料,买价 5 万元,另发生运杂费 400 元,材料已经入库,款以银行存款支付。则原材料的成本是(　　)元。

A. 50 400　　B. 50 000

C. 400　　D. 54 000

60. 企业购入一批材料,买价 15 万,另发生运费 1 000 元,材料已经入库,款未付。应做分录(　　)。

A. 借:原材料　　150 000
　　贷:应付账款　　150 000

B. 借:原材料　　151 000

贷:应付账款 151 000

C. 借:应付账款 150 000

贷:原材料 150 000

D. 借:应付账款 151 000

贷:原材料 151 000

61. 企业从银行提取现金 2000 元,应编制的会计分录是( )。

A. 借:银行存款 2 000

贷:现金 2 000

B. 贷:现金 2 000

借:银行存款 2 000

C. 借:现金 2 000

贷:银行存款 2 000

D. 贷:银行存款 2 000

借:现金 2 000

62. 若某企业年末"固定资产"账户余额为 350 000 元,固定资产净值为 280 000 元,不考虑其他因素,则下列表述正确的是( )。

A."累计折旧"年末借方余额为 630 000 元

B."累计折旧"年末贷方余额为 70 000 元

C."累计折旧"年末借方余额为 630 000 元

D."累计折旧"年末借方余额为 70 000 元

63. 企业对外销售商品,购货方未支付货款,这项债权应记入( )。

A."应收账款"账户的借方　　B."应收账款"账户的贷方

C."应付账款"账户的借方　　D."应付账款"账户的贷方

64. 以现金 50 元购办公用品,应借记( )科目,贷记"现金科目"。

A. 制造费用　　B. 管理费用

C. 生产成本　　D. 销售费用

65. 采购员预借差旅费,企业财会部门以现金付讫,应借记( )科目,贷记"现金"科目。

A."其他应付款"　　B."其他应收款"

C."管理费用"　　D."销售费用"

66."本年利润"账户的借方余额表示( )。

A. 本年累计取得的利润总额　　B. 本年累计产生的亏损总额

C. 收入总额　　D. 费用总额

67. 企业本期全部损益状况如下:主营业务收入 586 000 元,主营业务成本 467 000 元,营业税金及附加 24 000 元,管理费用 60 000 元,营业外收入 12 000 元,所得税费用 11 000 元,则企业本期营业利润为( )。

A. 119 000 元　　B. 95 000 元

C. 35 000 元　　D. 36 000 元

68. 企业本期全部损益状况如下:主营业务收入 1286 000 元,主营业务成本 663 000 元,营业税金及附加 24 000 元,管理费用 60 000 元,销售费用 30 000 元,投资收益 50 000 元,营业外收入 12 000 元，营业外支出 8 000 元，所得税费用 185 790 元，则企业本期利润总额为（　　）。

A. 509 000 元　　B. 563 000 元
C. 377 210 元　　D. 323 210 元

69. 以货币为主要计量单位，通过确认、计量、记录、计算、报告等环节，对特定主体的经济活动进行记账、算账、报账，为有关方面提供会计信息功能的是（　　）。

A. 会计核算职能　　B. 会计监督职能
C. 会计计划职能　　D. 会计预测职能

70. 在会计核算的基本前提中，确定会计核算空间范围的是（　　）。

A. 会计主体　　B. 持续经营
C. 会计分期　　D. 货币计量

71. 会计核算必须以（　　）为核算的基础和假设条件。

A. 会计主体　　B. 持续经营
C. 会计分期　　D. 货币计量

72. 流动资产是指可以在（　　）变现或耗用的资产，包括现金和各种存款、短期投资、应收及预收款项、存货。

A. 一年内
B. 一年以内或超过一年的一个营业周期以内
C. 一个营业周期内
D. 一年以上及一个营业周期以上

73. 下列经济业务中，会引起资产和负债同时增加的是（　　）。

A. 以银行存款购买材料　　B. 以银行存款对外投资
C. 以银行存款清偿前欠货款　　D. 取得借款存入银行

74. 将资本公积转增资本的经济业务使得企业的（　　）。

A. 资产和所有者权益同时增加　　B. 资产和负债同时增加
C. 负债增加，所有者权益减少　　D. 所有者权益一增一减

75. 甲企业从银行借款 10 万元归还原欠 B 公司的货款，借款和还款手续办妥后，这项经济业务使甲企业（　　）。

A. 资产和负债都增加　　B. 权益和资产都增加
C. 负债有增有减　　D. 负债减少，资产增加

76. 某公司资产总额为 6 万元，负债总额为 3 万元，以银行存款 2 万元偿还短期借款，并以银行存款 1.5 万元购买设备，则上述业务入账后该公司的资产总额为（　　）元。

A. 3 万　　B. 4 万　　C. 2.5 万　　D. 1 万

77. 将短期借款 20 万元转为对本公司的投资，则本公司的（　　）。

A. 负债减少，资产增加　　B. 负债减少，所有者权益增加
C. 资产减少，所有者权益增加　　D. 所有者权益内部一增一减

78. 会计核算的内容是指特定主体的（　　），包括资金投入、运用、退出三个阶段。

A. 资金运动　　B. 资金循环
C. 实物运动　　D. 经济资源

79.(　　)是指在企业与其他单位和个人之间发生的各种经济利益,如购买材料、产品销售。

A. 经济事项　　B. 经济业务

C. 经济业务事项　　D. 会计对象

80. 企业购入材料价值 5 000 元,其中 3 000 元以银行存款支付,余款未付。会计分录为(　　)。

A. 一借一贷　　B. 一借多贷

C. 多借多贷　　D. 一贷多借

81.“长期待摊费用”账户的期末余额等于(　　)。

A. 期初余额+贷方发生额-借方发生额

B. 期初余额+借方发生额-贷方发生额

C. 期初余额+贷方发生额+借方发生额

D. 期初余额-贷方发生额-借方发生额

82. 企业 20××年 5 月发生销售费用 50 万元,月末应结平“销售费用”账户,则“销售费用”账户(　　)。

A. 月末借方余额为 50 万元　　B. 月末贷方余额为 50 万元

C. 本期贷方发生额为 50 万元　　D. 以上都不对

83. 某企业月末在编制试算平衡表中,全部账户的本月贷方发生额合计为 6 万元,除银行存款以外的账户本月借方发生额合计为 4.2 万元,则银行存款账户(　　)。

A. 本月贷方余额为 1.8 万元　　B. 本月借方余额为 1.8 万元

C. 本月借方发生额为 1.8 万元　　D. 本月贷方发生额为 1.8 万元

84. 某企业期末余额试算平衡表资料如下表所示,则乙账户有(　　)。

试算平衡表　　单位:元

账户名称	期末借方余额	期末贷方余额
甲账户	38 000	
乙账户		
丙账户	42 000	
丁账户	65 000	
戊账户		120 000

A. 借方余额 3.5 万元　　B. 贷方余额 3.5 万元

C. 借方余额 2.5 万元　　D. 贷方余额 2.5 万元

85. 企业本期生产产品直接耗用原材料 3 000 元,生产车间管理方面耗用原材料 2 000 元,正确的会计分录是(　　)。

A. 借:生产成本　　5 000

　　贷:原材料　　5 000

B. 借:制造费用　　5 000

　　贷:原材料　　5 000

C. 借:生产成本　　3 000

制造费用 2 000
贷:原材料 5 000
D. 借:生产成本 3 000
管理费用 2 000
贷:原材料 5 000

86. 甲公司计算本月车间使用的机器设备等固定资产的折旧费 7 000 元,下列会计分录正确的是( )。

A. 借:生产成本 7 000
贷:累计折旧 7 000
B. 借:制造费用 7 000
贷:累计折旧 7 000
C. 借:管理费用 7 000
贷:累计折旧 7 000
D. 借:制造费用 7 000
贷:固定资产 7 000

87. 甲公司以银行存款支付下半年 6 个月房租费 12 000 元,则会计分录为( )。

A. 借:预付账款 12 000
贷:银行存款 12 000
B. 借:管理费用 12 000
贷:银行存款 12 000
C. 借:制造费用 12 000
贷:预付账款 12 000
D. 借:管理费用 12 000
贷:银行存款 12 000

88. 月末结转已售产品的销售成本 90 000 元,正确的会计分录为( )。

A. 借:库存商品 90 000
贷:生产成本 90 000
B. 借:主营业务成本 90 000
贷:主营业务收入 90 000
C. 借:主营业务成本 90 000
贷:库存商品 90 000
D. 借:主营业务成本 90 000
贷:生产成本 90 000

89. 企业 20×1 年 3 月末支付本季短期借款利息 3 000 元(前两月已预提 2 000 元),正确的会计分录为( )。

A. 借:应付利息 2 000
管理费用 1 000
贷:银行存款 3 000
B. 借:应付利息 2 000

财务费用 1 000

贷:银行存款 3 000

C. 借:应付利息 3 000

贷:银行存款 3 000

D. 借:财务费用 3 000

贷:银行存款 3 000

90. 本年应纳所得额为 200 000 元,所得税率为 33%,正确的会计分录为( )。

A. 借:营业税金及附加 66 000

贷:应交税金 66 000

B. 借:管理费用 66 000

贷:应交税金 66 000

C. 借:应交税金 66 000

贷:所得税费用 66 000

D. 借:所得税费用 660 000

贷:应交税金 66 000

91. 会计核算工作的起点是( )。

A. 复式记账　　B. 登记账簿

C. 填制和审核会计凭证　　D. 编制会计报表

92. ( )是记录经济业务发生或完成情况的书面证明,也是登记账簿的依据。

A. 记账凭证　　B. 原始凭证

C. 专用凭证　　D. 会计凭证

93. ( )是在经济业务发生或完成时取得或填制的,用以记录或证明经济业务的发生或完成情况的书面证明。

A. 原始凭证　　B. 记账凭证

C. 收款凭证　　D. 付款凭证

94. 在一定时期内连续记录若干项同类经济业务的自制原始凭证是( )。

A. 一次凭证　　B. 累计凭证

C. 汇总凭证　　D. 原始凭证汇总表

95. ( )是指根据一定时期内若干相同的原始凭证汇总编制成的原始凭证。

A. 汇总记账凭证　　B. 累计凭证

C. 一次凭证　　D. 原始凭证汇总表

96. 下列各项中不属于原始凭证的有( )。

A. 销货发票　　B. 借据

C. 固定资产卡片　　D. 运费结算凭证

97. 下列属于汇总原始凭证的有( )。

A. 科目汇总表　　B. 汇总记账凭证

C. 限额领料单　　D. 工资结算汇总表

98. 会计人员在审核购货发票及材料入库单时发现,该批材料采购量过大。则该原始凭证所反映的经济业务( )。

A. 不合法　　B. 不合理
C. 不完整　　D. 不正确
99. 外来原始凭证一般都是(　　)。
A. 一次凭证　　B. 汇总凭证
C. 累计凭证　　D. 原始凭证汇总表
100. 将会计凭证分为原始凭证和记账凭证两大类的依据是(　　)。
A. 凭证填制的时间　　B. 凭证填制的程序和用途
C. 凭证填制的方法　　D. 凭证所反映的经济内容
101. 用大写表示人民币 30 010.56 元的正确写法是(　　)。
A. 人民币叁万零壹拾元零伍角陆分　　B. 人民币三万零十元五角六分
C. 人民币三万零十元五角六分整　　D. 人民币叁万零拾元伍角陆分整
102. 填制原始凭证时,“人民币捌仟元零伍角整”的小写金额规范的是(　　)。
A. 8 000.50　　B. ￥8 000.5
C. ￥8 000.50　　D. ￥8 000.5—
103. 记账凭证是根据审核无误的(　　)填制的。
A. 会计科目　　B. 借贷记账法
C. 会计要素　　D. 原始凭证
104. 下列对转账业务表述正确的是(　　)。
A. 转账业务不是会计所反映的内容
B. 转账业务是直接引起现金或银行存款减少的业务
C. 转账业务是直接引起现金或银行存款增加的业务
D. 转账业务是指与货币资金收付无关的业务
105. 科目汇总表和汇总记账凭证是一种(　　)。
A. 原始凭证　　B. 记账凭证
C. 会计账簿　　D. 会计报表
106. 销售产品一批,部分货款收回存入银行,部分货款对方暂欠时,应填制的记账凭证是(　　)。
A. 收款凭证和转账凭证　　B. 付款凭证和转账凭证
C. 收款凭证和付款凭证　　D. 两张转账凭证
107. 从银行提取现金或把现金存入银行的经济业务,一般(　　)。
A. 只填制付款凭证,不填制收款凭证　　B. 只填制收款凭证,不填制付款凭证
C. 既填制付款凭证,又填制收款凭证　　D. 填制付款凭证或填制收款凭证
108. 审核原始凭证时,发现金额有错误,应由(　　)。
A. 原填制单位重开　　B. 经办人更正
C. 会计人员更正　　D. 会计主管人员更正
109. 仓库保管人员填制的收料单,属于企业(　　)。
A. 外来原始凭证　　B. 自制原始凭证
C. 汇总原始凭证　　D. 累计原始凭证
110. 下列不能作为原始凭证的有(　　)。

A. 发票　　B. 领料单

C. 工资结算汇总表　　D. 银行存款余额调节表

111. 会计机构、会计人员对不真实、不合法的原始凭证和违法收支,应当(　　)。

A. 不予受理　　B. 予以受理

C. 予以纠正　　D. 予以反映

112. 会计机构、会计人员对真实、合法、合理但内容不准确、不完整的原始凭证,应当(　　)。

A. 不予受理　　B. 予以受理

C. 予以纠正　　D. 予以退回,要求更正、补充

113. 差旅费报销单按填制的手续及内容分类,属于原始凭证中的(　　)。

A. 一次凭证　　B. 累计凭证

C. 汇总凭证　　D. 专用凭证

114. 原始凭证按(　　)不同,分为通用凭证和专用凭证。

A. 来源　　B. 手续及内容

C. 格式　　D. 专用凭证

115. 审核原始凭证所记录的经济业务是否符合企业生产经营活动的需要,是否符合有关的计划和预算,属于(　　)审核。

A. 合理性　　B. 合法性

C. 真实性　　D. 完整性

116. 在每项经济业务发生或完成时取得或自行填制的会计凭证是(　　)。

A. 转账凭证　　B. 付款凭证

C. 收款凭证　　D. 原始凭证

117. 某单位会计部第 8 号记账凭证的会计事项需要填制三张记账凭证,则三张凭证编号为(　　)。

A. 8,9,10　　B. 7,8,9

C. 81/3,82/3,83/3　　D. 1/3,2/3,2/3

118. 发料凭证汇总表属于(　　)。

A. 单项原始凭证　　B. 自制原始凭证

C. 外来原始凭证　　D. 累计原始凭证

119. 限额领料单属于(　　)。

A. 外来原始凭证　　B. 累计凭证

C. 一次凭证　　D. 汇总凭证

120. 收款凭证左上角的会计科目为(　　)。

A. 借方　　B. 贷方　　C. 材料　　D. 固定资产

121. 付款凭证左上角的"贷方科目"可能登记的科目是(　　)。

A. 应付账款　　B. 银行存款

C. 预付账款　　D. 其他应付款

122. 根据同一原始凭证编制几张记账凭证的,应(　　)。

A. 编制原始凭证分割单

B. 采用分数编号的方法
C. 不必做任何说明
D. 在未附原始凭证的记账凭证上注明其原始凭证附在哪张记账凭证下

123. 一项经济业务需要连续编制多张记账凭证的，应(　　)。
A. 自制内容相同的多张原始凭证　　B. 编制原始凭证分割单
C. 采用分数编号的方法　　D. B 和 C 两种方法

124. 已经登记入账的记账凭证，在当年内发现有误，可以用红字填写一张与原内容相同的记账凭证，在摘要栏注明(　　)字样，再用蓝字做一张正确的登记入账。
A. 注销某月某日某号凭证　　B. 订正某月某日某号凭证
C. 经济业务内容　　D. 对方单位

125. 企业购进材料 4 000 元，款未付，这笔经济业务应该编制的记账凭证是(　　)。
A. 收款凭证　　B. 付款凭证
C. 转账凭证　　D. 以上均可

126. 原始凭证金额有错误的，应当(　　)。
A. 在原始凭证上更正　　B. 由出具单位更正并且加盖公章
C. 由经办人更正　　D. 由出具单位重开，不得在原始凭证上更正

127. 出纳人员在办理收款或付款后，应在(　　)上加盖"收讫"或"付讫"的戳记，以避免重收重付。
A. 记账凭证　　B. 原始凭证
C. 收款凭证　　D. 付款凭证

128. 企业售产品一批，售价 5 000 元，收到一张转账支票送存银行。这笔业务应编制的记账凭证为(　　)。
A. 收款凭证　　B. 付款凭证
C. 转账凭证　　D. 以上均对

129. 下列业务中，应该填制现金收款凭证的是(　　)。
A. 出售材料一批，款未收　　B. 从银行提取现金
C. 出租设备，收到一张转账支票　　D. 报废一台计算机，出售残料收到现金

130. 在审核记账凭证时，如发现记账凭证有误，应由(　　)改正。
A. 审核人员　　B. 记账人员
C. 填证人员　　D. 出纳人员

131. 某会计人员在审核记账凭证时，发现误将 1 000 元写成 100 元，尚未入账，一般采取(　　)改正。
A. 重新编制记账凭证　　B. 红字更正法
C. 补充登记法　　D. 冲销法

132. 下列业务中，需要编制银行存款收款凭证的是(　　)。
A. 以银行存款购入设备　　B. 接受投资的一台设备
C. 从银行借入款项　　D. 将资本公积转增资本

133. 税务部门统一印制的增值税专用发票属于(　　)。
A. 通用原始凭证　　B. 专用凭证

C. 累计凭证　　　　D. 汇总原始凭证

134. 会计是以货币为主要计量单位,反映和监督一个单位经济活动的一种(　　)。

A. 方法　　　　B. 手段

C. 信息工具　　　　D. 经济管理活动

135."负债类"账户的本期减少数和期末余额分别反映在(　　)。

A. 借方　　　　B. 贷方

C. 借方和贷方　　　　D. 贷方和借方

136. 在实际工作中,是通过(　　)来确定会计分录的。

A. 编制原始凭证　　　　B. 编制记账凭证

C. 设置账簿　　　　D. 设置会计科目

137. 标明某项经济业务应借应贷账户名称及其金额的一种记录,称为(　　)。

A. 对应关系　　　　B. 对应账户

C. 会计账簿　　　　D. 会计分录

138. 小王出差回来报销差旅费 2 700 元,原借 3 000 元,交回多余现金 300 元,则报销的会计分录为(　　)。

A. 借:现金　300
　　管理费用　2 700
　贷:银行存款　3 000

B. 借:现金　300
　　管理费用　2 700
　贷:其他应收款　3 000

C. 借:管理费用　3 000
　贷:其他应收款　3 000

D. 借:管理费用　3 000
　贷:应收账款　3 000

139. 总分类账户与明细分类账户的主要区别在于(　　)。

A. 记账内容不同　　　　B. 记录经济业务详细程序不同

C. 记账的方向不同　　　　D. 记账的依据不同

140.(　　)是指对所发生的每项经济业务事项,都要以会计凭证为依据,一方面记入有关总分类账户,另一方面记入总账所属明细分类账户的方法。

A. 复式记账法　　　　B. 借贷记账法

C. 平行登记法　　　　D. 同时登记法

141. 某企业材料总分类账户的本期借方发生额为 25 000 元,本期贷方发生额为 24 000 元,其有关明细分类账户的发生额分别为:甲材料本期借方发生额为 8 000 元,贷方发生额为 6 000元,乙材料借方发生额为 13 000 元,贷方发生额为 16 000 元,则丙材料本期借方、贷方发生额分别是(　　)。

A. 借方发生额为 12 000 元,贷方发生额为 2 000 元

B. 借方发生额为 4 000 元,贷方发生额为 2 000 元

C. 借方发生额为 4 000 元,贷方发生额为 1 000 元

D. 借方发生额为 6 000 元,贷方发生额为 8 000 元

142. 会计账簿是指由一定格式账页组成的,以(　　)为依据,全面、系统、连续地记录各项经济业务的簿籍。

A. 原始凭证　　B. 会计科目

C. 审核无误的会计凭证　　D. 会计报表

143. 由具有一定格式的账页组成,以审核无误的会计凭证为依据,全面、系统、连续地记录各项经济业务的簿籍称为(　　)。

A. 会计账簿　　B. 会计账户

C. 序时账簿　　D. 分类账簿

144. 账簿按(　　)的不同,可以分为序时账簿、分类账簿、备查账簿。

A. 用途　　B. 外表形式

C. 格式　　D. 启用时间

145. 现金日记账和银行存款日记账必须采用(　　)账簿。

A. 活页式　　B. 订本式

C. 备查　　D. 复币

146. 现金日记账(　　)结出发生额和余额,并与结存现金核对。

A. 每月　　B. 每十五天

C. 每隔三至五天　　D. 每日

147."原材料"、"库存商品"等存货类明细账,一般采用(　　)账簿。

A. 三栏式　　B. 多栏式

C. 数量金额式　　D. 横线登记式

148. 借贷双方多栏式明细账的账页格式一般适于(　　)明细账。

A. 管理费用　　B. 应付利息

C. 预收账款　　D. 本年利润

149. 在登记账簿时,每记满一页时,应(　　)。

A. 计算本页的发生额

B. 计算本页的余额

C. 计算本页的发生额和余额,同时在摘要栏注明"转次页"字样

D. 不计算本页的发生额和余额,但应在摘要栏注明"转次页"字样

150. 下列对账工作中,属于账实核对的是(　　)。

A. 总分类账与所属明细分类账核对

B. 总分类账与日记账核对

C. 企业银行存款日记账与银行对账单核对

D. 会计部门的财产物资明细账与财产物资保管部门的有关明细账核对

151. 能提供某一类经济业务增减变化总括会计信息的账簿是(　　)。

A. 明细分类账　　B. 日记账

C. 备查账　　D. 总分类账

152. 一般情况下,适合采用活页式账簿形式的是(　　)。

A. 明细分类账　　B. 银行存款日记账

C. 现金日记账　　D. 备查账

153. 材料明细账登记的依据是审核无误的(　　)。

A. 原始凭证　　B. 会计凭证

C. 付款凭证　　D. 转账凭证

154. 用现金支付职工的医药费 78 元,会计人员编制的记账凭证为:借记应付职工薪酬 87 元,并登入账。更正的方法是(　　)。

A. 重新编制正确凭证　　B. 红字更正法

C. 划线更正法　　D. 补充登记法

155. 实行会计电算化的单位,总账和明细账应当(　　)。

A. 每十天打印一次　　B. 每月打印一次

C. 定期打印　　D. 每年打印一次

156. 下列四类账簿中,不是依据记账凭证登记的是(　　)。

A. 明细账　　B. 总账

C. 日记账　　D. 备查账

157. 需要结计本年累计发生额的账户,结计"过次页"的合计数为(　　)。

A. 自年初起至本日止累计数　　B. 自年初起至本页末止累计数

C. 自月初至本页末止累计数　　D. 自本页初至本页末止累计数

158. 某会计人员在填制凭证时,误将 50 000 元写成 5 000 元,科目、方向正确无误,并已入账,月底结账时发现错误,正确的更正方法是(　　)。

A. 划线更正法　　B. 还原更正法

C. 补充登记法　　D. 冲销法

159. 年终结账,将余额结转下年时,(　　)。

A. 不需要编制记账凭证,但应将上年账户的余额反向结平才能结转下年

B. 应编制记账凭证,并将上年账户的余额反向结平

C. 不需要编制记账凭证,也不需要将上年账户的余额结平,直接注明"结转下年"即可

D. 应编制记账凭证予以结转,但不需要将上年账户的余额反向结平

160. 凡在结账前发现记账凭证正确登记账簿时发生的错误,可用(　　)更正。

A. 划线更正法　　B. 补充登记法

C. 红字更正法　　D. 涂改法

161. 设置和登记会计账簿是(　　)的基础。

A. 填制原始凭证　　B. 编制会计分录

C. 填制记账凭证　　D. 编制会计报表

162. 日记账又称序时账,是根据经济业务发生的时间先后顺序,(　　)登记经济业务的账簿。

A. 定期逐笔　　B. 逐日逐笔

C. 顺序　　D. 汇总

163. "生产成本"、"制造费用"明细分类账,一般使用的账簿格式是(　　)。

A. 多栏式账簿　　B. 数量金额式账簿

C. 三栏式账簿　　D. 订本式账簿

164. 将现金存入银行,登记银行存款日记账的依据是(　　)。

A. 现金收款凭证　　B. 现金付款凭证

C. 银行收款凭证　　D. 银行付款凭证

165. 现金日记账的日期栏应填写(　　)。

A. 当月1日　　B. 当月末日期

C. 登记账簿的日期　　D. 记账凭证的日期

166. 总分类账可以直接根据(　　)逐笔进行登记。

A. 原始凭证　　B. 原始凭证汇总表

C. 记账凭证　　D. 明细账

167. 总分类账的登记方法,取决于所采用的(　　)。

A. 账簿体系　　B. 会计凭证的类别

C. 会计科目的设置　　D. 会计核算形式

168. 三栏式银行存款日记账属于(　　)。

A. 序时账　　B. 明细账

C. 总分类账　　D. 备查账

169. "固定资产"明细账宜采用的账簿形式是(　　)。

A. 订本式　　B. 活页式

C. 卡片式　　D. 三栏式

170. 根据记账规则的要求,文字和数字要书写端正、清楚,不写满格,一般应占格距的(　　)。

A. 三分之一　　B. 二分之一

C. 三分之二　　D. 四分之三

171. 订本账的优点是(　　)。

A. 可以防止抽换账页,避免账页散失　　B. 便于记账分工

C. 便于机器记账　　D. 账页可多可少,不会造成浪费

172. 在结账之前,如果发现账簿记录有文字或数字错误,而记账凭证无错误,可采用的更正方法是(　　)。

A. 划线更正法　　B. 红字更正法

C. 补充登记法　　D. 平行登记法

173. 记账以后,如发现账簿错误是由于记账凭证中会计科目运用错误引起的,可采用的更正方法是(　　)。

A. 划线更正法　　B. 红字更正法

C. 补充登记法　　D. 平行登记法

174. 采用补充登记法纠正错误的,应编制(　　)。

A. 红字记账凭证　　B. 蓝字记账凭证

C. 一张红字及一张蓝字记账凭证　　D. 不能确定

175. 银行存款日记账与银行对账单之间的核对属于(　　)。

A. 账证核对　　B. 账账核对

C. 账实核对　　D. 余额核对

176. 甲企业与乙企业之间存在购销关系,甲企业定期将“应收账款——乙企业”明细账与乙企业的“应付账款——甲企业”明细账进行核对,这种对账属于(　　)。

A. 账证核对　　B. 账账核对

C. 账实核对　　D. 余额核对

177. 某企业生产甲产品领用的原材料剩余800元退回仓库,正确的会计分录是(　　)。

A. 借:原材料　800
　　贷:生产成本　800

B. 借:生产成本　800
　　贷:原材料　800

C. 借:原材料　800
　　贷:库存商品　800

D. 借:管理费用　800
　　贷:生产成本　800

178. 资产负债表是反映企业某一特定日期(　　)的会计报表。

A. 权益变动情况　　B. 财务状况

C. 经营成果　　D. 现金流量

179. 资产负债表中的资产项目是按资产的(　　)大小顺序排列的。

A. 流动性　　B. 重要性

C. 变动性　　D. 盈利性

180. 资产负债表是根据(　　)这一会计等式编制的。

A. 收入－费用＝利润

B. 现金流入－现金流出＝现金净流量

C. 资产＋费用＝负债＋所有者权益＋收入

D. 资产＝负债＋所有者权益

181. 下列对资产流动性描述正确的是(　　)。

A. 现金的流动性强于固定资产　　B. 短期投资的流动性强于银行存款

C. 应收账款的流动性强于短期投资　　D. 固定资产的流动性强于银行存款

182. 资产负债表中,负债项目是按照(　　)进行排列的。

A. 变现能力　　B. 盈利能力

C. 清偿债务的先后顺序　　D. 变动性

183. 资产负债表分为左、右两方,左方是(　　)项目。

A. 资产　　B. 负债

C. 所有者权益　　D. 利润

184. 下列选项中,反映了资产负债表内有关资产项目排列顺序的是(　　)。

A. 流动资产、长期投资、固定资产、递延税款、无形资产及其他资产

B. 流动资产、固定资产、长期投资、无形资产及其他资产、递延税款

C. 流动资产、长期投资、递延税款、固定资产、无形资产及其他资产

D. 流动资产、长期投资、固定资产、无形资产及其他资产、递延税款

185. 下列选项中,反映了资产负债表内有关所有者权益项目排列顺序的是(　　)。

A. 实收资本、盈余公积金、资本公积、未分配利润

B. 实收资本、资本公积、盈余公积金、未分配利润

C. 实收资本、资本公积、未分配利润、盈余公积金

D. 实收资本、未分配利润、资本公积、盈余公积金

186. 反映企业在一定会计期间经营成果的报表是(　　)。

A. 资产负债表　　B. 利润表

C. 现金流量表　　D. 产品成本报表

187. 利润表的项目共分为多个层次,其排列顺序是(　　)。

A. 营业利润、利润总额、净利润

B. 主营业务利润、利润总额、净利润

C. 营业利润、净利润、利润总额

D. 净利润、利润总额、营业利润

188. 将分散零星的日常会计资料归纳整理为更集中、更系统、更概括的会计资料,以总括反映企业财务状况和经营成果的核算方法是(　　)。

A. 编制会计凭证　　B. 编制记账凭证

C. 编制会计报表　　D. 登记会计账簿

189. 反映企业在某一特定日期资产、负债及所有者权益情况的会计报表是(　　)。

A. 资产负债表　　B. 利润表

C. 利润分配表　　D. 现金流量表

190. 按照我国现行会计制度规定,企业每个(　　)都要编制资产负债表。

A. 月末　　B. 季末　　C. 半年度　　D. 年末

191. 为了具体反映利润表的形成情况,我国现行的利润表的结构一般采用(　　)报告结构。

A. 单步式　　B. 四步式　　C. 三步式　　D."丁"字形

192. 利润分配表在会计报表种类中,属于(　　)。

A. 单步式　　B. 三步式　　C. 四步式　　D."丁"字形

193. 在利润表上,利润总额扣除(　　)后,得出净利润或净亏损。

A. 管理费用和财务费用　　B. 增值税

C. 营业外收支净额　　D. 所得税费用

194. 会计报表附注是指会计报表正式项目之外的资料,通常不采用(　　)的形式表示。

A. 数字图表　　B. 文字

C. 表格　　D. 文字加数字图表

195. (　　)是指企业对外提供的,反映企业某一特定日期财务状况和某一会计期间经营成果、现金流量情况的书面文件。

A. 资产负债表　　B. 利润表

C. 会计报表附注　　D. 财务会计报告

196. 在会计核算中填制和审核会计凭证,根据会计凭证登记账簿,根据账簿记录编制会计报表,这个过程的步骤以及三者的结合方式称为(　　)。

A. 会计凭证传递　　B. 会计账簿组织

C. 会计工作组织　　D. 账务处理程序

197. 各种账务处理程序的主要区别是(　　)。

A. 总账格式不同　　B. 登记明细账的依据不同

C. 登记总账的依据和方法不同　　D. 编制会计报表的依据不同

198. 在下列账务处理程序中,最基本的账务处理程序是(　　)。

A. 日记总账账务处理程序　　B. 记账凭证账务处理程序

C. 科目汇总表账务处理程序　　D. 汇总记账凭证账务处理程序

199. 在记账凭证账务处理程序下,总分类账的记账依据是(　　)。

A. 原始凭证　　B. 记账凭证

C. 科目汇总表　　D. 汇总记账凭证

200. 记账凭证账务处理程序一般适用于(　　)。

A. 规模较大、经济业务比较复杂的企业

B. 规模不大、经济业务比较复杂的企业

C. 规模不大、经济业务比较简单的企业

D. 工业企业和商品流通业

201. 在汇总记账凭证账务处理程序下,总分类账的记账依据是(　　)。

A. 原始凭证　　B. 记账凭证

C. 科目汇总表　　D. 汇总记账凭证

202. 科目汇总表账务处理程序与汇总记账凭证账务处理程序的共同优点是(　　)。

A. 保持科目之间的对应关系　　B. 简化总分类账登记工作

C. 进行所有科目余额的试算平衡　　D. 总括反映同类经济业务

203. 在科目汇总表账务处理程序下,总分类账的记账依据是(　　)。

A. 原始凭证　　B. 记账凭证

C. 科目汇总表　　D. 汇总记账凭证

204. 科目汇总表账务处理程序适用于(　　)。

A. 规模较小、业务较少的单位　　B. 所有单位

C. 规模较大、业务较多的单位　　D. 工业企业

205. 汇总记账凭证账务处理程序的缺点在于(　　)。

A. 不利于会计分工　　B. 不能反映经济业务

C. 不能保持科目之间的对应关系　　D. 不能节省会计工作时间

206. 科目汇总表的汇总范围是(　　)。

A. 全部科目的借方余额　　B. 全部科目的贷方余额

C. 全部科目的借、贷方发生额　　D. 全部科目的借、贷方余额

207. 汇总收款凭证是根据(　　)汇总编制而成的。

A. 原始凭证　　B. 汇总原始凭证

C. 收款凭证　　D. 付款凭证

208. 科目汇总表账务处理程序是由(　　)发展而来的。

A. 记账凭证账务处理程序　　B. 汇总记账凭证账务处理程序

C. 多栏式日记账账务处理程序　　D. 日记总账账务处理程序

209.（　　）不能反映各科目的对应关系，不便于分析和检查经济业务的来龙去脉，不便于查对账目。

A. 记账凭证账务处理程序　　B. 汇总记账凭证账务处理程序
C. 日记总账账务处理程序　　D. 科目汇总表账务处理程序

210. 财产清查是通过实地盘点、查证核对来查明（　　）是否相符的一种方法。

A. 账证　　B. 账账　　C. 账实　　D. 账表

211. 单位在年末、季末或月末结账前所进行的财产清查属于（　　）。

A. 财产临时清查　　B. 财产定期清查
C. 现金清查　　D. 财产抽查

212. 单位撤销、合并时，对财产物资应进行（　　）。

A. 全面清查　　B. 局部清查
C. 抽样清查　　D. 定期清查

213. 对库存现金的清查是通过（　　）进行的。

A. 实地盘点法　　B. 核对法
C. 技术分析法　　D. 询证法

214. 对银行存款所采用的清查方法一般是（　　）。

A. 技术推算法　　B. 测量计算法
C. 实地盘点法　　D. 对账单法

215. 对固定资产所采用的清查方法一般是（　　）。

A. 技术推算法　　B. 测量计算法
C. 实地盘点法　　D. 对账单法

216. 对大宗煤炭所采用的清查方法一般是（　　）。

A. 技术推算法　　B. 测量计算法
C. 实地盘点法　　D. 对账单法

217.“实存账存对比表”是一种（　　）。

A. 原始凭证　　B. 记账凭证
C. 会计报表　　D. 与会计核算无直接关系的书面文件

218.“查询核实法”这一财产清查法一般适用于（　　）。

A. 对现金的清查　　B. 对银行存款的清查
C. 对实物资产的清查　　D. 对往来款项的清查

219. 因管理不善而导致的盘亏，应计入（　　）。

A. 其他应收款　　B. 管理费用
C. 营业外支出　　D. 财务费用

220.“未达账项”是指企业与银行双方，由于凭证传递和入账时间不一致，而发生的（　　）。

A. 一方已入账，另一方未入账的款项
B. 双方登账出现的款项
C. 一方重复入账和款项
D. 双方均未入账的款项

221. 单位进行资产重组时，一般应进行(　　)。

A. 局部清查　　B. 全面清查

C. 重点清查　　D. 抽查

222. 对贵重物资一般要经常进行(　　)清查，至少每月清查盘点一次。

A. 局部　　B. 全面　　C. 不定期　　D. 非重点

223. 在各种实物的清点过程中，(　　)必须在场，参加盘点，但不宜单独承担财产清查工作。

A. 单位行政领导人员　　B. 会计主管人员

C. 出纳人员　　D. 实物保管员

224. 财产清查中，盘盈一台手提式计算机，全新的市价为 10 000 元，八成新，在批准处理以前的会计分录为(　　)。

A. 借：固定资产　　10 000
　　贷：待处理财产损溢　　10 000

B. 借：固定资产　　8 000
　　贷：待处理财产损溢　　8 000

C. 借：待处理财产损溢　　10 000
　　贷：营业外收入　　10 000

D. 借：待处理财产损溢　　8 000
　　贷：营业外收入　　8 000

225. 财产清查中盘盈存货一批，价值 200 元，批准备处理后应转入(　　)。

A. 营业外收入　　B. 其他业务收入

C. 管理费用　　D. 主营业务收入

226. 现金清查中，发现现金短缺 500 元，经研究决定由出纳人员赔偿 300 元，余款报损。则批准处理后的会计分录为(　　)。

A. 借：现金　　500
　　贷：待处理财产损溢　　500

B. 借：待处理财产损溢　　500
　　贷：现金　　500

C. 借：其他应收款　　300
　　营业外支出　　200
　　贷：待处理财产损溢　　500

D. 借：其他应收款　　300
　　管理费用　　200
　　贷：待处理财产损溢　　500

227. 在财产清查中，填制的"账存实存对比表"是(　　)。

A. 登记总分类账的直接依据　　B. 调整账面记录的原始凭证

C. 调整账面记录的记账凭证　　D. 登记日记账的直接依据

228. 为了记录、反映财产物资的盘盈、盘亏和毁损情况，应当设置(　　)科目。

A. "固定资产清理"　　B. "待处理财产损溢"

C.“长期待摊费用”　D.“营业外支出”

229. 由于管理不善导致存货的盘亏一般应作为(　　)处理。

A. 营业外支出　B. 管理费用

C. 财务费用　D. 其他应收款

230. 会计档案管理办法规定的会计档案保管期限为(　　)。

A. 最高保管期限　B. 最低保管期限

C. 平均保管期限　D. 适当保管期限

231. 定期保管的会计档案期限最长为(　　)。

A. 20 年　B. 15 年　C. 25 年　D. 10 年

232. 会计凭证、会计账簿的保管期限为(　　)。

A. 15 年　B. 10 年　C. 20 年　D. 25 年

233. 会计档案销毁清册的保管期限为(　　)。

A. 永久　B. 20 年　C. 15 年　D. 10 年

234. 企业年度财务报告(决算)的保管期限为(　　)。

A. 25 年　B. 20 年　C. 15 年　D. 永久

235. 现金和银行日记账的保管期限为(　　)。

A. 永久　B. 25 年　C. 20 年　D. 15 年

236. 行政事业单位的各种会计凭证的保管期限为(　　)。

A. 10 年　B. 5 年　C. 20 年　D. 15 年

237. 行政事业单位的总账、明细账的保管期限为(　　)。

A. 20 年　B. 10 年　C. 15 年　D. 25 年

238. 下列会计资料不属于会计档案的有(　　)。

A. 记账凭证　B. 会计移交清册

C. 年度财务计划　D. 银行对账单

239. 企业销毁保管期满的会计档案时由(　　)负责。

A. 本单位的档案机构和会计机构共同派人　B. 主管部门派人

C. 同级财政部门派人　D. 同级财政和审计部门派人

240. 其他单位如果因特殊原因需要使用原始凭证时,经本单位负责人批准,(　　)。

A. 可以借出　B. 只可以查阅不能复制

C. 不可查阅或复制　D. 可以查阅或复制

241. 按内部牵制原则的要求,会计机构中保管会计档案的人员,不得由(　　)兼任。

A. 会计人员　B. 会计机构负责人

C. 出纳人员　D. 会计主管人员

242. 固定资产卡片的保管期限为(　　)。

A. 固定资产报废清理时　B. 固定资产报废清理后保管 10 年

C. 固定资产报废清理后保管 5 年　D. 固定资产报废清理后保管 3 年

243. 其他会计核算资料是指与会计核算、会计监督密切相关的、由会计部门负责办理的有关数据资料,不包括(　　)。

A. 银行对账单　B. 存贮在磁性介质上的会计数据

C. 财务数据统计资料　　D. 生产计划书

244. 国家机关销毁会计档案,应由(　　)派员参加监销。

A. 单位档案机构和会计机构　　B. 同级财政、审计部门

C. 财务数据统计资料　　D. 生产计划书

245. 银行存款余额调节表、银行对账单应当保存(　　)。

A. 3 年　　B. 永久　　C. 5 年　　D. 15 年

246. 会计档案保管期限的始算日期,就从(　　)起。

A. 本年会计年度末　　B. 会计年度终了的当天

C. 会计年度终了后的第一天　　D. 会计档案归档的当天

247. 总分类账与其所属的明细分类账之间的核对属于(　　)。

A. 账证核对　　B. 账账核对

C. 账实核对　　D. 余额核对

二、多项选择题

1. 会计核算的基本前提包括(　　)。

A. 会计主体　　B. 持续经营

C. 会计分期　　D. 货币计量

2. 下列各项中属于会计要素的是(　　)。

A. 资产　　B. 固定资产

C. 负债　　D. 费用

3. 会计对象是指(　　)的内容。

A. 会计核算　　B. 实物流转

C. 会计监督　　D. 财务活动

4. 反映企业财务状况的会计要素包括(　　)。

A. 资产　　B. 收入

C. 费用　　D. 所有者权益

5. 反映企业经营成果的会计要素包括(　　)。

A. 负债　　B. 资产　　C. 利润　　D. 费用

6. 企业所有者权益包括(　　)。

A. 未分配利润　　B. 盈余公积金

C. 股本　　D. 资本公积

7. 企业负债按其流动性可分为(　　)。

A. 固定资产　　B. 流动负债

C. 短期借款　　D. 长期负债

8. 企业资产按其流动性可分为(　　)。

A. 固定资产　　B. 流动资产

C. 无形资产　　D. 长期投资

9. 下列项目中属于负债的是(　　)。

A. 应付账款　　B. 应付利息

C. 预付账款　　D. 短期借款

10. 下列项目中属于资产的是(　　)。
A. 应收账款　B. 银行存款
C. 长期待摊费用　D. 预收账款
11. 收入包括(　　)。
A. 商品销售收入　B. 劳务收入
C. 营业外收入　D. 他人使用本企业资产所取得的租金收入
12. 企业取得收入的同时,可能会引起(　　)。
A. 资产的增加　B. 资产的减少
C. 负债的增加　D. 负债的减少
13. 企业发生费用的同时,可能会引起(　　)。
A. 资产的增加　B. 资产的减少
C. 负债的增加　D. 负债的减少
14. 款项主要包括(　　)等。
A. 现金　B. 银行存款
C. 企业债券　D. 银行本票
15. 企业的有价证券包括(　　)等。
A. 信用证存款　B. 股票
C. 国库券　D. 企业债券
16. (　　)是企业流动性最强的资产。
A. 资本　B. 借款　C. 款项　D. 有价证券
17.《会计法》中所称的财物包括(　　)等。
A. 现金和银行存款　B. 原材料
C. 包装物　D. 固定资产
18. 债权一般包括单位的各种(　　)等。
A. 债券　B. 应收款　C. 预付款　D. 应付利息
19. 债务一般包括各项(　　)等。
A. 借款　B. 应付款　C. 预付款　D. 应交款
20. 经济业务事项具体包括(　　)。
A. 款项和有价证券的收付　B. 财物的收发、增减和使用
C. 债权债务的结算　D. 财务成果的计算和处理
21. 计算和判断单位经营成果及其盈利状况的依据主要有(　　)。
A. 收入核算　B. 支出核算
C. 费用核算　D. 成本核算
22. 财务成果的计算和处理一般包括(　　)。
A. 利润的计算　B. 所得税的计算和缴纳
C. 利润支配　D. 亏损弥补
23. 各单位按照国家统一会计制度的要求,要求(　　)。
A. 设置科目和账户　B. 填制和审核凭证
C. 登记会计账簿　D. 编制财务会计报告

24. 下列项目中,属于资产类科目的有(　　)。

A. 现金　　B. 长期待摊费用

C. 应付利息　　D. 应收账款

25. 会计科目按其所提供信息的详细程度及其统驭的关系不同,可以分为(　　)。

A. 总分类科目　　B. 明细分类科目

C. 权益类科目　　D. 利润类科目

26. 会计科目设置应遵循的原则有(　　)。

A. 合法性原则　　B. 相关性原则

C. 全面性原则　　D. 实用性原则

27. "固定资产——房屋建筑物"属于(　　)科目。

A. 资产类　　B. 所有者权益类

C. 总分类　　D. 明细分类

28. 总分类账户与明细分类账户的区别在于(　　)。

A. 反映经济业务内容的详细程度不同　　B. 反映的经济业务内容不同

C. 登记账簿的依据不同　　D. 作用不同

29. 账户一般应包括下列内容中的(　　)。

A. 账户名称　　B. 日期和摘要

C. 增加和减少的金额及余额　　D. 证号数

30. 账户分为左、右两方,至于哪一方登记增加,哪一方登记减少,取决于(　　)。

A. 所记录的经济业务的内容　　B. 企业经营管理的需要

C. 会计核算手段　　D. 所采用的记账方法

31. 下列对会计科目和会计账户之间的关系表述正确的是(　　)。

A. 两者都是对会计对象具体内容的科学分类

B. 两者口径一致,性质相同

C. 会计科目是会计账户的名称

D. 会计账户具有一定的格式和结构,而会计科目不具有格式和结构

32. 复式记账法按照记账符号不同,可分为(　　)。

A. 借贷记账法　　B. 复币记账法

C. 收付记账法　　D. 增减记账法

33. 权益是指企业外部利益主体对企业资产的要求权,包括(　　)。

A. 资产负债权益　　B. 政府权益

C. 社会公众权益　　D. 所有者权益

34. 会计等式反映的企业资产的归属关系,它是(　　)等会计核算方法建立的理论基础。

A. 设置账户　　B. 复式记账

C. 编制会计报表　　D. 财产清查

35. 下列关于复式记账特点,表述正确的是(　　)。

A. 对于每项经济业务,都在两个或两个以上相互关联的账户中进行记录

B. 以相等金额在有关账户中进行记录,因而可以据以进行试算平衡,以检查账户记录是否正确

C. 通过账户记录可以了解经济业务的来龙去脉

D. 相对于单式记账法而言,更具有操作简单的优势

36. 在借贷记账法下,账户借方登记的内容是(　　)。

A. 资产的增加　　B. 所有者权益的增加

C. 收入的减少或期末结转数　　D. 成本的增加数

37. 在借贷记账法下,账户贷方登记的内容是(　　)。

A. 资产的减少　　B. 负债的增加

C. 费用的减少数及期末结转数　　D. 成本减少数或结转数

38. 下列对账户余额的表述,正确的是(　　)。

A. 资产类账户的期末余额=期初余额+本期借方发生额-本期贷方发生额

B. 资产类账户的期末余额=期初余额+本期贷方发生额-本期借方发生额

C. 权益类账户的期末余额=期初余额+本期借方发生额-本期贷方发生额

D. 权益类账户的期末余额=期初余额+本期贷方发生额-本期借方发生额

39. 构成会计分录的基本内容是(　　)。

A. 应记账户的名称　　B. 应记账户的方向

C. 应记金额　　D. 记账时间

40. 以下会计分录中,属于复合会计分录的有(　　)。

	借	贷
A. 借:原材料	5 000	
贷:银行存款		5 000
B. 借:银行存款	1 000	
贷:现金		1 000
C. 借:生产成本	5 000	
制造费用	1 500	
贷:原材料		6 500
D. 借:生产成本	7 200	
制造费用	1 200	
贷:累计折旧		8 400

41. 借贷记账方法下的试算平衡方法有(　　)。

A. 发生额试算平衡法　　B. 总额试算平衡法

C. 差额试算平衡法　　D. 余额试算平衡法

42. 在发生(　　)的情况下,试算平衡表依然是平衡的。

A. 少记某账户发生额　　B. 整笔经济业务漏记

C. 整笔经济业务重记　　D. 某一账户的金额记错

43. 总分类记账的明细分类账户平行登记的基本要点是(　　)。

A. 登记的原始依据相同　　B. 登记的次数相同

C. 登记的方向相同　　D. 登记的会计期间相同

44. 总账与明细账的平行登记,其必然结果是(　　)。

A. 总账期初余额=所属明细账期初余额合计

B. 总账期末余额=所属明细账期末余额合计

C. 总账借方发生额＝所属明细账借方发生额合计

D. 总账贷方发生额＝所属明细账贷方发生额合计

45. 总账与明细账发生额及余额对照表的基本栏目有(　　)

A. 期初借方余额栏　　B. 本期借方和贷方发生额栏

C. 期末借方余额栏　　D. 期末贷方余额栏

46. 总分类账户是根据总分类科目开设,通常也称(　　)

A. 主要账户　　B. 总账账户

C. 明细账　　D. 一级账户

47. 总分类账与明细分类账的区别为(　　)

A. 反映经济业务内容的详细程序不同

B. 作用不同,总账总括记录经济业务,明细账详细记录经济业务

C. 记录的经济业务内容不同

D. 登记账簿的依据不同

48. 总分类账与明细分类账的联系为(　　)

A. 反映经济业务内容的详细程度相同

B. 记录的经济业务内容相同

C. 总账对明细分类账具有统驭控制作用

D. 明细分类账对总分类账具有补充说明的作用

49. 下列账户中属于损益类账户的有(　　)。

A. 主营业务收入　　B. 管理费用

C. 本年利润　　D. 利润分配

50. 下列账户中,属于所有者权益类账户的有(　　)。

A. 实收资本　　B. 本年利润

C. 盈余公积金　　D. 未分配利润

51 企业以银行存款预付下一年的财产保险费,应做如下会计记录(　　)。

A. 借记“银行存款”账户　　B. 贷记“银行存款”账户

C. 借记“预付账款”账户　　D. 贷记“预付账款”账户

52. 关于管理会计和财务会计的区别,下列说法正确的是(　　)。

A. 财务会计主要侧重于向外部关系人提供相关信息

B. 财务会计侧重未来信息

C. 管理会计侧重于为内部管理部门提供数据

D. 管理会计侧重于过去信息

53. 下列组织可以作为一个会计主体进行会计核算的有(　　)。

A. 独资企业　　B. 企业生产或销售部门

C. 分公司　　D. 集团公司

54. 会计核算所产生的信息,应具有(　　)。

A. 合理性　　B. 完整性　　C. 连续性　　D. 系统性

55. 下列各项经济业务中,属于企业资金退出的有(　　)。

A. 偿还借款　　B. 上缴税金

C. 发放工资　　　　　　　　　　　　　　D. 向投资者分配利润

56. 留存收益通常包括(　　)。

A. 应付利润　　　　　　　　　　　　　　B. 资本公积

C. 盈余公积金　　　　　　　　　　　　　D. 未分配利润

57. 某会计培训学员小王、小张、小李、小孙一起讨论有关账户借贷方登记的问题,下列说法中正确的是(　　)

A. 小张说:借方登记增加,贷方登记减少

B. 小孙说:借方登记成本、费用的增加和收入的减少,贷方相反

C. 小王说:借方登记资产、负债、所有者权益的增加,贷方登记收入、费用的增加

D. 小李说:借方登记资产的增加,贷方登记负债、所有者权益的增加

58. 在编制试算平衡表时,应该注意(　　)。

A. 如果试算平衡,说明账户记录正确无误

B. 必须保证所有账户的余额均已记录试算平衡表

C. 如果试算不平衡,账户记录肯定有错误,应该认真查找,直到平衡为止

D. 即使试算平衡,也不能说明账户记录绝对正确

59. 某企业 20××年 3 月编制试算平衡表如下表所示。

试算平衡表　　　　单位:元

账户名称	期初余额		本期发生额		期末余额	
	借方	贷方	借方	贷方	借方	贷方
银行存款	(　　)		60 000	20 000	70 000	
固定资产	100 000		(　　)		(　　)	
原材料	70 000		30 000		100 000	
应付账款				60 000		60 000
实收资本		(　　)		50 000		250 000
合　计	(　　)	200 000	(　　)	130 000	(　　)	310 000

下列计算正确的是(　　)。

A. 固定资产的本期借方发生额为 100 000 元

B. 固定资产的本期借方余额为 200 000 元

C. 固定资产的本期借方发生额为 400 000 元

D. 固定资产的本期借方余额为 140 000 元

60. 上题中,经推算,银行存款、实收资本的期初余额计算正确的是(　　)。

A. 银行存款的期初余额为借方 50 000 元

B. 实收资本期初贷方余额为 300 000 元

C. 银行存款的期初余额为借方 30 000 元

D. 实收资本期初贷方余额为 200 000 元

61. 企业购入一条生产线,买价 8 万元,已经用银行存款支付,安装中消耗原材料 1 200 元,应付安装人员的工资 3 500 元,本月已安装完毕交付使用。则可能涉及的会计分录有(　　)。

A. 借:在建工程　　80 000
　　贷:银行存款　　80 000
B. 借:在建工程　　1 200
　　贷:原材料　　1 200
C. 借:在建工程　　3 500
　　贷:应付工资　　3 500
D. 借:固定资产　　84 700
　　贷:在建工程　　84 700

62. 企业本年实现净利润 67 000 元,年末提取盈余公积金 6 700 元,分配投资者利润 2 万元,则在年末利润分配时应做的会计分录包括(　　)。

A. 借:本年利润　　67 000
　　贷:利润分配　　67 000
B. 借:利润分配　　6 700
　　贷:盈余公积金　　6 700
C. 借:利润分配　　67 000
　　贷:本年利润　　67 000
D. 借:利润分配　　20 000
　　贷:应付利润　　20 000

63. 期末损益类账户结转时,"本年利润"账户贷方的对应账户分别为(　　)。

A. 主营业务收入　　B. 主营业务成本
C. 其他业务收入　　D. 营业税金及附加

64. 企业应该在月末计算本月应支付给职工的工资总额,并形成一项负债。借记(　　),贷记应付职工薪酬。

A. 生产成本　　B. 制造费用
C. 财务费用　　D. 销售费用

65. 本月出售产品一批,价款 5 000 元(已预收),产品生产成本为 4 000 元。应做会计分录为(　　)。

A. 借:银行存款　　5 000
　　贷:主营业务收入　　5 000
B. 借:预收账款　　5 000
　　贷:主营业务收入　　5 000
C. 借:主营业务成本　　4 000
　　贷:库存商品　　4 000
D. 借:主营业务成本　　4 000
　　贷:生产成本　　4 000

66. 填制和审核会计凭证在经济管理中具有的重要意义有(　　)。

A. 记录经济业务,提供记账依据
B. 明确经济责任,强化内部控制
C. 监督经济活动,控制经济运行

D. 为编制会计报表提供数据资料

67. 会计凭证按其编制的程序和用途不同,可分为(　　)。

A. 外来凭证　　B. 自制凭证

C. 原始凭证　　D. 记账凭证

68. 原始凭证按照来源不同,可分为(　　)。

A. 外来原始凭证　　B. 自制原始凭证

C. 收款凭证　　D. 付款凭证

69. 下列属于原始凭证的有(　　)。

A. 购货发票　　B. 收料单

C. 职工名册　　D. 领料单

70. 下列属于外来原始凭证的有(　　)。

A. 购货发票　　B. 职工出差的住宿发票

C. 产品入库单　　D. 折旧计算表

71. 原始凭证按照填制手续及内容不同,可分为(　　)。

A. 一次凭证　　B. 多次凭证

C. 累计凭证　　D. 汇总凭证

72. 下列属于汇总原始凭证的是(　　)。

A. 限额领料单　　B. 差旅费报销单

C. 领料单　　D. 工资结算汇总表

73. 下列属于一次凭证的原始凭证有(　　)。

A. 领料单　　B. 限额领料单

C. 收料单　　D. 购货发票

74. 企业的领料单属于(　　)。

A. 原始凭证　　B. 一次凭证

C. 汇总凭证　　D. 累计凭证

75. 原始凭证按照格式不同分为(　　)。

A. 通用凭证　　B. 专用凭证

C. 记账凭证　　D. 汇总凭证

76. 原始凭证的基本内容包括(　　)。

A. 凭证名称、填制日期、编号　　B. 经济业务内容摘要

C. 接受凭证单名称　　D. 填制、经办人员的签字、盖章

77. 原始凭证的审核内容主要包括(　　)等方面。

A. 真实性　　B. 合法性、合理性

C. 正确性　　D. 完整性

78. 原始凭证真实性的审核内容包括(　　)等。

A. 原始凭证日期、业务内容、数据是否真实

B. 外来原始凭证,必须有填制单位公章和填制人员签章

C. 自制原始凭证,必须有经办部门和经办人员的签章

D. 所记录的经济业务中是否有违反国家法律法规问题

79. 自制原始凭证要有(　　)签字或盖章。

A. 经办部门的负责人　　B. 出纳人员

C. 记账人员　　D. 经办人员

80. 各种原始凭证应按(　　)要求填制。

A. 记录真实　　B. 内容完整

C. 手续完备　　D. 书写清楚、规范

81. 记账凭证必须具备(　　)的签名或盖章。

A. 审核人员　　B. 会计主管人员

C. 记账人员　　D. 制证人员

82. 专用记账凭证按其所记录的经济业务是否与现金和银行存款的收付有关,将其分为(　　)。

A. 收款凭证　　B. 付款凭证

C. 非收付款凭证　　D. 转账凭证

83. 填制记账凭证应根据(　　)。

A. 收款凭证　　B. 付款凭证

C. 自制原始凭证　　D. 外来原始凭证

84. 在借贷记账法下,收款凭证的借方科目是(　　)。

A. 应收账款　　B. 现金

C. 应付账款　　D. 银行存款

85. 在借贷记账法下,付款凭证的借方科目可能是(　　)。

A. 盈余公积金　　B. 现金

C. 应付账款　　D. 银行存款

86. 记账凭证必须根据审核无误的原始凭证填制,除(　　)的记账凭证可以不附原始凭证外,其他记账凭证必须附原始凭证。

A. 收款　　B. 转账

C. 结账　　D. 更正错误

87. 确定会计凭证的传递流程应考虑的因素有(　　)

A. 内部机构的设置　　B. 经济业务的特点

C. 经营管理的需要　　D. 内部控制制度的要求

88. 张三出差归来,报销差旅费 1 000 元,原预借 1 500 元,交回现现金 500 元,这笔业务应该(　　)

A. 只编制 500 元现金收款凭证　　B. 根据 500 元编制现金收款凭证

C. 根据 1 000 元编制转账凭证　　D. 编制 1 500 元转账凭证

89. 收款凭证左上方的“借方科目”中可以填写的会计科目有(　　)。

A. 库存现金　　B. 主营业务收入

C. 材料　　D. 银行存款

90. 记账凭证的填制除做到记录真实、内容完整、填制及时、书写清楚,还必须符合(　　)等要求。

A. 如有空行,应当在空行处划线注销

B. 发生错误应该按规定的方法更正

C. 必须连续编号

D. 除另有规定外，应该有附件并注明附件张数

91. 审核记账凭证的主要内容包括(　　)。

A. 内容是否真实

B. 项目是否齐全

C. 书写是否正确

D. 应借、应贷的科目对应关系是否清晰正确、金额是否正确

92. 某企业外购材料一批，已验收入库，货款已付。根据这项经济业务所填制的会计凭证包括(　　)。

A. 收款凭证　　B. 收料单

C. 付款凭证　　D. 累计凭证

93. 记账凭证的填制，可以根据(　　)。

A. 每一张原始凭证　　B. 若干张同类原始凭证

C. 原始凭证汇总表　　D. 不同内容和类别的原始凭证

94. 会计的两项基本职能是相辅相成、辩证统一的关系，下列说法正确的是(　　)。

A. 会计监督是会计核算的基础

C. 没有核算所提供的信息，监督就失去依据

B. 会计监督是会计核算的质量保证

D. 会计还具有预测经济前景、参与经济决策、评价经营业绩等功能

95. 下列各项中，属于会计职能的有(　　)。

A. 预测经济前景　　B. 参与经济决策

C. 评价经营业绩　　D. 实施会计监督

96. 会计核算所产生的信息，应具有(　　)。

A. 合理性　　B. 完整性

C. 连续性　　D. 系统性

97. 我国所确定的会计要素主要反映企业的(　　)。

A. 经营成果　　B. 偿债能力

C. 持续经营能力　　D. 财务状况

98. 下列各项中，属于会计等式的有(　　)。

A. 资产＝负债＋所有者权益

B. 收入－费用＝利润

C. 借方发生额＝贷方发生额

D. 期初余额＋本期增加额－本期减少额＝期末余额

99. 会计等式揭示了会计要素之间的内在联系，是(　　)的理论基础。

A 设置账户　　B. 进行复式记账

C. 编制会计报表　　D. 财产清查

100. 下列属于长期负债的是(　　)。

A. 应付票据　　B. 应付债券

C. 长期借款　　D. 长期应付款

101. 下列属于总账科目的有(　　)。

A. 原材料　　B. 甲材料

C. 应付账款　　D. 资本公积

102. 企业购入材料 6 000 元已经入库,银行存款支付 3 000 元,余款未付。这一经济业务涉及的账户有(　　)。

A. 原材料　　B. 应收账款

C. 应付账款　　D. 银行存款

103. 下列属于借贷记账法特点的有(　　)。

A. 以"借""贷"作为记账符号

B. 根据账户所反映的经济内容,来决定记账方向

C. 记账规则是"有借必有贷,借贷必相等"

D. 可以进行发生额试算平衡和余额试算平衡

104. 某企业用银行存款 5 万元偿还前欠其他单位的货款 4 万元和 1 个月前银行取得的借款 1 万元。在借贷记账法下,这笔经济业务涉及(　　)等账户。

A. 长期投资　　B. 银行存款

C. 短期借款　　D. 应付账款

105. 以下属于收入类要素的收入是(　　)。

A. 营业外收入　　B. 主营业务收入

C. 其他业务收入　　D. 利息收入

106. 下列属于流动负债的是(　　)。

A. 应付票据　　B. 预付账款

C. 应付利润　　D. 应付债券

107. 关于会计科目,下列说法正确的是(　　)。

A. 会计科目是对会计要素的进一步分类

B. 会计科目按其所提供的详细程序不同,可以分为总分类科目和明细分类科目

C. 会计科目可以根据企业的具体情况自行设定

D. 会计科目是复式记账和编制记账凭证的基础

108. 账簿按其经济用途不同,分为(　　)。

A. 序时账簿　　B. 分类账簿

C. 备查账簿　　D. 总分类账簿

109. 账簿按照账页格式不同,可分为(　　)。

A. 单式账簿　　B. 三栏式账簿

C. 多栏式账簿　　D. 数量金额式账簿

110. 下列属于备查账簿的有(　　)。

A. 应收账款明细账　　B. 租入固定资产登记簿

C. 受托加工材料登记簿　　D. 工作人员登记簿

111. 下列应采用数量金额式账簿的是(　　)。

A. 现金日记账　　B. 应收账款明细账

C. 原材料明细账　　D. 库存商品明细账

112. 下列必须采用订本式账簿的有（　　）。

A. 原材料明细账　　B. 现金日记账

C. 实收资本明细账　　D. 银行存款日记账

113. 多栏式明细账的页格式，适用于（　　）账户。

A. 销售费用　　B. 主营业务收入

C. 管理费用　　D. 制造费用

114. 账簿按其外表形式可以分为（　　）。

A. 分类账　　B. 订本式

C. 活页式　　D. 卡片式

115. 现金日记账的记账依据有（　　）。

A. 现金收款凭证　　B. 现金付款凭证

C. 银行收款凭证　　D. 银行付款凭证

116. 明细分类账的记账依据主要有（　　）。

A. 原始凭证　　B. 原始凭证汇总表

C. 科目汇总表　　D. 记账凭证

117. 会计账簿是（　　）。

A. 由一定格式的账页组成

B. 以会计凭证为依据

C. 全面、系统、连续地记录各项经济业务的簿籍

D. 编制会计报表的基础

118. 在记账过程中，如果发生跳行、隔页，应做如下处理（　　）。

A. 将空行、空页划线注销　　B. 注明"此行空白"、"此页空白"字样

C. 记账人员应签名盖章　　D. 在空行、空页处添加有关记录

119. 下列情况下可以和红色墨水记账的是（　　）。

A. 结账　　B. 划线　　C. 改错　　D. 冲账

120. 错账更正的方法有（　　）。

A. 划线更正法　　B. 红字更正法

C. 补充登记法　　D. 平行登记法

121. 发生以下记账错误时，应选择红字更正法的有（　　）。

A. 记账之后，发现记账凭证中的会计科目应用错误

B. 记账之后，发现记账凭证所列金额大于正确金额

C. 记账之后，发现记账凭证所列金额小于正确金额

D. 结账之前，发现账簿记录有文字错误，而记账凭证正确

122. 对账即核对账目，其主要内容包括（　　）方面的内容。

A. 账证核对　　B. 账账核对

C. 账实核对　　D. 账表核对

123. 账实核对是指账簿与财产物资实有数额是否相符，具体包括（　　）核对。

A. 现金日记账余额与实际库存数

B. 银行存款日记账余额与银行对账单余额
C. 各种财物明细账余额与实存额
D. 债权、债务明细账余额与对方单位或个人的记录(往来对账单)
124. 账簿的种类繁多,但一般都应具备(　　)等基本内容。
A. 封面　　B. 账夹　　C. 扉页　　D. 账页
125. 下列账簿中,通常采用三栏式账页格式的有(　　)。
A. 现金日记账　　B. 银行存款日记账
C. 总分类账　　D. 包装物明细分类账
126. 按照规定,可用红色墨水记账的情况有(　　)。
A. 按照红字更正法冲销错误记录
B. 在三栏式账页的余额栏前,如未印明余额方向的,在余额栏内登记负数余额
C. 在借方多栏式账页中,登记增加数
D. 在借方多栏明细账中,平时发生的贷方发生额
127. 下列结账方法正确的是(　　)。
A. 对于不需要按月结计发生额的账户,每月最后一笔余额即为月末余额。月末结账时,只需要在最后一笔经济业务记录之下通栏划单红线
B. 结账时,"全年累计"发生额通栏划双红线
C. 账户在年终结账时,在"本年合计"栏下通栏划双红线
D. 现金、银行存款日记账,每月结账时,在摘要栏注明"本月合计"字样,并在下面通栏划双红线
128. 下列各种工作的错误,应当用红字更正法予以更正的是(　　)。
A. 在登记账簿将 256 元误记为 265 元,记账凭证正确无误
B. 在填制记账凭证时,误将"应收账款"科目填为"应付账款",并已登记入账。
C. 在填制记账凭证时,误将 3 000 元填为 300 元,尚未入账
D. 记账凭证中的借贷方向用错,并已入账
129. 登记账簿的基本要求包括(　　)等内容。
A. 根据审核无误的会计凭证登记账簿
B. 用蓝黑和碳素墨水书写,不得用圆珠笔或铅笔书写
C. 不得用红色墨水记账
D. 按顺序连续登记,不得跳行、隔页
130. 账账核对包括(　　)的核对是否相符。
A. 所有总账的借方发生额合计和贷方发生额合计
B. 总账余额和所属明细账余额合计
C. 现金日记账和银行存款日记账余额与其总账余额
D. 银行存款日记账和银行对账单
131. 由于记账凭证错误而导致账簿登记错误的错账更正方法有(　　)。
A. 划线更正法　　B. 红字更正法
C. 补充登记法　　D. 尾数更正数
132. 收回货款 2 500 元存入银行,记账凭证的记录为:"借:银行存款 2 580,贷:其他应收

款 2 580”，并已登入账。更正时需要做的会计分录包括（　　）。

A. 用蓝字金额借记“银行存款”账户 80 元，贷记“其他应收款”账户 80 元

B. 用红字金额借记“银行存款”账户 80 元，贷记“其他应收款”账户 80 元

C. 用红字金额借记“银行存款”账户 2 580 元，贷记“其他应收款”账户 2 580 元

D. 用蓝字金额借记“银行存款”账户 2 500 元，贷记“应收账款”账户 2 500 元

133. 资产负债表提供的信息，可以帮助管理者（　　）。

A. 分析企业资产的结构及其状况

B. 分析企业目前与未来需要支付的债务数额

C. 分析企业的盈利能力

D. 分析企业的现金流量情况

134. 报表使用者通过利润表可以了解以下（　　）信息。

A. 企业资产变动情况

B. 企业收入、成本和费用及利润的实现情况

C. 企业的获利能力

D. 投资者投入资本的保值增值能力

135. 季度和月度的财务会计报告通常仅指会计报表，会计报表至少应当包括（　　）。

A. 利润表　　B. 利润分配表

C. 资产负债表　　D. 现金流量表

136. 在实际工作中，常用的账务处理程序有（　　）。

A. 日记总账账务处理程序　　B. 记账凭证账务处理程序

C. 科目汇总表账务处理程序　　D. 汇总记账凭证账务处理程序

137. 下列属于记账凭证的有（　　）。

A. 转账凭证　　B. 收款凭证

C. 科目汇总表　　D. 汇总记账凭证

138. 账务处理程序的主要内容包括（　　）。

A. 会计凭证、会计账簿的种类及格式　　B. 会计凭证与账簿之间的联系方法

C. 会计机构及会计岗位的设置　　D. 会计工作人员的职责

139. 记账凭证账务处理程序与汇总记账凭证账务处理程序的区别有（　　）。

A. 原始凭证的种类不同　　B. 记账凭证的种类不同

C. 明细账簿的记账依据不同　　D. 总账的记账依据不同

140. 汇总记账凭证一般分为（　　）。

A. 汇总收款凭证　　B. 汇总付款凭证

C. 原始凭证汇总表　　D. 汇总转账凭证

141. 总账记账的依据可以是（　　）。

A. 记账凭证　　B. 明细账

C. 科目汇总表　　D. 汇总记账凭证

142. 各种账务处理程序的相同之处表现为（　　）。

A. 登记现金、银行存款日记账的依据和方法相同

B. 登记明细账的依据和方法相同

C. 登记总账的依据和方法相同
D. 编制会计报表的依据和方法相同
143. 采用科目汇总表账务处理程序时,月末应将(　　)与总分类账进行核对。
A. 现金日记账　　B. 明细分类账
C. 汇总记账凭证　　D. 银行存款日记账
144. 记账凭证账务处理程序适用于(　　)的企业。
A. 规模较大　　B. 规模较小
C. 凭证不多　　D. 所用会计科目较多
145. 账务处理程序是指(　　)结合的方式。
A. 会计报表　　B. 会计账簿
C. 会计凭证　　D. 原始凭证
146. 科目汇总表账户处理程序的特点是(　　)。
A. 能够减少登记总账的工作量
B. 不能反映账户间的对应关系
C. 能反映各账户一定时期内的借方本期发生额和贷方本期发生额
D. 适用于业务较大、记账凭证较多的企业
147. 能够起到简化登记分类账工作的账务处理程序的是(　　)账务处理程序。
A. 汇总记账凭证　　B. 记账凭证
C. 科目汇总表　　D. 日记总账
148. 生产规模较大、业务较多的企业可以采用(　　)账务处理程序。
A. 汇总记账凭证　　B. 记账凭证
C. 科目汇总表　　D. 多栏式日记账
149. 全面清查一般在年终进行,但在单位(　　)时,也要进行全面清查。
A. 撤销、合并　　B. 单位主要负责人调离
C. 清产核资或资产重组　　D. 改变隶属关系
150. 局部清查是对一个单位的部分财产物资进行清查,对(　　)等财物,一般在年中应进行局部清查。
A. 产成品　　B. 贵重物品
C. 现金　　D. 机器设备
151. 财产清查的对象包括(　　)。
A. 货币资金　　B. 实物资产
C. 债权　　D. 债务
152. 财产清查的意义有(　　)。
A. 确保会计资料真实可靠　　B. 保护财产物资的安全完整
C. 确保财产物资的有效使用　　D. 确保财经纪律的贯彻执行
153. 财产清查按其清查的范围可以分为(　　)。
A. 全面清查　　B. 定期清查
C. 局部清查　　D. 随机抽样清查
154. 财产清查按清查时间可以分为(　　)。

A. 全面清查　　B. 定期清查
C. 局部清查　　D. 不定期清查

155. 下列情形中,需要进会全面清查的是(　　)。
A. 单位进行撤并时　　B. 对外投资时
C. 开展清产核资时　　D. 单位负责人调离时

156. 在财产清查中,采用实地盘点法清查的资产主要有(　　)。
A. 库存商品　　B. 固定资产
C. 现金　　D. 银行存款

157. 下列清查事项中,属于不定期清查的有(　　)。
A. 单位更换财产保管人员时的清查　　B. 发生非常损失时的清查
C. 年终结算时的全面清查　　D. 月末银行存款的清查

158. 财产清查的一般程序包括(　　)。
A. 核对有关账簿记录
B. 进行财产清点
C. 登记清查结果
D. 分析产生盘盈、盘亏的原因和性质,提出处理意见

159. 实地盘点实物资产的技术方法主要有(　　)。
A. 逐一盘点法　　B. 测量计算法
C. 技术推算法　　D. 抽样盘点法

160. 银行存款日记账余额与对账单余额不一致的原因有(　　)。
A. 银行记账错误　　B. 企业记账错误
C. 双方记账均有错误　　D. 存在未达账项

161. "待处理财产损溢"科目借方核算的内容有(　　)。
A. 发生待处理财产的盘亏数或毁损数
B. 结转已批准处理财产的盘盈数
C. 发生待处理财产的盘盈数
D. 结转已批准处理的财产盘亏数或毁损数

162. 财产清查结果的处理工作包括(　　)。
A. 查明盘盈盘亏产生的原因　　B. 建立和健全财产管理制度
C. 积极处理积压物质　　D. 对财产盘盈盘亏做出账务处理

163. 会使企业银行存款日记账账面余额大于银行对账单余额的未达账项有(　　)。
A. 企业已收,银行未收　　B. 企业已付,银行未付
C. 银行已收,企业未收　　D. 银行已付,企业未付

164. 会计档案的定期保管期限分为(　　)。
A. 5年　　B. 10年　　C. 20年　　D. 25年

165. 会计档案销毁清册中应列明所销毁会计档案的(　　)等内容
A. 起止年度和档案编号　　B. 应保管期限
C. 已保管期限　　D. 销毁时间

166. 保管期满,不得销毁的会计档案有(　　)。

A. 未结清的债权债务原始凭证

B. 正在建设期间的建设单位的有关会计档案

C. 超过保管期限但尚未报废的固定资产购买凭证

D. 银行存款余额调节表

167. 下列会计资料中属于会计档案范围的有(　　)。

A. 银行对账单　　B. 财务收支计划

C. 会计账簿　　D. 会计移交清册

168. 下列会计档案中,保管期限为 15 年的有(　　)。

A. 原始凭证　　B. 现金日记账

C. 明细账　　D. 记账凭证

169. 下列会计档案中,保管期限为 5 年的有(　　)。

A. 银行对账单　　B. 银行存款余额调节表

C. 企业月、季度财务报告　　D. 财政总预算月、季度报表

170. 下列会计档案中保管期限为永久的有(　　)。

A. 年度财务会计报告　　B. 会计档案销毁清册

C. 现金和银行存款日记账　　D. 会计移交清册

三、判断题

1. 会计是以货币作为唯一的计量单位。(　　)

2. 会计按其报告的对象不同,又有财务会计与管理会计之分。(　　)

3. 核算职能是会计的唯一职能。(　　)

4. 会计监督是指对特定主体经济活动的合法性、合理性的审查。(　　)

5. 法人可以为会计主体,会计主体一定是法人。(　　)

6. 会计要素是对会计对象的基本分类。(　　)

7. 资产是指由于过去、现在、未来的事项和交易形成并由企业拥有或控制的经济资源,该资源预期会给企业带来经济利益。(　　)

8. 负债是指过去交易事项形成的现时义务,履行该义务预期会导致经济利益流出。(　　)

9. 某一财产物资要成为企业的资产,其所有权必须属于企业。(　　)

10. "资产等于负债加所有者权益"恒等式关系是复式记账法的理论基础,也是企业编制资产负债表的依据。(　　)

11. "收入减去费用等于利润"的关系是企业编制利润表的基础。(　　)

12. 利润是企业的一项资产。(　　)

13. 财物是反映一个单位进行或维持经营活动的所有经济资源。(　　)

14. 款项和有价证券是单位流动性最强的资产。(　　)

15. 费用是企业在销售商品、提供劳务等日常活动中所发生的经济利益流出。(　　)

16. 资本的利益关系人比较明确,用途基本定向,办理增减具有很强的政策性。(　　)

17. 债权债务的发生和结算,涉及单位与其他单位以及与其他有关方面的经济利益,但不会影响单位的经营活动和业务活动。(　　)

18. 会计记录的文字应当使用中文。民族自治地方,会计记录可同时使用当地通用的民

族文字。 （ ）

19. 会计科目是对会计要素的具体内容进行分类核算的项目。 （ ）

20. 总分类科目下设的明细分类科目太多时，可在总分类科目与明细分类科目之间设置二级科目。 （ ）

21. 总分类科目是对会计对象进行的总括分类、提供总括信息的会计科目。 （ ）

22. 会计账户就是会计科目。 （ ）

23. 根据总分类科目设置的账户称为总分类账户，根据明细分类科目设置的账户称为明细分类账户。 （ ）

24. 会计科目是会计账户的名称，也是设置会计账户的依据。 （ ）

25. 设置账户是会计核算的重要方法之一。 （ ）

26. "T"字形账户广泛应用于实际工作中。 （ ）

27. 我国《企业会计准则》规定企业应采用单式记账法。 （ ）

28. 复式记账法是对于每一笔经济业务，都要在两个或两个以上的账户进行登记的一种记账方法。 （ ）

29. 当企业所有者权益增加时，必然表现为企业资产的增加。 （ ）

30. 资产与负债及所有者权益之间在数量上必然相等。 （ ）

31. 当企业本期收入大于费用时，表示企业取得了盈利，最终导致企业所有者权益的增加。 （ ）

32. 复式记账是以会计科目为依据建立的一种记账方法。 （ ）

33. 在借贷记账法下，"借"、"贷"只作为记账符号使用，用以表明记账方向。 （ ）

34. 成本类账户结构与损益支出类账户结构完全相同。 （ ）

35. 所有者权益类账户的余额在贷方，表示所有者权益的结存数。 （ ）

36. 损益收入类账户在期末结转后，一般无余额。 （ ）

37. 成本类账户期末一般无余额。 （ ）

38. 借贷记账法中的记账规则，概括地说就是："有借必有贷，借贷必相等。" （ ）

39. 在会计账户体系中，一个账户与另一个账户之间必然存在账户对应关系。 （ ）

40. 一般来说，一个复合会计分录可以分解为若干个简单会计分录。 （ ）

41. 期末进行试算平衡时，发现所有总分类账户的本期借方发生额合计数与所有总分类账户的本期贷方发生额合计数不相等，则说明账户记录不正确。 （ ）

42. 如果试算平衡表是平衡的，则说明账户记录是正确的。 （ ）

43. 若企业所有总分类账户期初余额是平衡的，即使本期发生额试算不平衡，期末余额试算也有可能会平衡。 （ ）

44. 企业必须在登记完明细账后才能登记总账。 （ ）

45. 经济越发展，会计越重要。 （ ）

46. 现代会计核算就是对已经发生的经济业务进行记录和反映，属于事后算账。 （ ）

47. 会计监督不仅体现在经济业务发生之前，还体现在业务发生过程之中和业务发生以后，包括事前、事中和事后监督。 （ ）

48. 任何一项经济业务的发生都会发生引起资产和权益增减变化，但始终保持"资产＝权益"这一平衡关系，因此，一项资产的增加，必然引起另一项权益的等额增加。 （ ）

49. 会计核算的基本前提,是指对会计领域里存在的某些尚未确知,并且无法正面论证和证实的事项所做的符合客观情理的推断和假设。( )

50. 经济业务是指单位内部发生的具有经济影响的各类事项,如计提折旧等。( )

51. 某一财产物质要成为企业的资产,其所有权必须属于企业。( )

52. 在实际工作中,对科目和账户常常不加以严格区分,而是相互通用。( )

53. 由于企业各种资产、负债、成本、费用等要素内容复杂多样,为方便管理,明细分类账户的设置越细越好。( )

54. 账户的基本结构是由会计要素的数量变化情况决定的,从数量上看不外乎增加和减少两种情况。( )

55. 在经济业务处理过程中形成的账户之间的应借应贷关系,称为账户间的对应关系。( )

56. 在每一项经济业务记入总分类账的同时必须记入明细分类账户。( )

57. 任何只有借方或贷方登记,而无对应的贷方或借方记录,或者借贷金额不相等的记录,都是错误的会计记录。( )

58. 按平行登记的要求,对每项经济业务必须在记入总分类账户的当天记入所属明细分类账户。( )

59. 通过平行登记,可以使总分类账户与其所属明细分类账户保持统驭关系,便于核对与检查,纠正错误与遗漏。( )

60. 管理费用是企业行政部门为组织和管理生产经营活动而发生的各项费用,包括行政人员的工资和福利费、办公费、折旧费、广告宣传费、借款利息等。( )

61. 企业所得税是一种具有强制性、无偿性的费用支出,直接减少企业的净资产。( )

62. 企业本期应交所得税等于利润总额乘以适用税率。( )

63. 会计账户按照会计要素进行分类,可分为资产类、负债类、所有者权益类、收入类、费用类及利润类六类账户。( )

64. "生产成本"账户是用来计算产品的生产成本,而产品属于资产。因此,"生产成本"账户按照会计要素分类属于资产类账户。( )

65. "累计折旧"是资产类账户,因此,当折旧增加时应记入"累计折旧"账户的借方。( )

66. 账户的结构是指账户的借、贷方如何进行登记,余额如何反映。( )

67. 财务会计只是向外部关系人提供有关财务状况、经营成果和现金流量情况的信息。管理会计只是向内部管理者提供进行经营规划、经营管理、预测决策所需的相关信息。( )

68. 收入要素包括主营业务收入、其他业务收入、营业外收入。( )

69. 将短期借款转为银行对本公司的投资属于权益内部的变化,并不影响资产的总额。( )

70. 凡特定对象能用货币表现的经济活动,都是会计核算和监督的内容。( )

71. 货币计量为会计核算提供了必要的手段。( )

72. 成本是指企业为生产产品、提供劳务而发生的各种耗费,它与一定期间相联系,是对象化的费用。( )

73. 费用是企业所实际发生的各项开支和损失。( )

74. 在我国,会计科目的名称、编号及其说明,主要是通过国家统一会计制度来进行规范的。( )

75. 管理费用和制造费用一样,都属于成本类科目。( )

76. 销售费用、管理费用和待摊费用都是损益类账户。( )

77. 应付账款和预付账款都属于负债类科目。( )

78. 科目是依据账户开设的,二者的结构一致,性质相同。( )

79. 账户分为左右两方,左方登记增加,右方登记减少。( )

80. 一级账户又称总分类账户或总账户。( )

81. 账户使原始数据转换为会计信息,通过账户可以对大量的、复杂的经济业务进行分类核算,从而提供不同性质和内容的会计信息。( )

82. 一般而言,费用(成本)类账户结构与权益类账户结构相同。( )

83. 收回以前的货款存入银行将使企业资产总额增加。( )

84. 复合会计分录仅指账户的对应关系属于多借多贷的会计分录。( )

85. 损益类账户增加在借方,减少在贷方,期末没有余额。( )

86. 在会计处理中,只能编制一借一贷、一借多贷、一贷多借的会计分录,而不能编制多借多贷的会计分录,以避免对应关系混乱。( )

87. 为判断会计账户记录是否正确,常用编制试算平衡表的方法。只要试算平衡表实现平衡,即说明账户记录正确无误。( )

88. 从外单位取得的原始凭证遗失时,必须取得原签发单位盖有公章的证明,并注明原始凭证的号码、金额、内容等,由经办单位会计机构负责人、会计主管人员审核签章后,才能代作原始凭证。( )

89. 企业在与外单位发生的任何经济业务中,取得的各种书面证明都是原始凭证。( )

90. 自制原始凭证是由企业财会部门自行填制的原始凭证。( )

91. 外来原始凭证是指企业财会部门从外部购入的原始凭证。( )

92. 经济业务存在多样性,原始凭证的形式大不相同,为了反映不同的经济业务,原始凭证的基本内容因此各有不同。( )

93. 有关部门应对原始凭证认真审核并签章,对凭证的真实性、合法性负责。( )

94. 出纳人员在办理收、付款后,应在有关原始凭证上加盖"收讫"或"付讫"的戳记,以避免重收重付。( )

95. 对于不真实、不合法的原始凭证,会计人员应要求有关经办人员及财务负责人签字后,再正式办理会计手续。( )

96. 在借贷记账法下,收款凭证上的凭证科目是贷方科目。( )

97. 记账凭证与原始凭证填制的要求是相同的。( )

98. 如果一张原始凭证须填制两张记账凭证,应将原始凭证复印一份,附在某张记账凭证后。( )

99. 会计分录应编制在记账凭证上。( )

100. 收、付款凭证的日期应按照货币收、付的日期填写,转账凭证的日期应按照原始凭证记录的日期填写。( )

101. 记账凭证应连续编号,其中收、付款凭证不得由出纳编号。 ( )

102. 会计凭证所提供的会计信息过于分散,缺乏系统性。 ( )

103. 填制原始凭证,汉字大写金额数字一律用正楷或草书书写,汉字大写金额数字到元位或角位为止的,后面必须写"正"或"整",个位后面不写"正"或"整" ( )

104. 填制会计凭证,所有以元为单位的阿拉伯数字,除单价等情况外,一律填写到角分;有角无分的,分位应当写"0"或用符号"—"代替。 ( )

105. 审核无误的原始凭证是登记账簿的直接依据。 ( )

106. 任何会计凭证都必须经过有关人员的严格审核,确认无误后,才能作为记账的依据。 ( )

107. 只要是真实的原始凭证就可以作为收付财物和记账的依据。 ( )

108. 会计凭证按其取得的来源不同,可以分为原始凭证和记账凭证。 ( )

109. 发料凭证汇总表是一种汇总记账凭证。 ( )

110. 企业使用累计原始凭证,如限额领料单,既可以对领料进行事前控制,又可以减少凭证的填制手续。 ( )

111. 现金存入银行时,为避免重复记账只编制银行存款收款凭证,不编制现金付款凭证。 ( )

112. 记账凭证中必须列明会计科目名称、记账符号、记账金额等内容。 ( )

113. 记账凭证是否附有原始凭证,及其所附原始凭证的张数是否相符,是审核记账凭证的一项重要内容。 ( )

114. 对于数量过多的原始凭证,可以单独装订保管,但应在记账凭证上注明"附件另订"字样。 ( )

115. 发现以前年度记账凭证有错误的,应当用红字填制一张更正的记账凭证。 ( )

116. 从外单位取得的原始凭证应盖有填制单位的公章,但有些特殊原始凭证例外。 ( )

117. 在会计凭证传递期间,凡经办记账凭证的人员都有责任保管好凭证,严防在传递中散失。 ( )

118. 企业每项经济业务的发生都必须从外部取得原始凭证。 ( )

119. 在证明经济业务的发生以及据以编制记账凭证的作用方面,自制原始凭证与外来原始凭证具有同等效力。 ( )

120. 从个人取得原始凭证,必须有填制人员的签名盖章。 ( )

121. 记账凭证对经济业务的发生和完成有证明效力。 ( )

122. 自制原始凭证的填制,都应由会计人员填写,以保持原始凭证填制的正确性。 ( )

123. 所有的记账凭证必须附有原始凭证。 ( )

124. 复式凭证是指将每一笔经济业务事项所涉及的全部会计科目及其发生额均在同一张记账凭证中反映的一种凭证,该凭证至少涉及三个会计科目。 ( )

125. 三栏式账簿是指具有日期、摘要、金额三个栏目格式的账簿。 ( )

126. 现金、银行存款日记账应做到日清月结,保证账实相符。 ( )

127. 在登记账簿时,应在记账凭证上注明所记账簿的页数,或划"√"符号,表示已经入

账，避免重记、漏记。（ ）

128. 活页账的页数不固定，使用前以及使用后不加以装订，可根据实际需要进行添加。（ ）

129. 按照记账规则，一般应采用蓝黑墨水或碳素墨水记账。（ ）

130. 随着科技的发展，记账错误均可采用褪色药水消除字迹，而不必采用麻烦的更正方法。（ ）

131. 各种明细账的登账依据，既可以是原始凭证、原始凭证汇总表，也可以是记账凭证。（ ）

132. 账页记满时，可以将本页合计数及金额只写在下页第一行有关栏内，并在摘要栏内注明"承前页"，以保持记账的衔接连续性。（ ）

133. 对账是指为了保证账簿记录的正确性而进行的有关账项的核对工作。（ ）

134. 原始凭证与记账凭证之间的核对属于账证核对。（ ）

135. 结账是在会计期末计算并结转各账户的本期发生额和期末余额的工作。（ ）

136. 月结、季结和年结的结账方法相同，都要计算出本期发生额和期末余额，并在下面划一条通栏红线。（ ）

137. 年度终了，日记账、总账和所有明细账必须更换新账，不能延续使用旧账。（ ）

138. 更换新账时，应编制记账凭证，将上年期末余额结转到末年的年初余额（ ）

139. 企业"住房公积金登记簿"属于序时账簿。（ ）

140. 设置和登记账簿是保证财产物资安全完整的重要手段。（ ）

141. 手工记账的单位，现金和银行存款日记账一般采用订本式账簿。（ ）

142. 各单位在更换旧账簿、启用新账簿时，应当填制账簿启用表。（ ）

143. 总分类账簿一般采用多栏式账页格式。（ ）

144. 现金日记账是由出纳人员根据审核无误的现金收、付款凭证和转账凭证，按照经济业务的发生顺序，逐日、逐笔序时登记。（ ）

145. 常见的特种日记账包括现金日记账、银行存款日记账、转账日记账。（ ）

146. 活页账簿的最大优点是使用中不用装订成册，比较灵活，因此，可以随意抽换账页。（ ）

147. "原材料"明细账一般采用三栏式账簿格式。（ ）

148. "物资采购"、"生产成本"、"制造费用"明细账一般采用借方多栏式明细账页格式。（ ）

149. 登记账簿时一般用蓝黑或碳素墨水满格书写，不得使用圆珠笔或铅笔，除会计制度允许外，也不得用红色墨水记账。（ ）

150. 红色墨水仅限于在借方栏登记贷方数，在贷方栏登记借方数。（ ）

151. 对既不需要结计本月发生额也不需要结计本年累计发生额的账户，可以只将每页末的余额结转次页。（ ）

152. 材料明细账一般是由会计人员根据审核无误的记账凭证逐日逐笔登记。（ ）

153. 总分类账的月末借方余额合计数应当同月末贷方余额合计数核对相符。（ ）

154. 在贷方多栏式明细账中，平时如果发生借方发生额，应该用红字在贷方对应的明细栏中登记。（ ）

155. 为便于管理,“应收账款”、“预收账款”明细账必须采用多栏式账页格式。 (　　)

156. 凡是明细分类账都适宜使用活页式账簿,以便于根据实际需要,随时添加账页。 (　　)

157. 凡须结出余额的账户,结出余额后,应在“借或贷”栏内写明“借”或“贷”字样。没有余额的账户,只要在余额栏内用“0”表示即可。 (　　)

158. 账簿中的每一账页就是账户的存在形式和载体,没有账簿,账户就无法存在。 (　　)

159. 订本式账簿是指为防止抽换账页,而在使用后的期末将若干账页固定装订成册的账簿。 (　　)

160. 实行会计电算化的单位,总账和明细账必须每天打印。 (　　)

161. 实行会计电算化的单位,发生收款和付款业务的,在输入收款凭证和付款凭证的当天,必须打印现金日记账和银行存款日记账。 (　　)

162. 发生销售退回时,借记主营业务收入,贷记银行存款,并且用红字金额在“主营业务收入”贷方多栏式明细账的贷方明细栏“产品销售”栏登记。 (　　)

163. 年度终了,应编制记账凭证把上年账户余额结平,并结转下年。 (　　)

164. 采用划线更正法时,最后由审核人员在更正处签名盖章,以明确责任。 (　　)

165. 采用补充登记法更正错账时,按正确的金额与错误金额的差额,用蓝字编制一张账户对应关系与原错误凭证相同的记账凭证,并用蓝字登记入账,以补记少记的金额。 (　　)

166. 在审查当年的记账凭证时,发现某记账凭证应借应贷的科目正确,但所记的金额大于实际金额,并已入账,可用红字更正法更正。 (　　)

167. 资产负债表是总括反映企业特定日期资产、负债和所有者权益情况的动态报表,通过它可以了解企业资产来源构成和承担的债务及资金的流动性和偿债能力。 (　　)

168. 通过利润分配表,可以考核企业一定会计期间的经营成果,分析企业的盈利能力及未来发展趋势。 (　　)

169. 会计报表附表主要有资产减值准备明细表、利润分配表、股东权益增减变动表、分部报表等,是对主要报表的必要补充。 (　　)

170. 会计报表附注应当说明企业生产经营的基本情况、利润实现和分配情况、资金增减速和周转情况,以及对企业财务状况、经营成果和现金流量有较大影响的其他事项等。(　　)

171. 年度、半年度、季度的企业财务会计报告包括会计报表、会计报表附注和财务情况说明书三项组成。 (　　)

172. 净利润是指营业利润减去所得税后的净额。 (　　)

173. 营业利润扣减掉管理费用、销售费用、财务费用和所得税后得到净利润。 (　　)

174. 在不同的账务处理程序下,各种账务处理程序的根本区别在于会计报表的编制依据不同。 (　　)

175. 采用记账凭证账务处理程序,登记账簿的工作量大,适用于规模较大、经济业务较复杂的企业。 (　　)

176. 汇总转账凭证是按每一贷方科目分别设置的记账凭证。 (　　)

177. 科目汇总表账务处理程序是以科目汇总表为依据直接登记总账和明细账。 (　　)

178. 汇总记账凭证账务处理程序的优点之一是汇总记账凭证反映了科目之间的对应关

系。（ ）

179. 由于各企业的业务性质、规模大小、业务繁简程度不同，所以其采用的账务处理程序也就有所不同。（ ）

180. 科目汇总表账务处理程序的优点之一是科目汇总表能反映科目之间的对应关系。（ ）

181. 记账凭证账务处理程序是各种账务处理程序中最基本的一种账务处理程序。（ ）

182. 汇总记账凭证账务处理程序和科目汇总表账务处理程序都有利于简化总账的登记工作。（ ）

183. 编制科目汇总表，虽然不能起到反映账户之间的对应关系的作用，但可以起到试算平衡的作用。（ ）

184. 采用汇总记账凭证账务处理程序增加了填制汇总记账凭证的工作程序，增加了总账的登记工作量。（ ）

185. 在记账凭证账务处理程序下，需要设置银行存款日记账，一般采用三栏式、多栏式和数量金额式账页格式。（ ）

186. 财产清查是对实物资的盘点或核对，确定其实存数，查明账存数与实存数是否相符的一种专门方法。（ ）

187. 年终结算前，为了确保年终结算会计资料的真实和正确，所进行的财产清查既是全面清查又是定期清查。（ ）

188. 银行存款日记账账面余额与银行对账单余额不一致，则说明单位与银行之间必定有一方存在账面记录错误。（ ）

189. 企业的定期清查一般在期末进行，可以是全面清查，也可以是局部清查。（ ）

190. 财产清查就是对各项财产物质进行定期的盘点和核对。（ ）

191. “现金盘点报告表”应由盘点人员和会计机构负责人共同签章方能生效。（ ）

192. 更换仓库保管人员时，应该进行的是不定期全面清查。（ ）

193. 造成账实不符的原因很多，如财产物质的自然损耗、收发差错或计量误差、贪污盗窃等，因此，需要进行定期、不定期的财产清查。（ ）

194. 财产清查中的盘盈、盘亏，在没有查清原因以前先不入账。（ ）

195. 银行已收款入账，企业由于未收到相关凭证尚未入账的未达账项，会造成企业银行存款日记账的余额小于银行对账单的余额。（ ）

196. 企业受其他单位委托保管的各项财产物质也属于财产清查的范围。（ ）

197. 对流动性较大的材料等，除全面清查外，一般在年中还要进行轮流盘点或重点清查。（ ）

198. 对各种实物的清查，就是要查清实物资产的实际数量。（ ）

199. 由过失人或保险公司赔偿的财产损失，报经批准后由“待处理财产损溢”财户转入“其他应收款”账户。（ ）

200. 往来账项的清查一般采用“查询核实法”，即派人或通信，向往来结算单位核实账目。（ ）

201. 材料的盘盈，批准处理后应当转入营业外收入。（ ）

202. 固定资产盘亏,应先转入“待处理财产损溢”账户,经批准后根据具体原因分别转入“管理费用”、“营业外支出”等账户。 ( )

203. 对各项实物的清查,不但要求在数量上清查,而且应在质量上进行清查。 ( )

204. 银行存款余额调节表的编制目的是消除未达账项的影响,并且作为原始凭证证据登记银行存款日记账。 ( )

205. 若银行和企业双方账目没有差错,经过调整后的银行存款余额调节表的金额表示企业可以动用的银行存款实有数额。 ( )

206. 未达账项是企业与银行之间,由于凭证传递的时间不同造成的银行存款日记账和对账单之间的差异。 ( )

207. 各种往来结算款项,至少每个月同对方核对一次。 ( )

208. 财会部门或经办人,必须在会计年度终了后的第一天,将应归档的会计档案全部移交档案部门,保证会计档案齐全完整。 ( )

209. 按照《会计档案管理办法》的规定,会计档案立卷后,可暂由本单位财会部门保管一年,于次年 12 月底前移交给本单位的档案部门集中保管。 ( )

210. 本单位档案机构为方便保管会计档案,可以根据需要自行对档案进行拆封,重新整理。 ( )

211.《会计档案管理办法》规定的会计档案保管期限为最低的保管期限。 ( )

212. 保管期满但尚未结清的债权债务原始凭证,不得销毁,应单独抽出立卷,永久保存。 ( )

213. 各单位保存的会计档案不得借出,特殊情况下经单位负责人批准,办理有关手续,可以调阅或复制。 ( )

214. 财政部门销毁会计档案,应由同级税务部门派员监销。 ( )

215. 银行存款余额调节表、对账单是会计档案,但不是原始凭证。 ( )

216. 查阅或者复制会计档案的人员,不得在案卷中涂画、标记和抽换,但可以根据需要对原卷册进行拆装。 ( )

217. 会计档案销毁后,应当由会计人员在销毁清册上签名或盖章,并及时将销毁情况向本单位负责人报告。 ( )

218. 借方贷方多栏式明细账会计人员根据审核无误的原始凭证逐笔登记在明细账相应的项目中。 ( )

客观试题综合习题(二)

一、单项选择题

1. 会计的基本职能包括(　　)。

A. 核算和监督　　B. 预测和决策

C. 计划和控制　　D. 考核和评价

2. 资金运动的起点是(　　)。

A. 资金的投入　　B. 资金的循环

C. 资金的周转　　D. 资金的退出

3. 下列各项中不属于企业财物的是(　　)。

A. 机器设备　　B. 库存商品

C. 燃料　　D. 专利权

4. 会计主要的计量单位是(　　)。

A. 劳动量　　B. 实物

C. 货币　　D. 价格

5. (　　)是指将一个企业持续经营的生产经营活动划分为一个个连续的、长短相同的期间。

A. 持续经营　　B. 会计分期

C. 会计主体　　D. 会计年度

6. 只有在(　　)的前提下,企业会计要素才可以确认,资产才可以按历史成本计价。

A. 会计主体　　B. 持续经营

C. 会计分期　　D. 货币计量

7. 下列属于会计基础的是(　　)。

A. 货币计量　　B. 权责发生制

C. 会计分期　　D. 持续经营

8. 本期将实际收到的上期销售货款作为本期收入的处理方式是遵循了(　　)会计基础。

A. 货币计量　　B. 权责发生制

C. 收付实现制　　D. 持续经营

9. 上期已经发生的费用由本期负担体现了(　　)会计基础。

A. 会计主体　　B. 收付实现制

C. 持续经营　　D. 权责发生制

10. 下列各项中,企业能确认为资产的有(　　)。

A. 经营租入的设备

B. 已腐烂变质无任何使用价值和转让价值的材料

C. 经营租出的设备

D. 将要购入的设备

11. 企业短期借款的主要目的是(　　)。

A. 远期投资的需要　　B. 补充生产经营资金的不足

C. 偿还以前各期的借款　　D. 购置生产线

12. 下列各项中,属于非流动负债的是(　　)。

A. 应付债券　　B. 应付账款

C. 应交税费　　D. 应付职工薪酬

13. 会计科目是指对(　　)的具体内容进行分类核算的项目。

A. 会计信息　　B. 会计账户

C. 会计要素　　D. 经济业务

14.“预收账款”科目,属于(　　)类会计科目。

A. 所有者权益　　B. 负债

C. 资产　　D. 损益

15. 会计科目按其所(　　)不同,分为总分类科目和明细分类科目。

A. 反映的会计对象　　B. 归属的会计要素

C. 提供信息的详细程度及其统驭关系　　D. 反映的经济业务

16. 账户是根据(　　)设置的,具有一定格式和结构,用于分类反映会计要素增减变动情况及其结果的载体。

A. 会计要素　　B. 会计科目

C. 会计对象　　D. 总分类科目

17. 在下列项目中,属于会计账户的金额要素的是(　　)。

A. 本期借方发生额　　B. 本期贷方发生额

C. 本期减少发生额　　D. 借方余额

18. 假设某账户本期期初余额为 5 000 元,本期期末余额为 6 000 元,本期减少发生额为 1 200元,则该账户本期增加发生额为(　　)元。

A. 200　　B. 9 800

C. 2 200　　D. 8 000

19. 投资者投入企业的资金和债权人投入企业的资金,形成企业的(　　)。

A. 成本　　B. 负债

C. 所有者权益　　D. 资产

20. 期末某企业所有者权益总额为 800 万元,负债总额为 300 万元,那么该企业的资产总额为(　　)万元。

A. 1100　　B. 500

C. 1 000　　D. 2 000

21. 下列经济活动中,引起资产和负债同时减少的是(　　)。

A. 以银行存款偿付前欠货款　　B. 以银行存款支付购买材料费用
C. 购买材料货款尚未支付　　D. 收回应收账款

22. 借贷记账法的理论依据是(　　)。
A. 复式记账法　　B. 资产＝负债＋所有者权益
C. 有借必有贷,借贷必相等　　D. 借贷平衡

23. 借贷记账法的“借”表示(　　)。
A. 负债减少　　B. 资产减少
C. 所有者权益增加　　D. 收入增加

24. 资产类账户的结构与权益类账户的结构(　　)。
A. 一致　　B. 相反
C. 基本相同　　D. 无关

25. 将会计凭证分为原始凭证和记账凭证两大类的分类标准是(　　)。
A. 填制人员和程序　　B. 填制程序和方法
C. 填制格式和手续　　D. 填制程序和用途

26. 对经济业务的发生和完成具有证明效力的是(　　)。
A. 记账凭证　　B. 原始凭证
C. 会计账簿　　D. 会计报表

27. 某记账凭证的借方科目为“本年利润”,贷方科目为“管理费用”,则(　　)。
A. 应附有费用发票　　B. 应附有费用支付单
C. 应附有费用分配单　　D. 不需要附原始凭证

28. 在下列原始凭证中,按其来源不同,应归属于外来原始凭证的是(　　)。
A. 购货专用发票　　B. 收料单
C. 领料单　　D. 限额领料单

29. 原始凭证的书写要清楚、规范,下列做法不符合该要求的是(　　)。
A. 金额数字前书写货币币种符号
B. 币种符号与金额数字之间要留有空白
C. 金额数字一律填写到角、分
D. 数字前写有币种符号的,数字后不再写货币单位

30. 会计机构、会计人员对不真实、不合法的原始凭证,应该采取的正确做法是(　　)。
A. 有权不予受理　　B. 报告税务部门
C. 报告财政部门　　D. 报告审计部门

31. 下列业务中,应该填制现金收款凭证的是(　　)。
A. 将多余现金存入银行　　B. 从银行提取现金
C. 出租设备,收到一张现金支票　　D. 报废一台计算机,出售残料收到现金

32. 下列凭证中,应在其左上方填写借方科目的是(　　)。
A. 原始凭证　　B. 收款凭证
C. 付款凭证　　D. 转账凭证

33. 记账人员登账完毕后,要在记账凭证上注明已经登账的符号,这主要是为了(　　)。
A. 避免空行空页　　B. 防止凭证丢失

C. 分清责任　　　　　　　　　　D. 避免重记或漏记

34. 关于会计凭证的传递,以下说法中不正确的是(　　)。

A. 会计凭证传递就是在单位内部各有关部门和人员之间的传送程序

B. 要建立会计凭证交接的签收制度

C. 企业应尽可能缩短会计凭证的传递时间,从而提高工作效率

D. 科学、合理的传递程序应能保证会计凭证在传递过程中的安全、及时、准确和完整

35. 记账凭证装订人应在(　　)签名或者盖章。

A. 封面左上角　　　　　　　　　　B. 封面右上角

C. 封面左下角　　　　　　　　　　D. 装订线封签处

36. 关于会计凭证的保管,以下说法中不正确的是(　　)。

A. 会计部门应定期对会计凭证进行整理、装订成册

B. 会计凭证封面应注明单位名称、凭证种类、凭证张数等内容

C. 原始凭证不得外借,也不得复制

D. 会计凭证记账完毕后,应当按分类和编号顺序保管

37. 采用卡片账形式的是(　　)。

A. 应收账款明细账　　　　　　　　B. 管理费用明细账

C. 存货明细账　　　　　　　　　　D. 固定资产明细账

38. 下列不属于活页账特点的是(　　)。

A. 可以避免账页散失　　　　　　　B. 可以根据实际需要增减账页

C. 不会浪费账页　　　　　　　　　D. 使用灵活,便于同时分工记账

39. 下列不属于备查账簿特点的是(　　)。

A. 备查账簿不是根据会计凭证登记的账簿

B. 备查账簿有固定的格式

C. 备查账簿并非每个单位都应设置

D. 各单位可根据实际需要自行设置和登记

40. 会计账簿的账页上应记录的内容中不包括(　　)。

A. 账簿启用和经管人员一览表　　　B. 金额栏

C. 总页次　　　　　　　　　　　　D. 分户页次

41. 下列说法错误的是(　　)。

A. 有些会计事项可以只记入有关的总账,不必记入该总账所属的明细账

B. 账簿中的日期,应当填写记账凭证上的日期

C. 以自制原始凭证作为记账依据的,账簿中的日期应按有关自制凭证上的日期填列

D. 登记完毕后,要在记账凭证上签名或者盖章,并在记账凭证的"过账"栏内注明已经登账的符号

42. 下列说法中不符合会计账簿登记规则的是(　　)。

A. 每一账页登记完毕结转下页时,应当结出本页合计数及余额,写在本页最后一行和下页第一行有关栏内,并在摘要栏内注明"过次页"和"承前页"字样

B. 每一账页登记完毕结转下页时,可以将本页合计数及金额只写在下页第一行有关栏内,并在摘要栏内注明"过次页"字样

C. 需要结计本月发生额的账户，结计“过次页”的本页合计数应当为自本月初至本页末止的发生额合计数

D. 需要结计本年累计发生额的账户，结计“过次页”的本页合计数应当为自年初起至本页末止的累计数

43. 现金日记账应采用的账簿形式是(　　)。

A. 订本账　　B. 活页账

C. 订页账　　D. 卡片账

44. 多栏式明细分类账适用于(　　)。

A. 原材料明细账　　B. 生产成本明细账

C. 库存商品明细账　　D. 应收账款明细账

45. 明细分类账的登记方法中不包括(　　)。

A. 根据原始凭证直接登记明细账

B. 根据汇总原始凭证登记明细账

C. 根据记账凭证登记明细账

D. 根据汇总记账凭证登记明细账

46. 总分类账簿有关账户的余额核对属于(　　)。

A. 账证核对　　B. 账账核对

C. 账实核对　　D. 账表核对

47. 明细账应与记账凭证或原始凭证相核对属于(　　)。

A. 账证核对　　B. 账账核对

C. 账实核对　　D. 账表核对

48. 各项财产物资明细账的结存数量，定期与财产物资的实有数额核对属于(　　)。

A. 账证核对　　B. 账账核对

C. 账实核对　　D. 账表核对

49. 会计在根据记账凭证记账时，将“580.00”误写成“586.00”。划线更正法的处理正确的是(　　)。

A. 将错误数字“5 800.00”全部用红线划去，然后在其上方写上正确的数字“5 860.00”

B. 将错误数字“5 800.00”全部用红线划去，然后在其上方写上正确的数字“5 860.00”，并在更正处签名或盖章

C. 只划去“0”，将其改为“6”

D. 只划去“0”，将其改为“6”，并在更正处签名或盖章

50. 结账前发现账簿记录有文字或数字错误，而记账凭证没有错误时，应采用的错账更正方法是(　　)。

A. 划线更正法　　B. 红字更正法

C. 红字冲账法　　D. 补充登记法

51. 记账后在当年内发现记账凭证所记的会计科目无误，而所记金额小于应记金额的记账错误，应采用的错账更正方法是(　　)。

A. 划线更正法　　B. 红字更正法

C. 红字冲账法　　D. 补充登记法

52. 企业结账的时间应为(　　)。

A. 每项交易或事项办理完毕时　　B. 每一个工作日终了时

C. 一定时期终了时　　D. 会计报表编制完成时

53. 结账时,应当划通栏双红线的是(　　)。

A. 12 月末结出全年累计发生额后　　B. 各月末结出本年累计发生额后

C. 结出本季累计发生额后　　D. 结出当月发生额后

54. 期末,企业应将本期的销售收入结转至(　　)账户。

A. 本年利润　　B. 利润分配

C. 资本公积　　D. 盈余公积金

55. 会计账簿可以暂由本单位财务会计部门保管(　　)年,期满之后,由财务会计部门编造清册移交本单位的档案部门保管。

A. 1　　B. 2

C. 3　　D. 4

56. 下列账户中,一般不必每年更换新账簿的是(　　)。

A. 总分类账　　B. 现金日记账

C. 银行存款日记账　　D. 固定资产明细账

57. 在会计核算中填制和审核会计凭证,根据会计凭证登记账簿,根据账簿记录编制会计报表,这个过程的步骤以及三者的结合方式称为(　)。

A. 会计凭证传递　　B. 会计账簿组织

C. 会计工作组织　　D. 账务处理程序

58. 企业的会计凭证、会计账簿、会计报表相结合的方式称为(　　)。

A. 账簿组织　　B. 账务处理程序

C. 记账工作步骤　　D. 会计组织形式

59. 以下(　　)不是常见的账务处理程序。

A. 原始凭证账务处理程序　　B. 汇总记账凭证账务处理程序

C. 科目汇总表账务处理程序　　D. 记账凭证账务处理程序

60. 下列账务处理程序中,最基本的账务处理程序是(　　)。

A. 汇总记账凭证账务处理程序　　B. 科目汇总表账务处理程序

C. 记账凭证账务处理程序　　D. 日记账账务处理程序

61. 在记账凭证账务处理程序下,登记总分类账的依据为(　　)。

A. 记账凭证　　B. 汇总记账凭证

C. 科目汇总表　　D. 原始凭证

62. 记账凭证账务处理程序的主要缺点是(　　)。

A. 不便于分工记账　　B. 程序复杂、不易掌握

C. 不便于查账、对账　　D. 登记总分类账的工作量大

63. 记账凭证账务处理程序适用于(　　)的单位。

A. 业务中等、规模中等　　B. 业务多、规模大

C. 业务少、规模小　　D. 业务少、规模大

64. 汇总记账凭证账务处理程序根据(　　)登记总分类账。

A. 记账凭证　　B. 汇总记账凭证
C. 科目汇总表　　D. 原始凭证

65. 汇总记账凭证账务处理程序适用于(　　)的企业。
A. 规模较大、经济业务较多　　B. 规模较小、经济业务不多
C. 规模较大、经济业务不多　　D. 规模较小、经济业务较多

66. 关于汇总记账凭证账务处理程序说法正确的是(　　)。
A. 能够清晰地反映各个科目之间的对应关系
B. 不能清晰地反映各个科目之间的对应关系
C. 能够综合反映企业所有的经济业务
D. 能够序时反映企业所有的经济业务

67. 在科目汇总表账务处理程序中,登记总账的依据是(　　)。
A. 记账凭证　　B. 汇总记账凭证
C. 科目汇总表　　D. 原始凭证

68. 科目汇总表的编制方法是(　　)。
A. 按照不同会计科目进行归类定期汇总
B. 按照相同会计科目进行归类定期汇总
C. 按照借方会计科目进行归类定期汇总
D. 按照贷方会计科目进行归类定期汇总

69. 下列不属于科目汇总表账务处理程序优点的是(　　)。
A. 科目汇总表的编制和使用较为简便,易学易做
B. 可以清晰地反映科目之间的对应关系
C. 可以大大减少登记总分类账的工作量
D. 科目汇总表可以起到试算平衡的作用,保证总账登记的正确性

70. 财产清查是用来检查(　　)是否相符的一种专门方法。
A. 账证　　B. 账实
C. 账账　　D. 账表

71. 企业在遭受自然灾害后,对其受损的财产物资进行的清查,属于(　　)。
A. 全面清查和定期清查　　B. 全面清查和不定期清查
C. 局部清查和定期清查　　D. 局部清查和不定期清查

72. 企业在年终决算前,应对财产进行(　　)。
A. 全面清查　　B. 重点清查
C. 局部清查　　D. 实地盘点

73. 对现金进行清查应采用的方法是(　　)。
A. 实地盘点法　　B. 核对账目法
C. 技术推算法　　D. 发函询证法

74. 某企业期末银行存款日记账余额为 30 000 元,银行送来的对账单余额为 32 300 元,经对未达账项调节后的余额为 35 450 元,则该企业在银行可以动用的实有存款是(　　)元。
A. 30 000　　B. 32 300
C. 35 450　　D. 62 300

75. 对企业与其开户银行之间的未达账项,进行账务处理的时间是(　　)。

A. 编好银行存款余额调节表后　　B. 查明未达账项时

C. 收到银行对账单时　　D. 实际收到有关结算凭证时

76."待处理财产损溢"账户属于(　　)账户。

A. 资产类　　B. 负债类

C. 成本类　　D. 损益类

77. 现金清查中,发现现金短缺 800 元,经研究决定由出纳人员赔偿 450 元,余款报损。则批准处理后的会计分录为(　　)。

A. 借:现金　800
　　贷:待处理财产损溢　800

B. 借:待处理财产损溢　800
　　贷:现金　800

C. 借:其他应收款　450
　　营业外支出　350
　　贷:待处理财产损溢　800

D. 借:其他应收款　450
　　管理费用　350
　　贷:待处理财产损溢　800

78."待处理财产损溢"账户未转销的贷方余额表示(　　)。

A. 等待处理的财产盘盈

B. 等待处理的财产盘亏

C. 尚待批准处理的财产盘盈数大于尚待批准处理的财产盘亏和毁损数的差额

D. 尚待批准处理的财产盘盈数小于尚待批准处理的财产盘亏和毁损数的差额

79. 企业对外提供反映企业某一特定日期财务状况和某一会计期间经营成果、现金流量等会计信息的书面文件指的是(　　)。

A. 资产负债表　　B. 利润表

C. 财务会计报告　　D. 附注

80. 财务报表中报表项目的数字,其直接来源是(　　)。

A. 原始凭证　　B. 记账凭证

C. 日记账　　D. 账簿记录

81. 会计估计变更的说明应在(　　)披露。

A. 资产负债表　　B. 利润表

C. 附注　　D. 财务状况说明书

82. 资产负债表的作用是(　　)。

A. 反映企业某一时期的经营成果　　B. 反映企业某一时期的财务状况

C. 反映企业某一时点的经营成果　　D. 反映企业某一时点的财务状况

83. 根据我国会计准则的规定,企业资产负债表的格式是(　　)。

A. 报告式　　B. 账户式

C. 单步式　　D. 多步式

84. 某企业期末“应收账款”和“预收账款”明细账期末余额情况如下：“应收账款——甲企业”借方余额为50 000元，“应收账款——乙企业”贷方余额为35 000元；“预收账款——A企业”贷方余额为70 000元，“预收账款——B. 企业”借方余额为45 000元。则根据以上数据计算的资产负债表中的“应收账款”项目的金额为(　　)元(假设没有计提坏账准备)。

A. 15 000　　B. 95 000

C. 120 000　　D. 80 000

85. 利润表是反映企业(　　)的会计报表。

A. 一定期间内的生产经营成果

B. 一定时期内的各种资产、负债和所有者权益各项目的增减变动

C. 一定期间内的现金流入和流出

D. 特定日期生产经营成果

86. 下列各项不影响营业利润的有(　　)。

A. 管理费用　　B. 所得税费用

C. 资产减值损失　　D. 公允价值变动收益

87. 企业利润表中的“营业税金及附加”不包括(　　)。

A. 营业税　　B. 资源税

C. 消费税　　D. 增值税

88. 会计档案是指记录和反映单位经济业务的重要(　　)。

A. 凭证　　B. 资料和依据

C. 历史资料和证据　　D. 材料

89. 以下属于会计档案中的会计账簿类的有(　　)。

A. 固定资产卡片　　B. 年度财务报告

C. 银行存款余额调节表　　D. 会计档案保管清册

90. 下列各项中，不属于会计档案的是(　　)。

A. 会计凭证　　B. 会计账簿

C. 财务会计报告　　D. 年度财务计划

91. 计算会计档案保管期限的开始时间是(　　)。

A. 每一月份的第一天　　B. 每一季度的第一天

C. 每半年度的第一天　　D. 每一会计年度终了后的第一天

92. 各种会计档案的保管期限，根据其特点分为永久、定期两类。定期保管期限分为(　　)。

A. 3年、10年、20年、30年、40年5种

B. 1年、5年、10年、15年、20年5种

C. 3年、5年、10年、15年、20年5种

D. 3年、5年、10年、15年、25年5种

93. 其他单位如果因特殊原因需要使用原始凭证时，经本单位负责人批准(　　)。

A. 可以借阅　　B. 只可以查阅不能复制

C. 不可查阅或复制　　D. 可以查阅或复制

94. 边远地区和交通不便地区的企业库存现金可多于5天，但最多不能超过(　　)天的

日常零星开支。

A. 10　　B. 12
C. 15　　D. 20

95. 期末,交易性金融资产的公允价值上升时,应贷记的科目是(　　)。

A. 财务费用　　B. 投资收益
C. 交易性金融资产　　D. 公允价值变动损益

96. 企业在持有交易性金融资产期间,被投资单位宣告发放的现金股利应确认为(　　)。

A. 营业外收入　　B. 主营业务收入
C. 投资收益　　D. 其他业务收入

97. 下列关于先进先出法的说法中正确的是(　　)。

A. 先进先出法是以“后入库的存货先发出去”这一存货实物流转假设为前提
B. 在先进先出法下,成本流转与实物流转完全一致
C. 在物价上涨期间,会低估当期利润和存货价值,反之会高估当期利润和存货价值
D. 有时对同一批发出的存货要采用两个或两个以上的单位成本计价,计算繁琐

98. 固定资产的折旧方法中,属于加速折旧法的是(　　)。

A. 直线法　　B. 年限平均法
C. 工作量法　　D. 年数总和法

99. 企业处置固定资产时发生的清理费用,应记入(　　)科目的借方。

A.“营业外支出”　　B.“投资收益”
C.“固定资产清理”　　D.“管理费用”

100. 企业代购货单位垫付包装费、运杂费等,应计入(　　)科目的借方。

A.“其他应收款”　　B.“应收账款”
C.“银行存款”　　D.“销售费用”

101. 不单独设置“预付账款”的企业,预付的账款在(　　)科目核算。

A.“预收账款”　　B.“应收账款”
C.“应付账款”　　D.“其他应付款”

102. 下列关于长期借款的说法中错误的有(　　)。

A. 长期借款的期限在一年以上
B. 长期借款按照付息方式的不同可以分为到期一次还本付息长期借款和分期付息、到期还本长期借款
C. 长期借款所发生的利息费用全部计入“财务费用”
D. 企业取得借款时,实际取得的借款数额低于本金的差额借记“长期借款——利息调整”科目

103. 企业收到投资者的出资超过其在注册资本或股本中所占份额的部分在(　　)科目核算。

A.“实收资本”　　B.“盈余公积金”
C.“资本公积”　　D.“投资收益”

104. 某股份有限公司发行股票,每股面值为1元,发行价为每股5元,共发行30 000股,则计入资本公积的数额为(　　)元。

A. 30 000　　B. 150 000
C. 120 000　　D. 180 000
105. 企业接受非现金资产投资时，对于收到的各项非现金资产，应按(　　)确定价值。
A. 投资合同或协议约定的价值　　B. 该资产的账面价值
C. 重置成本　　D. 历史成本
106. 下列各项中，应计入营业外收入的是(　　)。
A. 非货币性资产交换利得　　B. 处理交易性金融资产产生的收益
C. 出租无形资产产生的收入　　D. 销售库存商品取得的收入
107. 企业发生的各项费用支出中，不属于期间费用的项目有(　　)。
A. 管理费用　　B. 制造费用
C. 财务费用　　D. 销售费用
108. 下列应计入产品成本的工资费用是(　　)。
A. 基本生产车间管理人员工资　　B. 行政管理部门人员工资
C. 在建工程人员工资　　D. 生活福利部门人员工资
109. 企业宣告发放股票股利时，下列账务处理中正确的有(　　)。
A. 借：利润分配——应付现金股利或利润
　　贷：应付股利
B. 借：应付股利
　　贷：银行存款
C. 借：利润分配——转作股本的股利
　　贷：股本
D. 不做账务处理
110. 法定盈余公积金的提取比例为净利润的(　　)。
A. 5%　　B. 10%
C. 15%　　D. 20%
111. 根据我国会计准则规定，所得税的核算方法为(　　)。
A. 递延法　　B. 应付税款法
C. 资产负债表债务法　　D. 利润表债务法

二、多项选择题

1. 下列各项属于经济交易的是(　　)。
A. 购买原材料　　B. 销售商品
C. 支付职工工资　　D. 无形资产摊销
2. 下列各项中属于会计核算的具体内容的有(　　)。
A. 资本的增减　　B. 款项和有价证券的收付
C. 财物的收发、增减和使用　　D. 债权、债务的发生和结算
3. 下列各项中说法正确的有(　　)。
A. 业务收支以人民币以外的货币为主的单位，可以选定其中一种货币作为记账本位币，但编制的财务报告应当折算为人民币反映
B. 在境外设立的中国企业向国内报送的财务报告，应当折算为人民币

C. 使用货币计量没有任何缺陷
D. 我国企业的会计核算只能以人民币为记账本位币
4. 会计基本假设包括(　　)。
A. 持续经营　　B. 会计主体
C. 会计分期　　D. 货币计量
5. 下列可以作为会计主体的有(　　)。
A. 分公司　　B. 非法人企业
C. 子公司　　D. 销售部门
6. 下列属于会计中期的是(　　)。
A. 年度　　B. 季度
C. 半年度　　D. 月度
7. 下列基于权责发生制基础而存在的会计科目有(　　)。
A. 预收账款　　B. 累计折旧
C. 预付账款　　D. 累计摊销
8. 按照权责发生制原则应作为本期收入的是(　　)。
A. 本期收回上期销货款　　B. 本期销货收款
C. 本期销货未收款　　D. 本期预收下期货款
9. 下列符合收付实现制要求的业务处理有(　　)。
A. 本月预先收到的 10 000 元货款作为当期收入
B. 本月预先收到的 10 000 元货款作为预收账款
C. 本月预先支付的下月杂费 5 000 元作为当期费用
D. 本月预先支付的下月杂费 5 000 元作为预付账款
10. 下列各项中,属于反映企业财务状况的静态要素有(　　)。
A. 收入　　B. 资产
C. 负债　　D. 所有者权益
11. 下列属于资产要素的特征的有(　　)。
A. 是由过去的交易或事项形成的　　B. 由企业拥有或控制
C. 预期会给企业带来经济利益　　D. 必须是有形的
12. 资产按照变现或耗用时间的长短,可以分为(　　)。
A. 流动资产　　B. 固定资产
C. 非流动资产　　D. 递延资产
13. 下列属于明细分类科目的有(　　)。
A. 法定盈余公积金　　B. 短期借款
C. 长期股权投资　　D. 应交增值税
14. 不属于财政部统一制定的会计科目是(　　)。
A. 银行借款　　B. 坏账准备
C. 利润　　D. 在建工程
15. 下列各项中,属于成本类科目的有(　　)。
A. 制造费用　　B. 其他业务成本

C. 生产成本　　D. 主营业务成本

16. 账户一般可以提供的金额指标有(　　)。

A. 期初余额　　B. 本期增加发生额

C. 本期减少发生额　　D. 期末余额

17. 会计账户的各项金额的关系可用(　　)表示。

A. 期末余额=期初余额+本期增加发生额-本期减少发生额

B. 期末余额-期初余额=本期增加发生额-本期减少发生额

C. 期末余额-期初余额-本期增加发生额=本期减少发生额

D. 期末余额+期初余额=本期增加发生额+本期减少发生额

18. 以下说法中正确的有(　　)。

A. 会计科目与账户都是对会计要素具体内容的科学分类

B. 会计科目是账户的名称,也是设置账户的依据

C. 账户是根据会计科目开设的,是会计科目的具体运用

D. 没有会计科目,账户便失去了设置的依据;没有账户,就无法发挥会计科目的作用

19. 会计等式包括(　　)。

A. 资产=权益　　B. 资产=负债+所有者权益

C. 收入-费用=利润　　D. 资产=负债+所有者权益+(收入-费用)

20. 权益包括(　　)。

A. 资产　　B. 负债

C. 所有者权益　　D. 收入

21. 资产与权益的恒等关系是(　　)的基础和依据。

A. 设置会计科目　　B. 复式记账法

C. 编制资产负债表　　D. 成本计算

22. 复式记账法的主要特点是(　　)。

A. 可以反映每一项经济业务的来龙去脉

B. 可以反映账户之间的平衡关系

C. 不能反映经济业务的来龙去脉

D. 比较简单

23. 以下属于复式记账法的有(　　)。

A. 借贷记账法　　B. 增减记账法

C. 收付记账法　　D. 单式记账法

24. 下列账户中,期末结转后无余额的是(　　)。

A. 管理费用　　B. 主营业务成本

C. 实收资本　　D. 财务费用

25. 下列项目中,不属于原始凭证的是(　　)。

A. 经济合同　　B. 转账凭证

C. 银行对账单　　D. 借款单

26. 原始凭证的主要作用在于(　　)。

A. 记录经济业务　　B. 监督经济业务

C. 明确经济责任　　D. 作为登账依据

27. 原始凭证和记账凭证的区别有(　　)。

A. 填制人员不同　　B. 填制依据不同

C. 填制方式不同　　D. 发挥作用不同

28. 原始凭证按照填制手续及内容不同,可以分为(　　)。

A. 通用凭证　　B. 一次凭证

C. 累计凭证　　D. 汇总凭证

29. 限额领料单属于(　　)。

A. 自制原始凭证　　B. 累计原始凭证

C. 外来原始凭证　　D. 一次原始凭证

30. 原始凭证的填制要求包括(　　)。

A. 记录真实　　B. 内容完整

C. 手续完备　　D. 书写清楚

31. 记账凭证按照填列的方法不同,可以分为(　　)。

A. 收款凭证　　B. 一次记账凭证

C. 复式记账凭证　　D. 单式记账凭证

32. 如果某一笔经济业务须填制两张记账凭证,该凭证顺序号为 80 号,则两张记账凭证的编号应为(　　)。

A. 80　　B. 81

C. 801/2　　D. 802/2

33. 下列各项中,属于记账凭证应具备的基本内容的有(　　)。

A. 经济业务的内容摘要　　B. 填制日期

C. 经济业务所涉及的会计科目及其方向　　D. 经济业务的金额

34. 会计凭证的传递主要包括(　　)。

A. 传递程序　　B. 传递时间

C. 传递人员　　D. 传递方式

35. 规定会计凭证的传递程序时,应考虑的因素有(　　)。

A. 经营管理上的需要　　B. 本单位交易或事项的特点

C. 本单位内部机构设置和人员分工情况　　D. 会计人员的业务水平

36. 会计凭证的保管要求有(　　)。

A. 会计凭证应定期装订成册,防止散失

B. 会计凭证封面应注明单位名称、凭证种类等

C. 会计凭证应加贴封条,防止抽换凭证

D. 原始凭证较多时,可单独装订

37. 账簿按用途可以分为(　　)。

A. 序时账簿　　B. 分类账簿

C. 备查账簿　　D. 数量金额式账簿

38. 账簿按外形特征可以分为(　　)。

A. 订本账　　B. 活页账

C. 订页账　　D. 卡片账

39. 数量金额式账簿适用于(　　)。

A. 原材料明细账　　B. 库存商品明细账

C. 主营业务收入明细账　　D. 财务费用明细账

40. 会计账簿的账页上应记录的内容有(　　)。

A. 账户的名称　　B. 登记账户的日期栏

C. 摘要栏　　D. 科目索引

41. 下列可以用红色墨水记账的情况有(　　)。

A. 按照红字冲账的记账凭证,冲销错误记录

B. 在不设借贷等栏的多栏式账页中,登记减少数

C. 在三栏式账户的余额栏前,如未印明余额方向的,在余额栏内登记负数余额

D. 根据国家统一的会计制度的规定可以用红字登记的其他会计记录

42. 会计账簿的启用要求有(　　)。

A. 启用会计账簿时,应在账簿封面上写明单位名称和账簿名称,并在账簿扉页上附启用表

B. 启用订本式账簿时应当从第一页到最后一页顺序编定页数,不得跳页、缺号

C. 使用活页式账页应当按照账户顺序编号,并须定期装订成册

D. 装订后再按实际使用的账页顺序编定页码,另加目录,记明每个账户的名称和页次

43. 银行日记账可以采用的账簿形式是(　　)。

A. 三栏式账簿　　B. 多栏式账簿

C. 数量金额式账簿　　D. 卡片账

44. 必须采用订本式账簿的有(　　)。

A. 现金日记账　　B. 原材料总分类账

C. 存货明细分类账　　D. 固定资产明细账

45. 明细分类账的格式主要有(　　)。

A. 两栏式　　B. 三栏式

C. 多栏式　　D. 数量金额式

46. 对账的主要内容有(　　)。

A. 账证核对　　B. 账账核对

C. 账实核对　　D. 账表核对

47. 下列属于账实核对的主要内容有(　　)。

A. 现金日记账账面余额应同库存现金数逐日核对相符

B. 银行存款日记账账面余额应定期与银行对账单的余额核对相符

C. 应收账款明细账账面余额应同对方单位的账面记录核对相符

D. 应付账款明细账账面余额应同对方单位的账面记录核对相符

48. 下列属于账证核对的主要内容有(　　)。

A. 现金日记账账面余额应同收款凭证核对相符

B. 现金日记账账面余额应同付款凭证核对相符

C. 现金日记账账面余额应同转账凭证核对相符

D. 现金日记账账面余额应同实际库存现金核对相符

49. 下列属于错账更正方法的有(　　)。

A. 划线更正法　　B. 红字更正法

C. 红字冲账法　　D. 补充登记法

50. 关于划线更正法的说法正确的有(　　)。

A. 在错误的文字或数字上划一条红线,表示注销

B. 在红线的上方填写正确的文字或数字,并由记账及相关人员在更正处盖章

C. 对于错误的数字,应全部划红线更正,可以只更正其中的错误数字

D. 对于文字错误,可以只划去错误的部分

51. 下列错账适用于红字更正法的有(　　)。

A. 结账前发现账簿记录有文字或数字错误的

B. 记账后在当年内发现记账凭证所记的会计科目错误的

C. 记账后在当年内发现记账凭证所记的会计科目无误而所记金额大于应记金额的

D. 记账后发现记账凭证填写的会计科目有误而所记金额小于应记金额的

52. 下列结账方法正确的是(　　)。

A. 对于不需要按月结计发生额的账户,每月最后一笔余额即为月末余额。月末结账时,只需要在最后一笔经济业务记录之下通栏划单红线

B. 结账时,"全年累计"发生额通栏划双红线

C. 在年终结账时,在"本年合计"栏下通栏划双红线

D. 现金、银行存款日记账,每月结账时,在摘要栏注明"本月合计"字样,并在下面通栏划双红线

53. 结账工作主要内容包括(　　)。

A. 核对有关账目

B. 将本期发生的经济业务全部登记入账

C. 按权责发生制原则调整和结转有关账项

D. 对有关业务核算中出现的差错予以更正

54. 在会计期末,为结算出所有账户的本期发生额和期末余额,应(　　)。

A. 检查本期发生的经济业务是否全部登记入账

B. 编制有关账项调整的记账凭证并登记入账

C. 月末办理的有关转账业务编制记账凭证,并登记入账

D. 编制记账凭证,结清本期收入和费用账户,并登记入账

55. 以下不符合账簿平时管理具体要求的是(　　)。

A. 各种账簿应分工明确,指定专人管理

B. 会计账簿只允许在财务室内随意翻阅查看

C. 会计账簿除需要与外单位核对外,一般不能携带外出

D. 账簿不能随意交与其他人员管理

56. 下列账户中,应该每年更换一次的是(　　)。

A. 总账　　B. 银行存款日记账

C. 现金日记账　　D. 固定资产卡片式账簿

57. 下列关于会计账簿的日常保管说法正确的有( )。

A. 账簿日常应由各自分管的记账人员专门保管

B. 未经领导和会计负责人或有关人员批准,不许非经管人员翻阅和查看

C. 未经领导和会计负责人或有关人员批准,不许非经管人员摘抄和复制

D. 会计账簿除非特殊需要或司法介入要求,一般不允许携带外出

58. 账务处理程序是对( )按照一定的形式和方法相结合的方式。

A. 会计科目　　B. 会计凭证

C. 会计账簿　　D. 会计报表

59. 一个好的账务处理程序,应该具备的特征有( )。

A. 与单位的经营特点和形式等情况相适应

B. 要能够及时、正确和完整地提供会计信息

C. 可以简化核算程序,提高工作效率,节约人力和物力

D. 有利于会计人员以及单位内部各部门之间的协作

60. 科学、合理地选择适合本单位的账务处理程序,对有效组织会计核算具有重要意义,包括( )。

A. 有利于会计工作程序的规范化　　B. 有利于保证会计信息的及时性

C. 有利于增强会计信息的可靠性　　D. 有利于提高会计工作效率

61. 记账凭证账务处理程序的优点有( )。

A. 便于进行会计科目的试算平衡

B. 在总分类账上,能够比较详细地反映经济业务的发生情况

C. 总分类账登记方法易于掌握

D. 可以减轻总分类账登记的工作量

62. 下列关于记账凭证账务处理程序的说法中正确的有( )。

A. 直接根据记账凭证登记总分类账

B. 记账程序简单明了、易于理解

C. 是最基本的账务处理程序

D. 适用于规模较小、经济业务量较少的单位

63. 下列各项中,属于记账凭证账务处理程序内容的有( )。

A. 填制记账凭证　　B. 登记明细分类账

C. 逐笔登记总账　　D. 编制科目汇总表

64. 汇总记账凭证账务处理程序下,会计凭证方面除设置收款凭证、付款凭证、转账凭证外,还应设置( )。

A. 科目汇总表　　B. 汇总收款凭证

C. 汇总付款凭证　　D. 汇总转账凭证

65. 汇总记账凭证账务处理程序的特点有( )。

A. 便于对经济业务进行分析和检查

B. 不利于会计核算的日常分工

C. 当转账凭证较多时,编制汇总转账凭证的工作量较大

D. 适用于生产规模较大、经济业务量较多的单位

66. 关于汇总记账凭证账务处理程序,下列说法中正确的有(　　)。
A. 根据各种汇总记账凭证登记总分类账
B. 根据原始凭证编制汇总原始凭证
C. 根据原始凭证或汇总原始凭证登记总分类账
D. 根据各种记账凭证编制汇总记账凭证
67. 关于科目汇总表账务处理程序,下列说法中错误的是(　　)。
A. 登记总账的依据是科目汇总表
B. 编制财务报表的直接依据是科目汇总表
C. 与记账凭证账务处理程序相比,大大减少了登记总账的工作量
D. 适用于单位规模小、业务量较少的单位
68. 能够适用于单位规模较大、业务量较多的账务处理程序是(　　)。
A. 记账凭证账务处理程序　　B. 汇总记账凭证账务处理程序
C. 科目汇总表账务处理程序　　D. 日记总账账务处理程序
69. 各种账务处理程序在(　　)方面有共同之处。
A. 登记总账的依据　　B. 编制记账凭证的依据
C. 编制会计报表的依据　　D. 登记明细账的依据
70. 财产清查主要解决的问题有(　　)。
A. 确定单位财产物资的实存数和债权债务的实际余额
B. 查明财产物资的实存数与账面数的差异及其产生的原因
C. 调整账目,达到账实相符
D. 不断发现和解决会计核算和会计管理方面的问题
71. 以下各项中,需要对财产进行不定期清查的有(　　)。
A. 发现库存现金被盗　　B. 单位撤销、合并
C. 更换实物保管人员　　D. 自然灾害造成部分存货损失
72. 由于发生盗窃造成存货部分丢失,应对存货进行的盘点属于(　　)。
A. 全面清查　　B. 局部清查
C. 定期清查　　D. 不定期清查
73. 对库存现金的清查盘点应该(　　)。
A. 清查现金实有数,并且与日记账余额核对
B. 出纳人员必须在场,并且由出纳亲自盘点,清查人员从旁监督
C. 盘点结果应填列“现金盘点报告表”,并由出纳人员和盘点人员共同签章生效
D. 检查库存现金的遵守情况,检查有无白条抵库
74. 假设不存在记账错误,关于银行存款余额调节表的说法中,正确的有(　　)。
A. 是更正本企业银行存款日记账记录的依据
B. 不能够作为调整本企业银行存款日记账记录的原始凭证
C. 是通知银行更正错误的依据
D. 调节后的余额表示企业可以实际动用的银行存款数额
75. 下列未达账项中,使企业银行存款日记账的余额大于银行对账单余额的未达账项有(　　)。

A. 企业已收款记账而银行尚未收款记账
B. 企业已付款记账而银行尚未付款记账
C. 银行已付款记账而企业尚未付款记账
D. 银行已收款记账而企业尚未收款记账

76. 财产清查中查明的各种流动资产盘亏或毁损数，根据不同的原因，报经批准后可能列入的账户有（　　）。
A.“管理费用”　　B.“营业外支出”
C.“其他应收款”　　D.“营业外收入”

77. 因意外灾害所造成的材料损失，按规定报经批准后所做的会计分录应是（　　）。
A. 借记“待处理财产损溢”科目　　B. 借记“营业外支出”科目
C. 贷记“待处理财产损溢”科目　　D. 贷记“原材料”科目

78. 与“待处理财产损溢”账户的借方发生额有对应关系的账户可能有（　　）。
A.“原材料”　　B.“库存商品”
C.“以前年度损益调整”　　D.“管理费用”

79. 中期财务报告至少应当包括（　　）。
A. 资产负债表　　B. 利润表
C. 现金流量表　　D. 附注

80. 会计报表包括（　　）。
A. 资产负债表　　B. 利润表
C. 现金流量表　　D. 所有者权益变动表

81. 下列各项中，属于财务会计报告编制要求的有（　　）。
A. 真实可靠　　B. 全面完整
C. 编报及时　　D. 便于理解

82. 根据总账账户的余额直接填列资产负债表的项目有（　　）。
A. 短期借款　　B. 应收账款
C. 盈余公积金　　D. 货币资金

83. 下列各项中，列示在资产负债表右方的有（　　）。
A. 应付账款　　B. 资本公积
C. 固定资产　　D. 货币资金

84. 资产负债表“存货”项目反映的内容有（　　）。
A. 原材料　　B. 受托代销商品
C. 发出商品　　D. 生产成本

85. 利润表的特点是（　　）。
A. 根据相关账户的本期发生额编制　　B. 根据相关账户的期末余额编制
C. 属于静态报表　　D. 属于动态报表

86. 利润表能够提供的信息有（　　）。
A. 营业收入　　B. 营业外收入
C. 营业成本　　D. 净利润或净亏损

87. 属于企业利润总额的组成部分的有（　　）。

A. 营业利润　　B. 所得税费用
C. 营业外收支净额　　D. 投资收益

88. 我国的会计档案分为(　　)。
A. 会计凭证类　　B. 会计账簿类
C. 财务会计报告类　　D. 其他类

89. 各单位必须加强对会计档案管理工作的领导,建立会计档案的(　　)等管理制度。
A. 立案　　B. 归档
C. 保管　　D. 查阅

90. 会计档案对(　　)具有重要作用。
A. 指导生产经营管理和事业管理　　B. 查验经济财务问题
C. 防止贪污舞弊　　D. 研究经济发展的方针、战略

91. 下列项目中,需要永久保管的会计档案有(　　)。
A. 记账凭证　　B. 年度财务报告(决算)
C. 会计档案保管清册　　D. 会计档案销毁清册

92. 保管期满,不得销毁的会计档案有(　　)。
A. 未结清的债权债务原始凭证
B. 正在建设期间的建设单位的有关会计档案
C. 超过保管期限但尚未报废的固定资产购买凭证
D. 银行存款余额调节表

93. 下列说法中,正确的有(　　)。
A. 各单位当年形成的会计档案,在会计年度终了后,可暂由会计机构保管一年
B. 出纳人员不得兼管会计档案
C. 移交本单位档案机构保管的会计档案在任何情况下都不能拆封
D. 个别会计档案需要拆封重新整理的,档案机构可以自行拆封整理

94. 下列各项中,属于现金使用范围的有(　　)。
A. 职工工资、津贴
B. 个人劳动报酬
C. 结算起点以上的大额支出
D. 根据国家规定颁发给个人的科学技术、文化艺术、体育等各种奖金

95. 交易性金融资产的取得、处置等业务的账务处理中,可能涉及的会计科目有(　　)。
A. 交易性金融资产　　B. 公允价值变动损益
C. 应收股利　　D. 投资收益

96. 关于交易性金融资产,下列说法中正确的有(　　)。
A. 交易性金融资产主要是指企业为了近期出售而持有的金融资产
B. 交易性金融资产应当按照取得时的公允价值作为初始确认金额
C. 取得交易性金融资产时发生的相关交易费用应计入交易性金融资产的初始确认金额
D. 资产负债表日公允价值小于账面价值时,会导致交易性金融资产的账面价值变大

97. 根据我国企业会计准则规定,原材料发出的计价方法包括(　　)。
A. 先进先出法　　B. 月末一次加权平均法

C. 移动加权平均法　　D. 个别计价法

98. 影响固定资产折旧的因素有(　　)。

A. 固定资产原价　　B. 固定资产减值准备

C. 预计净残值　　D. 折旧年限

99. 根据我国企业会计准则规定,存货的核算方法包括(　　)。

A. 实际成本法　　B. 计划成本法

C. 标准成本法　　D. 定额成本法

100. 企业计提坏账准备的方法有(　　)。

A. 应收账款余额百分比法　　B. 销货(赊销)百分比法

C. 账龄分析法　　D. 按客户分别确定

101. 与“应付职工薪酬”科目对应的科目可能是(　　)。

A.“销售费用”　　B.“管理费用”

C.“制造费用”　　D.“生产成本”

102. 下列各项中,在“应交税费”科目核算的有(　　)。

A. 营业税　　B. 消费税

C. 印花税　　D. 增值税

103. 会计上的资本专指所有者权益中的投入资本,包括(　　)。

A. 实收资本　　B. 资本公积中的资本溢价

C. 资本公积中的其他资本公积　　D. 直接计入所有者权益的利得和损失

104. 企业接受所有者投资时,可能涉及的科目有(　　)。

A. 实收资本或股本　　B. 固定资产

C. 资本公积　　D. 盈余公积金

105. 关于股份有限公司发行股票时的发行费用,下列说法中正确的有(　　)。

A. 存在溢价收入则冲减溢价收入

B. 溢价收入不足冲减,则冲减“盈余公积金”和“未分配利润”

C. 不存在溢价收入,则冲减“盈余公积金”和“未分配利润”

D. 直接计入当期损益

106. 下列各项中,属于企业的主营业务收入的是(　　)。

A. 工业企业销售产品实现的收入

B. 咨询公司提供咨询服务实现的收入

C. 安装公司提供安装服务实现的收入

D. 工业企业销售原材料实现的收入

107. 产品成本一般包括(　　)。

A. 直接材料　　B. 直接人工

C. 管理费用　　D. 制造费用

108. 下列各项支出中,应计入“管理费用”的有(　　)。

A. 业务招待费　　B. 公司经费

C. 利息费用　　D. 手续费

109. 关于“本年利润”科目,下列说法中正确的有(　　)。

A. 期末将各损益类科目的金额转入该科目后,该科目的贷方余额为当期实现的净利润,借方余额为当期发生的净亏损

B. 该科目属于所有者权益类科目

C. 期末应该将科目的余额转入“利润分配——未分配利润”

D. 该科目期末一般无余额

110. 以下各项中,属于盈余公积用途的有(　　)。

A. 弥补亏损　　B. 扩大生产经营

C. 转增资本　　D. 分配利润

111. 企业向投资者分配利润的方式包括(　　)。

A. 现金股利　　B. 股票股利

C. 负债股利　　D. 财产股利

参 考 文 献

[1] 中华人民共和国财政部.企业会计准则.北京:经济学出版社,2006.

[2] 中华人民共和国财政部.企业会计准则应用指南.北京:中国财政经济学出版社,2006.

[3] 财政部会计司编写组.企业会计准则讲解[M].北京:人民出版社,2008.

[4] 王觉.基础会计习题与案例[M].大连:东北财经大学出版社,2001.

[5] 企业会计从业资格考试教材编写委会.会计基础[M].北京:中国财政经济出版社,2007.

[6] 企业会计从业资格考试培训教材编写组.会计基础[M].北京:经济科学出版社,2007.

[7] 陈文铭.基础会计习题与案例[M].2 版.大连:东北财经大学出版社,2009.

[8] 会计师初级历年考题参考.

[9] 自学基础会计学历年考题参考.